Die Kreuzzüge

Terry Jones und Alan Ereira

Die Kreuzzüge

Aus dem Englischen
von Christiane Jung

Bechtermünz Verlag

Titel der Originalausgabe
Crusades

Frontispiz
Papst Urban II. bei seiner Rede in der Kathedrale von Clermont im Jahre 1095, als er zu den Kreuzzügen aufrief. Das Bild stammt aus der französischen Handschrift *Les Passages faits Outremer par les Français contre les Turcs et autres Sarrasins et Maures outremarins* aus dem Jahr 1490.

Genehmigte Lizenzausgabe
für Weltbild Verlag GmbH, Augsburg 2000

Einbandgestaltung: ARTelier für Grafik und Werbung, Peter Hofstätter, München
Einbandmotiv: AKG, Berlin
Gesamtherstellung: Butler & Tanner Ltd, Frome Somerset
Printed in Great Britain
ISBN 3-8289-0385-1

Inhalt

Liste der Karten

Predigt für den Kreuzzug des heiligen Ludwig in Frankreich.
Aus *Les Passages faits Outremer*... (ca. 1490).

Danksagung

Dieses Buch ist das Produkt einer gemeinsamen Anstrengung, nicht nur der beiden Personen, die die Worte auf das Papier schrieben, sondern auch des Produktionsteams der BBC-Serie »Crusades«. Wir möchten besonders David Wallace danken, der bei der Hälfte der Serie Produktion und Regie übernahm, Sarah Lambert, die den Großteil der wissenschaftlichen Forschung leistete, sowie Rod Williams und Luca Jago, die ebenfalls bei der Recherche halfen.

Wir stehen außerdem tief in der Schuld der vielen Autoren und Forscher, die sich mit dem Thema Kreuzzüge beschäftigten und uns Einsichten in und Zugang zu ihren Werken gaben, unter anderem Sir Stephen Runciman und Professor Suheil Zakkar (die unsere ständigen Ratgeber waren), Karen Armstrong, Dr. Dan Bahat, Dr. Meron Benvenisti, Matthew Bennett, Dr. Kamel Abdul Fatah, John France, Professor Isiltan, Dr. Zehava Jacoby, Professor Benjamin Kedar, Professor Jonathan Riley-Smith und Christopher Tyerman. Dr. Susan B. Edgington gestattete uns, ihre unveröffentlichten Arbeiten zu lesen und zu verwenden, darunter auch ihre Übersetzung der Chronik von Albert von Aix.

Trotz dieser eindrucksvollen Schar von bereitwilligen und bestens informierten Ratgebern sind die Urteile und Fehler in diesem Buch allesamt unsere eigenen.

TJ und AE

EINLEITUNG

Der syrische Dichter Abu 'l-'Ala al-Maarri schrieb im elften Jahrhundert:

Die Welt ist in zwei Sekten unterteilt:
In die mit Religion, aber ohne Verstand
und die mit Verstand, aber ohne Religion.

Ungefähr vierzig Jahre nach seinem Tod wurde die Stadt, in der er gelebt und von der er seinen Namen hatte, Maarrat an-Numan, von Kannibalen überfallen. Diese Kannibalen waren Christen, die fünftausend Kilometer weit marschiert waren, um das Heilige Land im Namen Jesu zu retten.

Man kann sich kaum weiter von der Bergpredigt entfernen, doch diese Menschen waren wahrscheinlich wirklich tiefgläubig und davon überzeugt, daß sie das Richtige taten. Neue Kräfte der Bigotterie und rechtmäßigen Brutalität wurden von Papst Urban II. entfesselt, als er das predigte, was man später als »die Kreuzzüge« bezeichnete. Und diese Kräfte gibt es noch heute.

Die Kreuzzüge hatten zu jeder Zeit ihre Bedeutung. Heute ist diese Bedeutung mit dem Auftreten des islamischen Fundamentalismus verknüpft sowie mit den neuen Zusammenstößen von christlichen und moslemischen Gesellschaften in unserer post-kommunistischen Welt. Es ist wichtig zu wissen, wie die alten Zusammenstöße die christliche und islamische Gesellschaft beeinflußten und wie sie zum heutigen Durcheinander beigetragen haben.

In diesem Buch und in der Fernsehserie, die zu seinem Entstehen führte, haben wir versucht, eine rein eurozentrische Sichtweise zu vermeiden, um die Geschichte der Kreuzzüge sowohl von der moslemischen als auch von der christlichen Seite aus zu erzählen.

Wir wollen nicht so tun, als könnten wir die Grenzen der Wissenschaft erweitern. Dies ist ein Buch für den Leser mit nur wenig oder gar keinem Wissen über das Thema. Für diejenigen, die mehr lesen wollen, gibt es vertiefende Literatur genug. Wir hoffen, daß dieses Buch eine Hilfe bei der Lektüre jener anderen Bücher sein kann.

Die Welt eines Kreuzritters

Freitag ist der wichtigste Tag in der moslemischen Woche. Es ist der Tag des Gebets, und in Jerusalem strömen die Moslems in den Tempelbezirk, um am Gottesdienst teilzunehmen.

Der Tempelbezirk wird vom Felsendom beherrscht, der vor über 1300 Jahren erbaut wurde. Eine riesige Rotunde, die mit herrlichen goldenen Mosaiken geschmückt ist und von einem goldenen Dom überragt wird, erhebt sich über einem nackten Fels. Dies ist der Grundstein, der Fels, wo sich für Juden, Christen und Moslems Himmel und Erde treffen. Es ist der Fels, auf dem Abraham bereit gewesen sein soll, seinen Sohn zu opfern: Ismael nach dem Koran, Ismaels Bruder Isaak nach der Bibel. Es ist der Fels, von dem aus Mohammed einen wunderbaren Nachtflug zum Himmel gemacht haben soll.

Am Freitag, dem 15. Juli 1099, kurz nach den Mittagsgebeten, stürzte ein einundzwanzigjähriger normannischer Ritter namens Tankred mit einer Gruppe schwerbewaffneter Männer auf den Berg. Die Kreuzritter hatten ihr Ziel erreicht. Nach drei Jahren der Märsche und Schlachten und nach einem Verlust von drei Vierteln der Männer, die Europa verlassen hatten, waren sie gekommen, um die heiligen Stätten von Jerusalem zu beschützen.

Tankred und seine Männer schlugen sich ihren Weg in den Felsendom frei und erleichterten den Dom um *»über vierzig Silberkandelaber, von denen jeder 3600 Drams wog, und eine große Silberlampe, die vierundvierzig syrische Pfund wog, sowie hundertfünfzig kleinere Silberkandelaber und mehr als zwanzig goldene und noch sehr viel mehr an Beute.«* Die Moslems flohen in das andere große Gebäude des Berges, die Al-Aksa-Moschee. Dort ergaben sie sich, boten ein hohes Lösegeld für ihr Leben und erkannten Tankreds Banner als das Symbol seines Schutzes an. Bevor die Sonne unterging, flatterte Tankreds Fahne, von Moslems gehißt, über dem heiligsten Ort Jerusalems.

Am nächsten Morgen kamen die Kreuzritter wieder in die Al-Aksa-Moschee und metzelten jeden Moslem, der sich darin verbarg, nieder. Niemand weiß, wie viele starben; der moslemische Chronist schreibt von siebzigtausend. Einer der Kreuzfahrer berichtet, daß er

Der Heilige Felsen im Felsendom von Jerusalem. Dieser nackte Fels ist zentraler Bezugspunkt für Judentum, Christentum und Islam. Bis 586 v. Chr. erhoben sich über ihm die Mauern des Salomonschen Tempels, von 516 v. Chr. bis 70 n. Chr. stand hier der Zweite Tempel und seit 132 n. Chr. ein römischer Jupiter-Tempel, ehe schließlich im Jahre 691 das heute noch stehende islamische Bauwerk errichtet wurde.

sich seinen Weg durch eine knietiefe Masse aus Blut und Leichen erkämpfte. Die Nachwirkung dieser Eroberung und dieses Gemetzels ist noch heute zu spüren. Mit ihr begann die seltsame Geschichte des lateinischen Königreiches Jerusalem – ein Königreich, das beinahe zweihundert Jahre währte und das die Welt des Christentums und des Islams veränderte.

Tankred, der Normanne

Tankred stammte aus der Normandie in Nordfrankreich und wurde ungefähr 1076 geboren. Seine Vorfahren waren Wikinger, »Nordmänner«, wie man damals sagte, die erst im neunten Jahrhundert den christlichen Glauben annahmen. Es waren praktische Menschen, und deshalb war auch ihre Religion praktisch. Sie erfüllte den Zweck, jeden einfach und sicher in den Himmel zu bringen und die Gefahren des Höllenfeuers zu umgehen. Aus diesem Grund ließen sie sich taufen. Das Christentum bot ihnen einen direkten Weg zum Leben nach dem Tod, mit Garantie, und da die Kirche den neuen Landbesitzern gestattete, ihre eigenen Priester und Bischöfe zu ernennen, nahmen die Normannen das Christentum mit Begeisterung an.

Unvorhergesehen hatte das Interesse der Nordmänner am Christentum zur Folge, daß sie gerne pilgerten. Reisen erweitert vielleicht den Horizont – auf jeden Fall erweitert es das Wissen darüber, welche Teile der Welt sich zu erobern und zu plündern lohnt. Die Pilgerreise nach Jerusalem wurde bei den Normannen sehr beliebt, besonders auf einem Weg, der durch die wohlhabende und militärisch schwache Region Süditalien führte.

Tankred wurde nach seinem Großvater mütterlicherseits genannt, einem weniger bedeutenden normannischen Baron namens Tankred de Hauteville, der mehr Söhne hatte, als sein Land ernähren konnte. Im Jahre 1040 nahmen drei davon am Überfall auf die Stadt Melfi in Apulien teil. Neunzehn Jahre später wurde ein vierter Bruder vom Papst zum Herrscher über Apulien ernannt, und ein fünfter nahm an der Eroberung Siziliens teil.

Eine neue Normandie in Süditalien auszuheben, bedeutete aber auch einen Krieg gegen zwei Reiche, ein lateinisches und ein griechisches.

Die zwei römischen Reiche

Beginnen wir mit den Griechen. Sie nannten sich selbst Römer. Das Römische Reich hatte sich im dritten nachchristlichen Jahrhundert in die östliche und die westliche Hälfte aufgeteilt. Das Weströmische Reich war in Europa bald von Heiden überrannt worden, doch das Oströmische Reich bestand noch immer. Seine Hauptstadt war Neu-Rom, Byzanz, die große Stadt am Bosporus.

Byzanz war auch als Konstantinopel bekannt, nach seinem Gründer Konstantin, dem ersten christlichen Kaiser. Die Sprache des östlichen Reiches war Griechisch, doch seine Identität immer noch die des kaiserlichen Roms. Tatsächlich lautet bis heute das griechische Wort für griechisch-sein *romiosini.*

Das Weströmische Reich war lateinisch, nicht griechisch, und Karl der Große hatte es im Jahre 800 als das »Heilige Römische Reich« bezeichnet. Seine Kirchen verwendeten eine lateinische Liturgie, und die Heiligen Römischen Kaiser sahen sich selbst als die Beschützer des Papstes in Rom an, als theoretisch Gleichgestellte neben dem Kaiser von Byzanz. Obwohl die Stadt Byzanz riesig, reich und militärisch uneinnehmbar blieb, bröckelten die Grenzen des byzantinischen Reiches. Im siebten und achten Jahrhundert hatten Araber Zentralanatolien besetzt und dem Reich Kreta, Sizilien und das gesamte Syrien, Ägypten und Nordafrika genommen, doch zwischen 976 und 1025 kam das Reich wieder zu Kräften. Die Araber wurden nach Jerusalem zurückgetrieben, Kreta wurde zurückerobert und Zentralanatolien bald darauf ebenfalls. Es sah so aus, als wäre das byzantinisch-griechische Reich wiederhergestellt worden, doch die Männer um de Hauteville, Tankreds Großonkel, glaubten das nicht. Sie sahen sehr wohl, daß sie in Süditalien eine zu groß gewordene, allerdings ausgelaugte Macht vor sich hatten. Italien nämlich war zwischen den beiden Reichen aufgeteilt worden. Das lateinische Italien reichte fast bis Bari hinunter, daran schloß sich gen Süden das byzantinisch-griechische an.

Der Heilige Römische Kaiser und der Papst waren gern bereit, die de Hautevilles zu unterstützen, da sie den römisch-katholischen Einfluß in eine Region auszudehnen gedachten, die bisher Byzanz in religiöser Hinsicht kontrolliert hatte.

Als der Feldzug voranschritt, wurde jedoch deutlich, daß die Normannen nicht eine Pflicht gegenüber der Kirche erfüllen wollten, sondern vielmehr aus eigenem Interesse handelten. Sie wirkten in Italien immer mehr wie eine Truppe Banditen. Der Papst reiste in ihrem Land umher und beschwerte sich beim Kaiser, daß die Normannen *»sich mit einer Pietätlosigkeit, die an Heiden heranreicht, gegen die Kirche Gottes erheben, Christen mit neuen und unbekannten Qualen zugrunde richten, weder Frauen noch Kinder noch Alte verschonen und keinen Unterschied zwischen dem machen, was heilig ist oder profan, Kirchen zerstören, sie niederbrennen und sie dem Erdboden gleichmachen.«*

Der Papst und der Heilige Römische Kaiser erkannten, daß sie da einen Tiger am Schwanz hielten. 1053 zog der Papst selbst mit einer Armee in den Süden und wollte sich mit einer byzantinischen Armee verbinden, um die Normannen wieder in die Schranken zu verweisen. Der Papst erklärte sogar, daß dies ein Heiliger Krieg sei oder zumindest im Namen des »Erben von St. Peter« geführt würde.

Die de Hautevilles sahen all dies nicht als großes Problem an: Sie zerschlugen die päpstlichen Armeen, bevor sie sich mit seinen byzantinischen Verbündeten vereinen konnten, nahmen den Papst als Gefangenen und drängten ihn dazu, ihnen nach reiflicher Überlegung zuzustimmen, daß es eine feine Sache sei, wenn Normannen das südliche Italien kontrollierten. Tankreds Familie war vielleicht christlich, aber sie ließ nicht zu, daß der Glaube wichtige Angelegenheiten beeinflußte.

Die Herausforderung des östlichen Reiches

Indessen hatte sich eine Anzahl von Barbaren ihren Weg in das byzantinische Reich freigeschlagen. Die Seldschuken hatten sich Zentralarmeniens bemächtigt und waren beinahe bis zum Bosporus vorgedrungen.

Eurasiens riesige Steppenlandschaft hatte Horden von berittenen Kriegern hervorgebracht – und brachte sie weiterhin hervor – die mit der Zivilisation anstellen konnten, was sie wollten. Die Goten, Hunnen, Alanen und Vandalen – die Vorfahren der Franken, Deutschen, Lombarden und Spanier – stammten alle aus diesem immens großen Gebiet. Das Bollwerk gegen diese Horden bildete der Kalif von Bagdad. Seine Macht hatte die Kluft zwischen dem Kaspischen Meer und dem Persischen Golf geschlossen und die Steppenreiter daran gehindert, westwärts zum Mittelmeer zu ziehen. Doch im elften Jahrhundert stand Bagdad vor dem Zerfall; der Korken vermoderte in der Flasche. Die Türken aus Zentralasien, die bereits ein Reich gegründet hatten, das sich vom Punjab bis nach Ostpersien erstreckte, hatten sich zum Islam bekannt, waren als Söldner des Kalifen in den Irak gezogen und hatten begonnen, nach weiter westlich gelegenen Möglichkeiten Ausschau zu halten.

Ein Stamm, der sich als Seldschuken bezeichnete, machte sich im Jahre 1055 zu Herren von Bagdad. In den folgenden fünfzehn Jahren drangen seine Krieger in Anatolien ein, und 1071 forderten sie die beeindruckendste Armee heraus, die das byzantinische Reich aufbringen konnte. Sie schlugen die kaiserliche Armee in Manzikert vernichtend und nahmen den Kaiser als Gefangenen. Nichts konnte ihren Marsch auf Konstantinopel aufhalten.

Eine Seite aus dem Reiseführer *London nach Jerusalem* von Matthew Paris (ca. 1250), der den mittelalterlichen Pilgern die Reiseroute in Form einer streifenförmigen Landkarte vorgab. Jede aufgeführte Stadt ist eine Tagesreise von der nächsten entfernt, was durch das Wort *Jurnee* am Rand verdeutlicht wird. Die abgebildete Etappe beginnt in der befestigten City of London (links unten) und verläuft über Rochester, Canterbury und Dover (oben links), dann weiter, südlich von Wissant (unten rechts), an der französischen Küste zwischen Boulogne und Calais entlang, über Montreuil, St. Riquier und Poix de Picardie bis Beauvais, auf der Straße nach Paris.

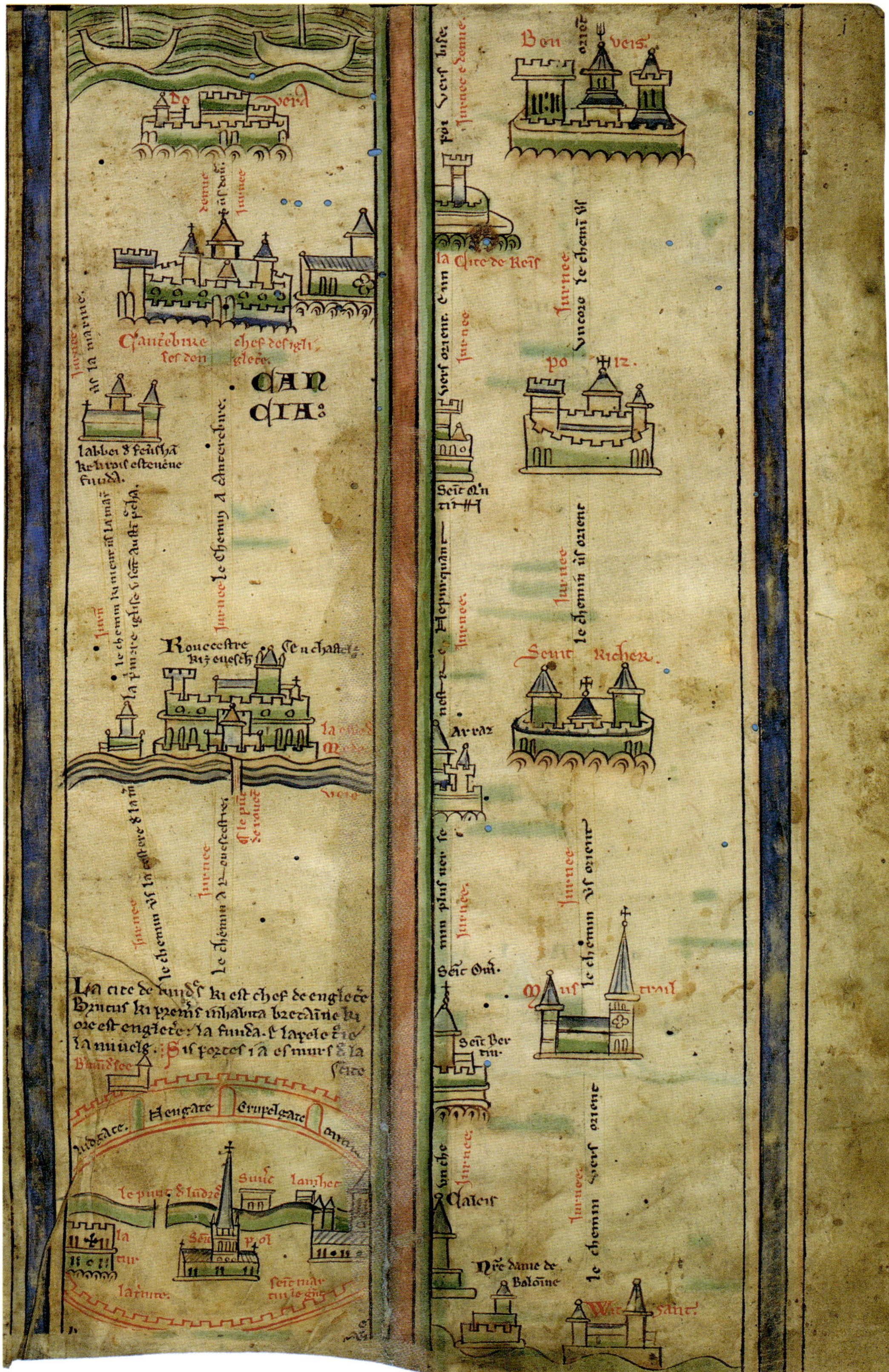

Bon vers
la Cite de Reis
CAN CIA:
Rouecestre
Seint Richer
Arraz
Seit Omer
Seit Bertin
Caleis
Nre dame de Boloine
Witsant
Hengate
Crupelgate
Seint pol

Einer von Tankreds Großonkeln, Robert Guiscard, betrachtete dies als einmalige Gelegenheit. Er nahm seinen Sohn mit über die Adria, um seinen eigenen Streich gegen das byzantinische Reich zu führen. Als sorgender Vater wollte Guiscard die Zukunft seines Sohnes sichern. Und so beschloß er, ihm Griechenland zu geben. Alles, was er dafür zu tun hatte, war, es zu erobern.

Der Name seines Sohnes sollte für die nächsten Generationen durch die Geschichte der Kreuzzüge klingen: Bohemond.

Zum Glück für Byzanz war die Eroberung Griechenlands eine zu große Aufgabe für Robert und Bohemond, und als Guiscard 1085 starb, war ihr Ziel genauso weit entfernt wie je zuvor. Bohemond seinerseits richtete seine Aufmerksamkeit wieder verstärkt auf Süditalien.

Dort fanden andere Machtkämpfe statt, die einen kämpfenden Ritter wie Bohemond interessieren mußten. Der interessanteste Machtkampf war dabei der erbitterte Konflikt zwischen dem Papst und seinem Möchtegern-Beschützer, dem Heiligen Römischen Kaiser.

Der Revolutionspapst

Es begann alles mit einem Mann – Papst Gregor VII. –, der Europas erster Revolutionsführer werden sollte. Ehe er Papst wurde, war er mit der Abtei von Cluny in Zentralfrankreich verbunden gewesen. Cluny hatte eine neue Art der Klosterbewegung begonnen und sich nicht nur dem Rückzug von der Welt verschrieben, sondern auch der Wiedererweckung der christlichen Gesellschaft in einer zentralisierten, autoritär ausgerichteten Struktur unter dem Papst als Vizekönig Christi.

In einem Jahrhundert der entfesselten Gewalt und des Banditentums, in dem das Gesetz nur ein Instrument der Mächtigen war, sehnte man sich nach einer Art von Ordnung und ruhigem Leben. Viele Menschen, darunter eine große Anzahl von Rittern, begannen, die Kirchenreformer zu unterstützen, und zwar aus denselben Gründern, aus denen viele Menschen in Südamerika in den sechziger und siebziger Jahren unseres Jahrhunderts den Kommunismus unterstützten. Er bot das einzig glaubwürdige Programm, um Korruption und Gewalt, die die Menschen umgaben, ein Ende zu setzen.

Da ein Ritter gelernt hatte, Autorität hierarchisch zu verstehen, mit Herren, die über ihnen stehende Herren und wieder darüber stehende Oberherren besaßen, konnte er leicht die Autorität Christi als gegeben hinnehmen. Und da die Kirche das Sprachrohr Christi war, beharrte Papst Gregor VII. darauf, daß weltliche Herren, eingeschlossen der Kaiser, der Autorität und der Rechtsprechung der Kirche untertan waren.

Am 8. Dezember 1075 stärkte Papst Gregor seinen Anspruch auf die alles überragende Autorität auf Erden, indem er den Heiligen Römischen Kaiser mit Verdammnis drohte (also mit der Vernichtung seiner selbst und seiner Erben), wenn er nicht aufhörte, Bischöfe und Äbte zu ernennen. Dies, so beharrte Gregor, war Vorrecht der Kirche. Kaiser Heinrich beschuldigte ihn als »falschen Mönch«. Gregor exkommunizierte daraufhin den Kaiser, überantwortete ihn irdischer Verdammung und erklärte, daß er als König von Deutschland abgesetzt sei und ihm niemand mehr gehorchen müsse.

Dies erregte allenthalben Aufsehen: Nie zuvor war etwas Derartiges geschehen.

Der Kaiser wiederum erklärte zweitausend Kilometer von Rom entfernt, daß im Gegenteil Gregor derjenige sei, der abgesetzt sei. Jeder Herr der Kirche und des Staates im Westen mußte sich für eine Seite entscheiden. Der Kaiser verlor.

Der symbolische Moment des Sieges kam 1077, als Kaiser Heinrich IV. im eingeschneiten Schloß von Canossa unterwürfig auf den Papst wartete und ihn um Absolution bat. Von diesem Zeitpunkt an war klar, daß der Papst imstande war, die Macht des Kaisers zu beschränken. Die de Hautevilles, die immer bereit waren, die Kaiser zu schwächen, wurden plötzlich zu ernsthaften Unterstützern der organisierten Religion.

Nach einigen Jahren war Heinrich wieder auf dem Kriegspfad, und Gregor brauchte militärische Hilfe, wo immer er sie auch bekommen konnte. Obwohl Gregor ihn bereits zweimal exkommuniziert hatte, zog Tankreds Großonkel Robert Guiscard im Namen des Papstes in den Krieg. Als Gegenleistung erkannte Gregor Robert als Herzog von Apulien an. Zwei Jahre später, als Heinrich Rom besiegte, war es Robert, der dem Papst zu Hilfe kam. Er befreite Gregor aus der Gefangenschaft und gab ihm seinen Thron zurück. Zur gleichen Zeit plünderten und verwüsteten seine Truppen Rom, und als die verzweifelten Menschen sich gegen sie erhoben, steckten die Normannen die Stadt in Brand und zerstörten das gesamte Gebiet zwischen dem Kolosseum und dem Lateranpalast.

Papst Gregor war Rom wiedergegeben worden, doch seine Wohltäter hatten die Stadt zerstört, um dies zu bewerkstelligen. Verständlicherweise war Gregor bei den Römern absolut unbeliebt; er konnte nicht bleiben, nachdem seine Beschützer abgezogen waren, und starb in Salerno als Gast – wenn nicht sogar als Marionette – der de Hautevilles.

Nach Gregor folgte Papst Urban II., der wie Gregor ein Franke war, aus Cluny hervorgegangen, und sich dem Reformprogramm und der Vorstellung vom Papst als erstem Monarchen verschrieben hatte. Es war Urban, der die Kreuzzüge anregen sollte. Dies freilich hätte er niemals ohne die de Hautevilles geschafft.

Der Heilige Römische Kaiser kontrollierte Rom, und einige Jahre lang wanderte Papst Urban, abhängig von Verwandten der de Hautevilles, in Süditalien herum. 1093 brachten ihn Bohemond und sein Halbbruder mit militärischer Gewalt zurück nach Rom. Tatsächlich konnte Urban immer noch nicht in den Lateranpalast einziehen, und erst 1094 durfte er seinen Platz auf dem päpstlichen Thron einnehmen – dank Gott und ein klein bißchen gezielter Bestechung.

Tankreds Dilemma

Ungefähr zu dieser Zeit schickte die Familie Tankred zur Erziehung aus der Normandie nach Italien. Er kam ins Haus seines Onkels Bohemond nach Taranto. Dieser nahm ihn dann auch auf die Kreuzzüge mit.

Tankreds Biograph Radulph von Caen zeichnet ein interessantes Bild von der geistigen Verfassung dieses Mannes im Jahre 1096:

> *»Oft brannte er vor Sorge, denn das Kriegsgeschäft, an dem er als Ritter beteiligt war, schien den Befehlen Gottes zu widersprechen. Gott befahl ihm, die Wange, die geschlagen wurde, gemeinsam mit der anderen Wange seinem Gegner entgegenzuhalten, doch weltliche Ritter opfern nicht das Blut von Verwandten. Gott drängte ihn, seinen Mantel dem Mann zu reichen, der ihn wegnehmen wollte; die Gesetze des Krieges verlangten von ihm, einem Mann, der den Krieg bereits verloren hatte, alles wegzunehmen, was er noch besaß. Und so kam dieser weise Mann niemals zur Ruhe, da dieser Widerspruch ihm dem Mut nahm.«*

Betrachtet man die Geschichte der de Hautevilles, muten solche Gewissensbisse überraschend an. Gewissensbisse waren schließlich nicht gerade ihre Stärke. Doch die Gefühle christlicher Sorge beschäftigten offenbar eine Reihe von Rittern und spielten in der Förderung der Kreuzzüge denn auch eine große Rolle.

Es lohnt sich, die Worte von Radulph noch einmal zu lesen und sich von der Vorstellung zu lösen, daß er ein schlechtes Gewissen beschreibt. Er tut es nicht. Er beschreibt den Zwiespalt eines Mannes mit zwei Herren, die ihm verschiedene Befehle geben. Der eine ist sein ritterlicher Herr, sein Feudalherr auf Erden, der ihm befiehlt, sich zu schlagen. Dies, so wird ihm gesagt, ist seine Aufgabe. Der andere ist sein Herr im Himmel, Christus, an der Spitze der Lehnshierarchie, der in seiner Bergpredigt eine Reihe ganz anderer Befehle gegeben hat.

Im Jahre 1095, dem Jahr nach seiner Thronbesteigung, erklärte Urban, wie die sich widersprechenden Ansprüche des Rittertums und der Kirche vereint werden konnten. Er hatte sich offenbar viele Gedanken zu diesem Thema gemacht und bot eine überaus originelle Lösung an: den Kreuzzug.

Aufruf zum Kreuzzug

Am Dienstag, den 27. November 1095, hielt Papst Urban die Rede, die Tankreds Leben veränderte. Urban hatte einen großen Rat nach Clermont in Zentralfrankreich einberufen, und die Nachricht hatte sich verbreitet, daß er am Ende des Treffens eine Erklärung abgeben wolle. Man war ungeheuer aufgeregt, und als der Tag da war, konnte die neue Kathedrale die Menge nicht aufnehmen. Der päpstliche Thron mußte auf einer Wiese aufgestellt werden.

Urban erklärte, daß er Abgesandte des Kaisers von Byzanz empfangen habe, die um Hilfe beim Zurückdrängen der Türken baten. Es mochte sein, daß die Botschafter die Dringlichkeit der Situation überzeichneten. Es mag sein, daß sie, da sie mit dem Papst sprachen, das Bedürfnis besonders unterstrichen, die Christen im Osten vor den heidnischen Moslems beschützen zu müssen. Was immer es war, sie beflügelten auf jeden

Christliche Stimmungsmache gegen die Türken. Die Darstellung der Enthauptung eines Christen auf Befehl eines türkischen »Königs« im Angesicht eines goldenen Schutzheiligen illustriert die Unwissenheit Europas gegenüber dem Islam.

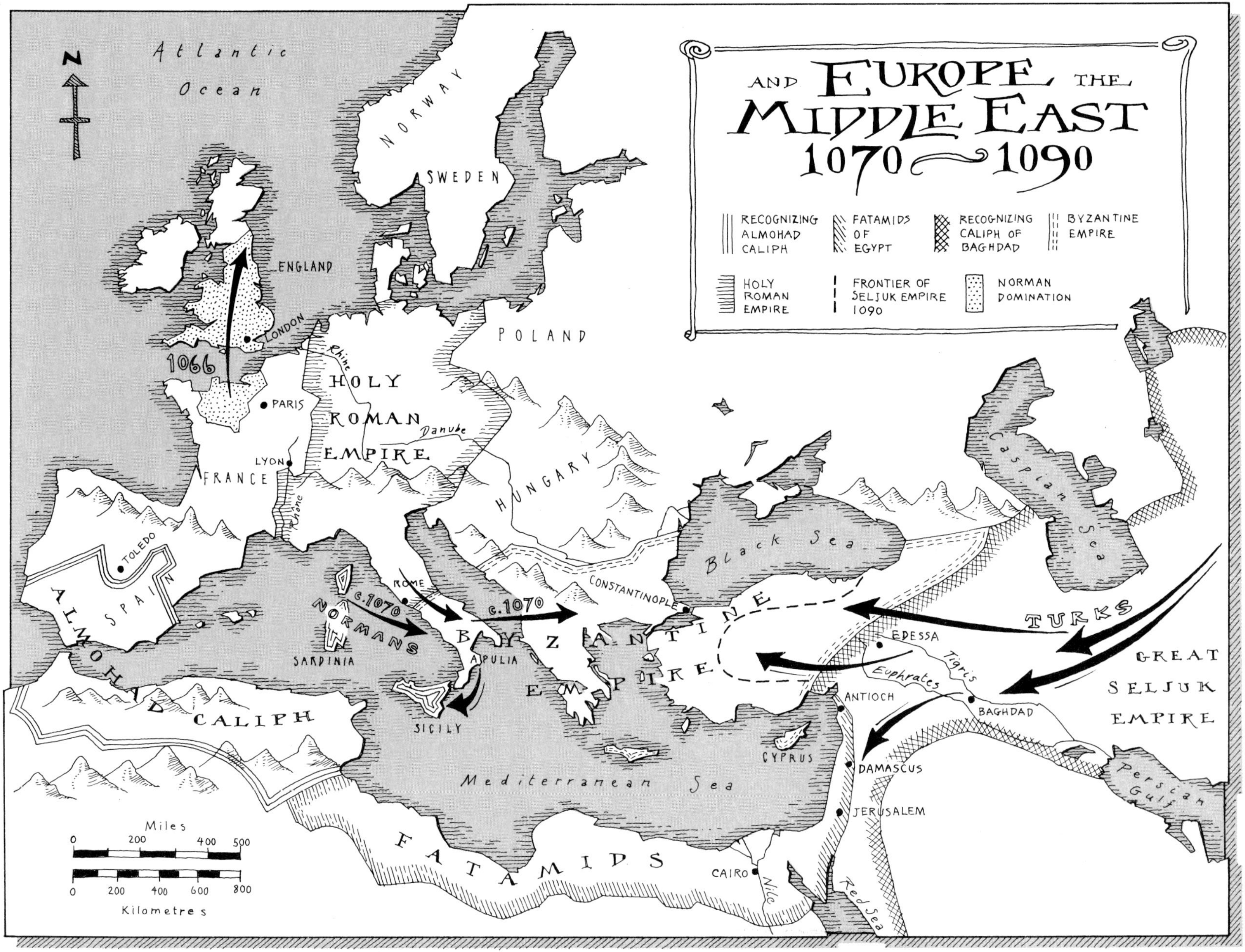
EUROPE AND THE MIDDLE EAST 1070–1090
RECOGNIZING ALMOHAD CALIPH
FATAMIDS OF EGYPT
RECOGNIZING CALIPH OF BAGHDAD
BYZANTINE EMPIRE
HOLY ROMAN EMPIRE
FRONTIER OF SELJUK EMPIRE 1090
NORMAN DOMINATION
N
Atlantic Ocean
NORWAY
SWEDEN
ENGLAND
LONDON
1066
PARIS
FRANCE
LYON
Rhine
Rhône
HOLY ROMAN EMPIRE
Danube
POLAND
HUNGARY
TOLEDO
SPAIN
ALMOHAD CALIPH
ROME
c.1070
NORMANS
SARDINIA
SICILY
APULIA
c.1070
CONSTANTINOPLE
BYZANTINE EMPIRE
Black Sea
Caspian Sea
TURKS
GREAT SELJUK EMPIRE
EDESSA
Tigris
Euphrates
BAGHDAD
ANTIOCH
CYPRUS
DAMASCUS
JERUSALEM
Persian Gulf
Mediterranean Sea
FATAMIDS
CAIRO
Nile
Red Sea
Miles
0 200 400 500
0 200 400 600 800
Kilometres

Fall Urbans Phantasie – und er sollte im Gegenzug die Phantasie von ganz Europa beflügeln.

Die Hilfe, die sich der Kaiser von Byzanz vorstellte, waren wahrscheinlich einige tausend Söldner. Was Urban jedoch sah, war die Möglichkeit, sich selbst zum Retter der östlichen Kirche zu machen und so seinem Ziel näherzukommen, die gesamte Kirche zu beherrschen. Anstatt also einige Briefe an die westlichen Freiherren zu schreiben und sie zu bitten, einige Truppen in den Osten zu schicken, stand der Papst auf seinem Podest auf, und sprach zu der riesigen Menschenmenge, die vor gespannter Erwartung schier vibrierte. Er gab eine Erklärung ab, die die Welt verändern sollte. Er rief alle christlichen Krieger im Namen der Kirche zu den Waffen, um ihre Brüder im Osten zu retten.

Er beschrieb mit irreleitenden Begriffen den Sieg der Seldschuken im christlich–byzantinischen Land:

> *»Sie haben die Christen beschnitten und das Blut von der Beschneidung auf den Altären vergossen oder es in die Taufbecken geschüttet. Und sie schneiden denjenigen die Bäuche auf, die sie mit einem schrecklichen Tod quälen wollen, zerren ihnen ihre lebenswichtigen Organe heraus und binden sie an einen Pfahl, sie stoßen sie herum und spießen sie auf, bevor sie sie töten. Mit herausgequollenen Eingeweiden liegen sie auf dem Boden. Manche binden sie an Pfähle und schießen mit Pfeilen auf sie, sie befehlen anderen, ihren Hals freizumachen, und greifen sie mit gezogenen Schwertern an, um zu sehen, ob sie ihre Köpfe mit einem einzigen Schlag abtrennen können.«*

(Dies stammt zugegebenermaßen aus dem reißerischsten Bericht von Urbans Rede, der überliefert wurde – wir haben keine verläßliche Quelle dessen, was er tatsächlich gesagt hat.)

Indem er eine Armee unter dem Banner des Kreuzes versammelte, breitete der Papst seinen Mantel über das gesamte Christentum aus. Dies war die zugrundeliegende Idee des revolutionären Papstes: Anstelle verschiedener örtlicher Kirchen inmitten einzelner Gemeinden gab es nun eine alles umfassende Kirche, die von einem überragenden Papst regiert wurde. Der Kreuzzug sollte dafür Ausdruck und Instrument sein.

Urbans Armee sollte auch Jerusalem befreien, das geistige – und daher körperliche – Zentrum des Universums. Er hoffte, daß das wiedergewonnene Jerusalem unmittelbar von der Kirche regiert werden würde.

Jeder Mann, der sich für den Kampf entschied, mußte sich durch das Tragen eines Kreuzes kenntlich machen und, wichtiger noch, schwören, daß er seinen Weg fortsetze, bis er Jerusalem erreicht habe.

Urbans Methode, eine Armee aufzustellen, war ganz und gar originell: Neben der Bezahlung konnte er noch das Paradies bieten – jedem, der am Kreuzzug teilnahm, wurden alle Sünden vergeben.

»Wer auch immer aus reiner Hingabe, und nicht wegen Ehre oder Geld, nach Jerusalem geht, um die Kirche Gottes zu befreien, kann diese Reise gegen alle Buße eintauschen.«

Indem der Papst versprach, daß man durch die Ausführung einer militärisch-politischen Aufgabe ein besserer Mensch würde und einem vergangene Sünden verziehen würden, hatte er einen Weg gefunden, durch den jedermann die päpstliche Politik verinnerlichen konnte. Der Kampf für die Sache des Papstes gestaltete sich also nicht nur zu einer Verpflichtung – er sicherte einem sogar die Rechtschaffenheit. Diese Vorstellung löste eine riesige politische Aktion aus, sie gebar eine Ideologie und setzte den Kreuzzug in Bewegung. Urban hingegen erkannte nicht einmal, welche Lawine er losgetreten hatte.

Die Kreuzritter des Papstes

Ademar, der Bischof von Le Puy, erhob sich sofort und bat darum, am Feldzug teilnehmen zu dürfen. Zuvor hatten die Herren sich heimlich, still und leise darauf geeinigt, daß er Urbans Vertreter beim Aufbau des päpstlichen Monarchensitzes in Jerusalem sein sollte. Einige Tage später erklärten Kuriere von Raimund von Toulouse, er wolle mit vielen Gefolgsleuten mitziehen. Selbst schon fünfzig Jahre alt, erwartete er – wie die meisten älteren Edelleute, die an dem Kreuzzug teilnahmen –, zum Anführer des Feldzuges ernannt zu werden. Urban jedoch wollte keinen Nichtgeistlichen in dieser Rolle sehen.

In den folgenden acht Monate bereiste der Papst Frankreich. Er ließ sich nur mit einer Krone auf dem Kopf blicken. Eine riesige Schar kirchlicher Würdenträger begleitete ihn und verkündete seine Nachricht immer wieder aufs neue. Anstelle des Königs, der den meisten Menschen nur vom Abbild seines Kopfes auf Münzen her bekannt und fern der Wirklichkeit war, sahen die Menschen hier den Vertreter Gottes auf Erden, der sie zu den Waffen rief. Und sie konnten ihn fast berühren. Die Reaktion auf diesen Aufruf überstieg die kühnsten Erwartungen.

Der Adel strömte zusammen, um das Kreuz auf sich zu nehmen. Der jüngere Bruder des Königs von Frankreich, Hugh von Vermandois, erklärte sofort, daß er gehen wolle –

Die mittelalterliche Landkarte zeigt einen Erdkreis, in dem T-förmige Wasser Europa (unten links) von Afrika (unten rechts) und Asien (obere Kreishälfte) trennen. Jerusalem befindet sich in der Mitte des Kreises, England am unteren Rand. Am rechten Rand befinden sich verschiedene Ungeheuer.
Aus einem englischen Psalter (13. Jahrhundert).

wie Raimund von Toulouse hatte er in Spanien gegen die Moslems gekämpft und betrachtete dies als Fortführung jenes Waffenganges. Die Kreuzfahrer kamen selbst aus den Reihen des Heiligen Römischen Kaisers; die Hauptgruppe formierte sich um die drei Brüder Gottfried de Bouillon, Herzog von Nieder-Lothringen, Eustach, Graf von Boulogne, und Balduin von Boulogne und ihrer Gefolgschaft.

Gottfried, der älteste der drei, war Mitte dreißig. Er sympathisierte mit Urbans Vorstellungen und nahm die Idee des Kreuzzuges wider die Ungläubigen begeistert auf. Er verkaufte eine ganze Reihe von Ländereien und stattete so eine große Armee aus. Eustach war weniger begeistert, ließ sich aber von seinem Bruder mitreißen.

Balduin war von der Aussicht, in den Krieg zu ziehen, genauso angetan wie Gottfried. Ihn trieben jedoch ganz andere Beweggründe. Als jüngerer Sohn ohne Land war er in die Kirche gesteckt worden, hatte sich jedoch mit der Reformbewegung zerstritten und das Handtuch geworfen. Nun hatte er weder ein Auskommen noch Land, und so war der Kreuzzug die Gelegenheit für ihn, sich die Zukunft zu sichern.

In der Normandie hörten sowohl der älteste Sohn von William dem Eroberer, Robert, der Herzog der Normandie, als auch seine Tochter Adela gern auf Urbans Ruf. Robert veräußerte sein Herzogtum an seinen Bruder, William Rufus, den König von England, um seine Armee zu bezahlen, während Adela einfach ihrem zögerlichen Ehemann Stefan von Blois erklärte, er müsse sich dem Plan einfach anschließen – und damit basta, keine Widerrede.

Tankreds Wiedergeburt

Die in Süditalien beschäftigten Normannen zeigten indes bedeutend weniger Interesse, im Heiligen Land die Schwerter zu kreuzen. Bohemond und Roger Borsa waren im Sommer 1096 eher damit beschäftigt, eine Rebellion in der Handelsstadt Amalfi niederzuschlagen, und an der Seite Bohemonds stand Tankred. Sie lagerten gerade in den Bergen vor der Stadt, bereit zu einer äußerst langwierigen und langweiligen Belagerung, als Gruppen bewaffneter Männer mit roten Kreuzen auf ihren Schilden vorbeizogen: Auf nach Byzanz! Zufällig war Tankreds Bruder William unter ihnen und so erfuhr Tankred, wie der Heilige Vater, Papst Urban, sich aus einem Zwiespalt befreite – und diese Lösung bot sich nun auch ihm an.

Tankreds Problem war im Grunde simpel gewesen. Töten war die Pflicht eines Ritters, aber in den Augen der Kirche war Töten falsch. Als die Normannen in der Schlacht von Hastings Engländer getötet hatten, hatten sie eine Sünde begangen und mußten Buße dafür tun. Doch nun erklärte der Papst, daß Töten nicht unbedingt eine Sünde sein mußte.

Man konnte differenzieren: Es hing nämlich davon ab, wen man tötete. Wenn man die Feinde Christi tötete, brauchte man noch nicht einmal Buße zu tun – das Töten selbst war schon die Buße. Das heilige Gemetzel konnte eine genauso wirkungsvolle Betätigung sein wie das Gebet oder Fasten oder eine Pilgerreise.

> *»Bis jetzt habt ihr ungerechte Kriege gekämpft: Ihr habt oft schonungslos eure Speere aus Gier und Stolz metzelnd aufeinander gerichtet, wofür ihr die immerwährende Zerstörung und das sichere Verderben der Verdammnis verdient! Nun bieten wir euch an, daß ihr Kriege kämpft, die die herrliche Befreiung des Martyriums bedeuten, in denen ihr jetzigen und ewigen Ruhm erlangen könnt.«*

Oder, wie ein Bericht es ausdrückte: »*Soldaten der Hölle – werdet zu Soldaten des lebendigen Gottes!*« Tankred erkannte plötzlich – glaubt man Radulph von Caen –, daß alle seine Probleme gelöst waren: »*Jetzt endlich, als hätten sie vorher geschlafen, erwachten seine Lebensgeister, seine Kräfte wuchsen, seine Augen öffneten sich, sein Mut wurde geboren.*«

Der Papst hatte auch auf die Bedeutung der Errettung Jerusalems vor den Heiden hingewiesen. Er scheint gesagt zu haben, daß Rettung gleichbedeutend mit Eroberung war.

> *»Das Land, das ihr bewohnt, ist von allen Seiten vom Meer eingeschlossen, umringt von Bergketten und übervölkert von euch selbst... Dies ist der Grund, weswegen ihr gegeneinander kämpft, Kriege führt und euch sogar tötet... laßt alle diese Streitigkeiten beiseite. Nehmt den Weg zum Heiligen Grab, befreit das Land von einer schrecklichen Rasse und herrscht selbst darüber.«*

Plötzlich änderte die Idee der Kreuzzüge auch die Vorstellungswelt der Normannen. Im Oktober 1096, ein Jahr nach dem Aufruf des Papstes, verließ Bohemond die Belagerung von Amalfi und führte eine große und mächtige Armee über die Adria. Unter seinem Gefolge befand sich Tankred.

Peter, der Einsiedler, hier in Priesterkleidung und mit einer Tonsur dargestellt, zeigt seiner zusammengewürfelten Gefolgsschar den Weg. Der Esel, der ihn zumeist begleitete, ist nicht zu sehen – dafür scheint das Pferd des Ritters sein begeistertster Begleiter zu sein. Am unteren Rand des Bildes tragen Frauen bedenkliche Mienen zur Schau. Aus einer französischen Handschrift (frühes 14. Jahrhundert).

Das grosse Abenteuer

Natürlich war es nicht in Urbans Absicht gewesen, daß gewöhnliche Menschen ihre Hacken und Spaten schulterten und sich einzeln als Freiwillige auf diesen Feldzug begaben, denn so funktionierte die Gesellschaft des elften Jahrhunderts nicht. Die Menschen jener Zeit waren in das feste Korsett des bedingungslosen Gehorsam eingezwängt. Es war der Gang der Dinge, daß große Landbesitzer das Kreuz nahmen und dann ihren Gefolgsleuten, die ihnen zu militärischen Diensten verpflichtet waren, befahlen, zu folgen.

Doch Urbans Worte und seine Vorstellungen, die von Predigern und Priestern im gesamten Christentum wiederholt wurden, fanden beim einfachen Volk ein großes Echo. Die am wenigsten erwartete Antwort kam aus dem Nordosten Frankreichs und aus Norddeutschland, wo Mönche in jeder Stadt und auf dem Land predigten, daß die Menschen alles stehen und liegen lassen sollten, um nach Jerusalem zu ziehen. Der berühmteste dieser Prediger war Peter der Eremit – seinen Zeitgenossen als »Der kleine Peter« bekannt.

Peter war in der Tat ein kleiner, schmuddeliger Mann mit einem langen Gesicht, das dem des Esels ähnelte, auf dem er zu reiten pflegte. Er ging barfuß und lebte von Wein und Fisch. Seine Exzentrik und seine charismatische Stimme befähigten ihn jedoch, Massen zu bewegen, selbst wenn sie seine Sprache nicht verstehen konnten. Guibert von Nogent, der ihn kannte, sprach in höchsten Tönen von ihm: *»Alles, was er sagte oder tat schien wie etwas Halbgöttliches.«*

Peters große Leidenschaft war die Pilgerfahrt. Er hatte natürlich versucht, nach Jerusalem zu pilgern, doch seine Reise fand durch den Zusammenbruch der alten Herrschaftsstrukturen in der von Seldschuken eroberten Region ein jähes Ende. Nun reiste er im Nordosten Frankreichs umher und drängte die Menschen, sich in Massen zu erheben, um den Weg nach Jerusalem wieder freizumachen.

Die Pilgerfahrt war im elften Jahrhundert von immenser Bedeutung. Es gab gute Landkarten und eine Kette von Pilgerunterkünften, die – praktisch über den ganzen Reiseweg verteilt – jeweils eine Tagesreise voneinander entfernt lagen.

Die Kirche unterstützte die Reise als eine Art der Buße – auf diese Weise waren unbequeme Störenfriede viele Monate lang aus dem Weg geschafft – und obendrein stellte die Reise in einer Gruppe heiliger Pilger noch eine zuträgliche moralische Übung dar.

Andere Prediger nahmen Peters Botschaft auf. Sie zogen durch die Lande, die 1094 von Überflutungen und der Pest und ein Jahr später von Dürre und Hunger heimgesucht wurden, und zogen ein Gefolge an, das an das Ende der Welt glaubte und vor dem bevorstehenden Jüngsten Gericht vom Papst gedrängt wurde, das himmlische Jerusalem zu befreien.

Die Wunder der Zukunft schienen greifbar nahe, die Luft war erfüllt von ihnen. Europa war von der Idee des Tausendjährigen Reiches mitgerissen. Man erzählte sich, daß eine große Menge christlicher Pilger, die sich in Jerusalem versammeln würde, die Rückkehr des Messias beschleunigen könne; allerdings: in den Jahren 1064 und 1065 war eine Gruppe von siebentausend Pilgern von Deutschland nach Jerusalem gereist. Der Messias kam damals nicht nach Jerusalem. Aber die Seldschuken.

Obwohl es keinen Grund gibt anzunehmen, daß die Christen in Jerusalem während der neunziger Jahre des elften Jahrhunderts eine besonders harte Zeit erlebten, war die Pilgerfahrt durch den Herrschaftsverfall auf dem Reiseweg sehr schwierig geworden, wie es auch Peter schmerzlich erkennen mußte. Seltsame Horden von Phantasten, die häufig von deutschen Rittern niederen Standes angeführt wurden, schossen überall am Rand des christlichen Europas aus dem Boden. Sie verehrten die Haare, die aus dem Schweif von Peters Esel stammen sollten. Eine Pilgergruppe soll sogar einer von Gott erleuchteten Gans gefolgt sein.

Diese bizarren Fanatiker waren die ersten, die nach Osten vordrangen. Sie warteten nicht bis zum offiziellen Abreisedatum, auch wenn sie es kannten. Selbst die Tochter des byzantinischen Kaisers, Anna Comnena, brachte den Kreuzzug noch nicht einmal mit der Bitte ihres Vaters an Papst Urban in Verbindung. Sie glaubte, daß er allein von den Predigten des Kleinen Peters ins Leben gerufen worden war.

»Voller Enthusiasmus und Inbrunst drängten sie sich auf den Straßen, und mit den Kriegern kam eine Schar von Zivilisten, größer an der Zahl als der Sand an den Ufern oder die Sterne am Himmel, und sie trugen Palmen und Kreuze auf den Schultern. Es waren auch Frauen und Kinder darunter, die ihr Land verlassen hatten. Wie Nebenflüsse, die sich von allen Seiten zu einem Fluß vereinigen, strömten sie mit voller Macht auf uns zu.«

Der erste Holocaust

Die ersten Opfer der Kreuzzüge waren jedoch nicht die Türken oder Araber, es waren auch nicht die Moslems, sondern die Juden aus Deutschland.

Die systematische Verfolgung und Vernichtung der Juden ist in der europäischen Geschichte ein solch charakteristisches Merkmal, daß es kaum zu überraschen vermag, darin ein Erbe der Kreuzzüge zu sehen. Jüdische Gemeinden waren von jeher als wirtschaftliche Stützen angesehen worden und durften Land, Häuser und Geschäfte besitzen. 1048 zum Beispiel veröffentlichte der Bischof von Speyer eine Urkunde, die besagte: »*Weil ich den Wunsch habe, aus dem Dorf Speyer eine Stadt zu machen, habe ich die Juden zugelassen... Ich gedachte, die Ehre unserer Stadt tausendfach zu mehren, indem ich die Juden innerhalb ihrer Mauern versammle.*«

Das Massaker an den Juden

Allen Kreuzzügen ist ein Merkmal gleich: die Massaker an den Juden. Was bedeuten sie? Eine mögliche Antwort ist, daß die Kreuzzüge im Grunde der tiefgehenden Zwiespältigkeit des christlichen Glaubens und der Person Christus – der ja Jude war – entsprangen. Vielleicht projizierten die Kreuzfahrer ihre Selbstzweifel auf ihre Religion: Sie waren keine Mörder, die Juden waren Mörder, denn sie hatten Christus ermordet. Sie waren auch nicht habgierig, das mußten wohl die Juden sein. Um sich ihrer dunklen Seiten zu entledigen, schoben sie sie auf andere ab, die vernichtet werden konnten. Und natürlich waren die Juden ihnen fremd – deshalb konnte man Christus eigentlich auch nicht als Juden sehen.

In ähnlicher Weise wurde Angst den Moslems entgegengebracht. Ein hölzernes Christusbild anzubeten, konnte keine Götzenverehrung sein; die Moslems waren die Götzendiener. Die Dreifaltigkeit Vater, Sohn und Heiliger Geist zu verehren, konnte nicht bedeuten, den einen Gott in Frage zu stellen; also mußten die Moslems der Vielgötterei anhängen.

Wie sonst läßt es sich erklären, daß der Autor der »Gesta Francorum« – der aus Süditalien stammte, wo Moslems keineswegs unbekannt waren, und der drei Jahre gegen die Türken kämpfte – annimmt, die Moslems glaubten an viele Götter? Er läßt den Seldschukenführer Kerbogha *»bei Mohammed und allen unseren Göttern«* schwören, obwohl der Islam auf den Glauben an nur einen Gott gründet. Er bezeichnet die Moslems zudem als *»Feinde Christi«* und übersieht, daß Christus von den Moslems hoch geachtet wird.

Und wie sonst läßt es sich erklären, daß ein anderer berühmter Augenzeuge, Fulcher von Chartres – der nicht nur an einem Kreuzzug teilnahm, sondern auch siebenundzwanzig Jahre in Jerusalem lebte, wo er jede Gelegenheit hatte, sich selbst wenigstens ein oberflächliches Bild vom Islam zu machen –, darauf beharrt, daß die Moslems Mohammed anbeteten, und nicht nur ihn, sondern auch Figuren, die ihn darstellen? *»Alle Sarazenen hegten eine große Verehrung für den Tempel des Herrn* [den Felsendom]. *Hier, mehr als sonstwo, wollten sie ihre Gebete sprechen, obwohl die Gebete vergeblich waren, denn sie richteten sich an ein Götzenbild, errichtet in Mohammeds Namen.«* Die Kreuzfahrer hatten nicht nur die Vorstellung verinnerlicht, daß sie mit Gewalt bessere Menschen würden; sie übertrugen auch ihre eigenen inneren Dämonen auf ihre Opfer. Dies ist vielleicht das offensichtlichste und nachhaltigste Erbe der Kreuzzüge. Denn dies tun wir heute noch.

Peters Pilgerarmee wird auf ihrem Weg durch den Balkan von Bulgaren angegriffen. Die weiße Kleidung der Pilger ist natürlich Zeichen ihrer inneren Lauterkeit.
Aus *Les Passages faits Outremer*… (ca. 1490).

Im Jahre 1096 wurden die jüdischen Einwohner von Speyer, ebenso wie die von Worms, Mainz, Köln, Trier, Metz und vielen kleineren Rheinstädten von Kreuzfahrern niedergemetzelt, sozusagen als Auftakt zu ihrer Reise des heiligen Mordens. Die Morde wurden von Banden apokalyptischer Fanatiker ausgeführt, nur mäßig mit ihm verbundenen Gefolgsleuten von Peter dem Eremiten; es waren dies Menschen, die nicht das Geld besaßen, um am Kreuzzug teilzunehmen, aber ihr Haß auf die Juden hatte eindeutig mit ihrer Liebe zum Gold zu tun. Außerdem gab es solche, die nicht verstehen konnten, warum sie nicht auch Feinde der Christenheit im eigenen Land umbringen dürfen sollten, wenn es im Ausland erlaubt war.

Als Bischöfe die Juden verteidigten, wurden auch sie angegriffen. In Speyer rettete das Eingreifen des Bischofs viele Menschenleben, doch in Worms wurden die Mörder dadurch nur noch entschlossener. Angeführt von Graf Emich von Leisingen, einem unbedeutenden Herrn mit dem Ruf, bestechlich zu sein, drangen sie in den Bischofspalast ein und töteten ungefähr fünfhundert Juden, die dort Schutz gesucht hatten. In Mainz vertrieben sie den Erzbischof und zerstörten seinen Palast, um den Beschützer der Juden aus dem Weg zu schaffen.

Der Oberrabbi von Mainz floh mit ungefähr fünfzig Gefolgsleuten nach Rüdesheim, wo der Erzbischof in seiner Landvilla Schutz gesucht hatte, und bat dort um Asyl. Leider konnte der Erzbischof der Versuchung, sie bekehren zu wollen, nicht widerstehen, worauf der Oberrabbi so wütend wurde, daß er ein Messer zog und seinen Beschützer angriff – mit dem Ergebnis, daß er und sein gesamtes Gefolge ebenfalls getötet wurden.

Graf Emich und seine Gefolgsleute zogen, nachdem sie ihre Judenverfolgung abgeschlossen hatten, nach Ungarn. Sie waren damit nicht die einzigen. Eine andere Gruppe, die vom Judengemetzel am Rhein zum Judengemetzel in Prag übergegangen war, versuchte, ihr Werk in der ungarischen Stadt Nitra fortzuführen, wurde jedoch von der ungarischen Armee auseinandergetrieben. Eine weitere, die von Gottschalk, einem alten Kumpan Peters des Eremiten, angeführt wurde, machte sich während ihrer kurzen Reise durch Europa so unbeliebt – indem sie beispielsweise bayerische Juden massakrierte –, daß ihre Mitglieder von den Ungarn entwaffnet und dann selbst einen Kopf kürzer gemacht wurden. Als Emich mit der bis dahin größten Streitmacht – und ausgestattet mit Belagerungsgeschützen – ankam, befand der ungarische König, daß er nun genug hatte. Er verweigerte den Kreuzrittern den Zutritt in sein Reich, und als sie sich ihren Weg über die Grenze erzwangen, besiegte er sie im Kampf.

Diese deutschen Schlägertrupps boten den Feinden von Papst Urban, die innerhalb des deutschen Königreiches des Heiligen Römischen Kaisers besonders zahlreich waren, reichlich Angriffsfläche. Ekkehard, der Abt von Aura, berichtete ungefähr im Jahr 1115, daß viele Menschen die ganze Idee des Kreuzzuges für eitel und frivol hielten und das kurze

Leben der deutschen Kreuzritter galt für sie als Beweis für Gottes Mißbilligung. Doch die vorherrschende Stimmung war ein Rausch, der in einer fieberhaften Unterstützung des Kreuzzuges mündete.

Peters Marsch

Unterdessen nahm die größte inoffizielle Armee, die von Peter dem Eremiten angeführt wurde, den traditionellen Pilgerpfad durch Ungarn in das byzantinische Gebiet. Die erste byzantinische Stadt, die Teile der Armee erreichten, war Belgrad. Man wurde dort von der Ankunft einer Gruppe Franzosen unter Walter Sans-Avoir (Walter der Besitzlose) regelrecht überrascht. Da die Ernte noch nicht eingebracht war und der Statthalter des Kaisers keine Instruktionen hatte, hielt man die Männer von Walter gewaltsam an und man machte noch einen zweiten Fehler: Man gab ihnen nichts zu essen. Mit der Folge, daß Walters Männer umgehend damit begannen, in Belgrad zu plündern. Es kam zu gräßlichen Szenen, bei denen auch mehrere von Walters Gefolgsleuten getötet wurden, ehe Kunde vom Kaiser kam und sie nach Konstantinopel geleitet wurden. Sie waren im April 1096 aufgebrochen und erreichten im Juli desselben Jahres ihr Ziel.

Peter kam ein paar Tage später mit einer sehr viel größeren Streitmacht. Sie war so viel größer, daß der Bürgermeister der ungarischen Grenzstadt Semlin Angst bekam und versuchte, ihre Bewegungsfreiheit einzuschränken. Schlechte Laune und die gänzliche Abwesenheit von Disziplin führten bald zu einem Aufstand, bei dem Peters Pilger die Zitadelle stürmten, viertausend Ungarn töteten und sich dann ihren Weg über den Fluß Save Richtung Belgrad erzwangen.

Belgrad wurde hastig evakuiert; die Pilger zerstörten die Stadt und brannten sie nieder. Dann zogen sie weiter und trafen auf eine kaiserliche Eskorte, gegen die sie schon bald kämpften. Die kaiserlichen Truppen hatten gar keine andere Wahl, als rücksichtslos durchzugreifen. Als Peters Armee Sofia erreichte, hatte sie sich zwar durchgeschlagen, doch ein Viertel ihrer begeisterten Freiwilligen war getötet oder in die Sklaverei geschafft worden.

Am 1. August kam Peters »Armee« in Konstantinopel an, wo sie mit einer sehr diplomatischen Nachricht des Kaisers Alexius empfangen wurde, die besagte, daß die Mannen dieses Feldzuges genug erlitten hätten und daß den Pilgern deswegen ihre Ausfälle verziehen seien. Der Kaiser war berechnend und wollte deshalb nichts riskieren. Peters Gefolgsleute machten auch außerhalb der Stadtmauern, wo sie lagerten, schon genug Ärger, brachen in Villen der Vorstadt ein und rissen das Blei von Kirchendächern. Nur kleine Gruppen wurden zur Stadtbesichtigung eingelassen, doch vor den meisten schloß man fest die Tür.

Für die, die einen Blick hinter die Mauern werfen konnten, gab es viel zu begaffen.

Im lateinischen Europa gab es nichts, was sich mit Konstantinopel vergleichen konnte. London und Paris hatten vielleicht zehntausend Einwohner, Köln zwanzigtausend, Rom dreißigtausend. Die dreifachen Mauern Konstantinopels umschlossen mindestens eine Viertelmillion Menschen. Die Stadt wurde von einem riesigen neuen Palastkomplex beherrscht, dem Blachernae, dessen Gärten eine Menagerie mit exotischen Tieren beherbergten, von Kaiser Justinians großer Kirche Hagia Sophia, deren riesige Kuppel schwerelos über dem darunterliegenden Raum zu schweben schien, von der gigantischen Arena, dem Hippodrom, ganz zu schweigen. Die Besucher konnten obendrein die Sammlung heiliger Relikte bewundern, welche die Dornenkrone, das nahtlose Gewand, einen Stoff mit dem Abbild des Antlitzes Jesu, Lukas Porträt der Jungfrau Maria, das Haar von Johannes dem Täufer und viele andere Wunder einschloß – kurz gesagt: ein Pilgerparadies.

Doch waren Peters Gefolgsleute Pilger oder Eindringlinge? Alexius hingegen wollte sich auf nichts einlassen, noch konnte er riskieren, daß Peters gewalttätiger Mob von noch größeren Armeen Verstärkung erhielt, die, wie er erfahren hatte, sich bald auf den Weg machen würden.

Nur fünf Tage, nachdem Peters Armee angekommen war, wurden alle über den Bosporus nach Asien übergesetzt. Alexius warnte Peter, daß er sich lieber dicht am Ufer halten solle, um dort auf Verstärkung zu warten, bis geübtere Armeen angekommen seien, doch Peter hatte nicht mehr die Befehlsgewalt über seine Armee.

Niemand hatte sie.

Nach Asien

Das Land Anatolien, das die Kreuzritter nun betraten, wurde mit Ausnahme eines wenige Kilometer breiten Streifens am Bosporus von den Türken regiert. Der Großteil der Bevölkerung bestand aus Christen, doch diese hatten, so lange sie in der Obhut der Türken waren, kein Bedürfnis nach Hilfe verspürt. Im Gegenteil: Da viele von ihnen den eremitischen Sekten anhingen – Jakobiner, Nestorianer, Armenier –, fanden sie das Leben unter islamischen Gesetzen sehr viel leichter. Sie durften ihren Gottesdienst ausüben, und

Umseitig: Die Stadtmauern von Konstantinopel. Dieser – restaurierte – Abschnitt zeigt die dreifache Verteidigungslinie, die Theodosius II. in der ersten Hälfte des fünften Jahrhunderts errichten ließ und die die Stadt achthundert Jahre lang erfolgreich vor Angreifern schützte. Sie war damals, als der Graben vor ihr noch nicht zugeschüttet war, noch eindrucksvoller als heute.

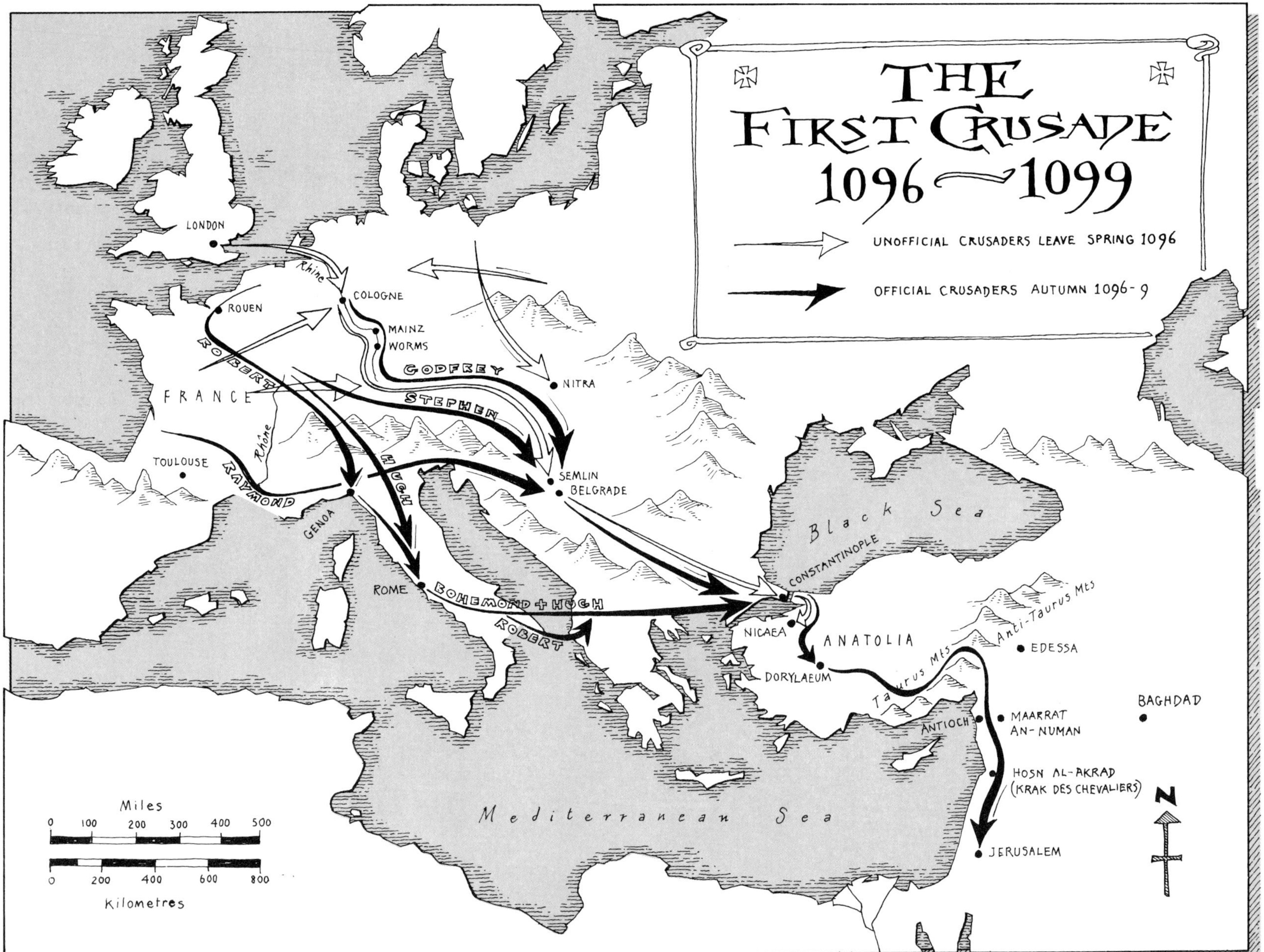
THE FIRST CRUSADE 1096–1099
UNOFFICIAL CRUSADERS LEAVE SPRING 1096
OFFICIAL CRUSADERS AUTUMN 1096-9
LONDON
Rhine
COLOGNE
ROUEN
MAINZ
WORMS
GODFREY
STEPHEN
ROBERT
FRANCE
NITRA
Rhône
TOULOUSE
RAYMOND
HUGH
SEMLIN
BELGRADE
GENOA
Black Sea
CONSTANTINOPLE
ROME
BOHEMOND + HUGH
ROBERT
NICAEA
ANATOLIA
Anti-Taurus Mts
Taurus Mts
EDESSA
DORYLAEUM
BAGHDAD
ANTIOCH
MAARRAT AN-NUMAN
HOSN AL-AKRAD (KRAK DES CHEVALIERS)
N
Mediterranean Sea
JERUSALEM
Miles
0 100 200 300 400 500
0 200 400 600 800
Kilometres

die Steuern waren niedrig; ihre Schriftsteller, die keineswegs gegen die Herrschaft ihres Bezwingers Malik Shah protestierten, sangen ein Loblied auf die wiedergeschaffene Ordnung nach dem Chaos der Invasion.

Sultan Malik Shah war 1092 gestorben. Sein Sultanat war eines der großen Reiche der Geschichte, das sich über Anatolien bis nach Syrien und Palästina erstreckte und ostwärts über Bagdad und Persien bis nach Afghanistan und Nordindien. Seine Macht, die im Namen der Marionette des Kalifen von Bagdad ausgeübt wurde, umfaßte die gesamte Region vom Mittelmeer bis nach China. Sein Name sagt alles: *Malik* ist arabisch für König, *Shah* ist persisch für König und *Sultan* ist arabisch für Herrscher.

Als er starb, zerfiel sein Reich in untereinander verfeindete Emirate. Westanatolien wurde das Sultanat von Rum – »Rum« bedeutet Rom. Sein Sultan war ein Jüngling, Kilij Arslan ibn Suleiman, der Sohn des Emirs, der Anatolien für Malik Shah unterworfen hatte. Seine Hauptstadt war Nikaia (das heutige Iznik), eine historische byzantinische Stadt, die nur etwa hundertfünfzig Kilometer von Konstantinopel entfernt lag.

Alexius und Kilij Arslan waren – sollte es ernst werden – nominell Feinde, doch eigentlich hatten sie nichts gegeneinander. Tatsächlich hatte Kilij Arslan auf Alexius Rat hin seinen Schwiegervater umgebracht, den mächtigen und ehrgeizigen Emir von Smyrna (Izmir). Beide hatten sie von seinem Tod profitiert.

Die Kreuzritter hatten natürlich keine Ahnung von diesen guten Seiten der Politik in dieser Gegend. Sie konnten nicht einmal Christen von Türken unterscheiden.

Die Horde, die Peter jetzt nach Anatolien führte, bestand aus Deutschen, Italienern und Franzosen. Sie war keine Armee, obwohl ihr viele Ritter angehörten; es war eine riesige Pilgermacht mit vielen Frauen, Kindern und alten Menschen. Die unterschiedlichen Gruppen hatten nur wenig gemein; die Franzosen stritten sich schon bald mit den anderen, die sich abspalteten und einen Italiener namens Rainald zu ihrem Führer erkoren. Die rivalisierenden Gruppen teilten sich ein Lager in Civetot am Marmara-Meer. Von dort begannen sie ihre in ihren Augen gottgewollte Mission des Folterns, Plünderns und Massakrierens. Der Haken an der Sache war nur, daß eben die meisten Einwohner Christen waren.

Im September plünderten die Franzosen die Vororte von Nikaia und behandelten die Christen dieser Region mit legendär gewordener Abscheulichkeit, indem sie etwa Babys auf Spießen grillten und derlei mehr. Sie kehrten sehr zufrieden mit sich und ihrer Beute ins Lager zurück. Woraufhin die andere Gruppe beschloß, noch einen draufzusetzen.

Eine Armee von mehreren tausend Mann, unter ihnen Priester und Bischöfe, marschierte bis hinter Nikaia auf eine Burg namens Xerigordon zu, wo sie sich einquartierten. Kilij Arslan schickte eine Armee aus, um die Burg zu umzingeln. Schmerzhaft mußten die Kreuzritter feststellen, daß sie sich verkalkuliert hatten. Xerigordons Wasser kam von außerhalb der Burg. Es dauerte acht Tage, bis sie sich ergaben, und währenddessen starben sie schier vor Durst und erkannten, daß das Blut ihrer Tiere und ihr eigener Urin kein Ersatz für kaltes Wasser war. Die Bedingungen der Kapitulation waren ziemlich eindeutig: Entweder bekannten sie sich zum Islam – und wurden in die Gefangenschaft geschickt – oder sie starben.

Der Übertritt zum Islam gestaltet sich sehr einfach. Alles, was man zu tun hat, ist, zu sagen: »Gott ist groß, und Mohammed ist sein Prophet«, und wenn man ein unbeschnittener Mann ist, muß man sich einer einfachen Operation unterziehen. Rainald, der Anführer der Gruppe, beschloß, daß die Garantie des Papstes auf einen Platz im Himmel ihren Reiz verloren hatte – er biß die Zähne zusammen und opferte seine Vorhaut. Andere fanden es – aus welchen Gründen auch immer – leichter, als Märtyrer zu sterben.

Kilij Arslan schickte daraufhin Agenten nach Civetot, um das Gerücht zu verbreiten, daß Nikaia besetzt worden sei und die siegreichen Kreuzritter die ganze Beute für sich behielten. Daraufhin entstand eine solche Aufregung unter den Franzosen, daß aus den Rufen nach Beute, selbst als sie die schreckliche Wahrheit erfahren hatten, Rufe nach Rache wurden und sie trotzdem loszogen.

Peter war nach Konstantinopel zurückgekehrt, um zu versuchen, ein klein wenig Hilfe von Alexius zu bekommen; dieser war aber nicht anwesend und konnte sie deshalb nicht verweigern. Ungefähr zwanzigtausend Männer machten sich im Morgengrauen des 21. Oktober auf den Weg und liefen geradewegs in eine Falle. Sie gerieten nach nur fünf Kilometer in einen Hinterhalt, und der Kreuzzug des Volkes war ausgelöscht.

Dann stürmten die Türken das Lager. Die ganze Vernichtung währte fünf Stunden: *»Als sie die Reste der Gefallenen zusammensammelten...«*, schrieb Anna Comnena, *»häuften sie – ich will nicht sagen einen mächtigen Haufen oder Hügel, sondern einen Berg von ziemlicher Höhe und Tiefe und Breite an, so groß war die Menge an Knochen.«* Alexius schickte Schiffe, um die wenigen Überlebenden aufzulesen und sie in Sicherheit zu bringen. Währenddessen näherten sich aber bedrohlichere Armeen Konstantinopel.

Der offizielle Kreuzzug

Die erste der offiziellen Armeen, wurde von Hugh von Vermandois angeführt. Er hatte vorher an den Kaiser von Byzanz geschrieben, um ihm genau zu erklären, wer er war: *»Wisset, Kaiser, daß ich der König der Könige bin, der größte von allen unter dem Him-*

Raimund von Toulouse und Bischof Ademar geraten
auf dem Weg ins Heilige Land in einen bulgarischen Hinterhalt.
Aus *Les Passages faits Outremer...* (ca. 1490).

mel. Es ist mein Wille, daß Ihr mich bei meiner Ankunft treffen sollt und mit den Zeremonien begrüßt, die meiner edlen Geburt angemessen sind.«

Hughs Brief wurde vielleicht geschrieben, um Alexius klarzumachen, daß sein Feldzug ordentlich organisiert und finanziert wurde und die Teilnehmer nicht mit dem Pöbel zu verwechseln waren, der Peter den Eremiten begleitet hatte. Doch er erregte den Zorn der Kaisertochter Anna, die den Brief als »absurd« bezeichnete. Vielleicht schmückte Anna diese Absurdität weiter aus, als sie den Brief für die Nachwelt beschrieb – doch ihre Worte sind die einzige Version, die uns überliefert ist.

Was auch immer seine Absichten gewesen sein mochten – Hughs Ankunft war keineswegs würdevoll. Er erlitt an der östlichen Adriaküste Schiffbruch. Der örtliche byzantinische Bürgermeister rettete den verdreckten Grafen und unterhielt ihn mit einem herrlichen Bankett und »feinen Versprechungen«. Dann wurde er unter strenger Bewachung nach Byzanz geleitet. Dort angelangt, überschüttete man ihn mit Geschenken und schönen Worten, doch in Wirklichkeit wurde er so strenger Aufsicht unterstellt, daß er praktisch ein Gefangener war – eine Tatsache, die offenbar einigen seiner Nachfolger ziemlich mißfiel, die Hugh aber nur zu gern ignorierte.

Tatsächlich fühlte Hugh sich geehrt, als er auf eine Bitte hin einen Eid leistete, Lehnsmann des Kaisers zu werden. Er mußte damit dem Kaiser jedes Land, das er den Türken nehmen würde, zufallen lassen. Dies sollte bei allen, die noch kamen, die kaiserliche Politik sein. Doch natürlich war es nicht immer ganz so einfach.

Die nächste Armee, die ankam, stammte von der Kanalküste und aus Lothringen: die Brüder Gottfried, Eustach und Balduin mit einer großen Gefolgschaft mächtiger Ritter. Hugh wurde ausgeschickt, um Gottfried anzutragen, den Ehrenschwur gegenüber Alexius zu leisten.

Nordeuropäer waren normalerweise keine Menschen mit weitem Horizont, und sie mochten die byzantinische Zivilisation nicht. Sie war ganz auf den kaiserlichen Hof ausgerichtet, vollgestopft mit Etikette und von einer Bürokratie beherrscht, die auf eine tausendjährige Erfahrung zurückblicken konnte. In den sechziger Jahren des zehnten Jahrhunderts hatte Bischof Liudprand von Cremona Konstantinopel besucht und berichtet, daß nach seiner objektiven Ansicht die Einwohner *»weiche, unmännliche, langärmelige, geschmückte und ausstaffierte Lügner, Eunuchen und Nichtstuer«* seien. (Er hatte versucht, kaiserliche Purpurseide aus dem Land zu schmuggeln.) Die meisten Franken und Deutschen teilten Liudprands Ansicht.

Gottfried hatte nicht die Absicht, Lehnsmann des Kaisers zu werden. Er wollte auf die Ankunft der anderen Kreuzritter warten, was Alexius gerade verhindern wollte. Der Kaiser benötigte den Eid, um danach diese gefährliche Macht über den Bosporus zu verfrachten, ehe sie Verstärkung erhielt. Vor allem mußte er verhindern, daß Bohemond vor den Mauern von Konstantinopel auf Gottfrieds Armee traf. Alexius versuchte, den Kreuzrittern die Lebensmittelzufuhr abzuschneiden.

Da Gottfried und seine Männer erwartet hatten, mit offenen Armen empfangen zu werden (immerhin waren sie auf eigene Kosten über eine riesige Entfernung gereist, um dem Reich zu helfen, seine Schlachten zu schlagen), war das überhaupt keine gute Idee. Die Armee reagierte mit ein wenig kontrollierter Plünderung, und Alexius ließ die Versorgung wieder aufnehmen.

Doch die verfahrene Situation bestand weiter. Eine Lösung nicht in Sicht erfuhr Alexius im März 1097, daß weitere Armeen auf dem Weg waren. Voller Verzweiflung schnitt er die Versorgungslinien erneut ab. Diesmal befahl Gottfried zum Beweis seiner Schlagkraft einen großangelegten Überfall auf die Stadt. Dieser wiederum löste Panik unter der Bevölkerung aus, und Alexius sandte Botschafter, um zu erklären, daß er die Kreuzfahrer über den Bosporus geleiten würde, ohne Gottfrieds Schwur abzuwarten.

Die Botschafter wurden jedoch angegriffen, ehe sie überhaupt den Mund aufmachen konnten, woraufhin Alexius genug hatte. Er schickte eine echte Armee aus, um Gottfrieds Gefolge eine Lektion zu erteilen. Am Ostersonntag schworen der gedemütigte Gottfried, Balduin und ihr Gefolge, Alexius als Oberherrn aller eroberten Gebiete anzuerkennen und alles Land, das sie von den Türken nahmen, dem Reich zurückzugeben. Sie wurden sofort nach Asien übergesetzt.

Als in den folgenden Tagen neue Gruppen von Kreuzfahrern, die lockere Verbindung zu Gottfried hatten, in ungezügelten Banden ankamen, wurden sie zurechtgewiesen und in den Palast geführt, um denselben Schwur zu leisten. Gottfried und Balduin wurden zurückgeholt, um dabei zuzusehen. Als einer dieser Ritter darauf bestand, auf dem Thron des Kaisers zu sitzen, mußte Balduin ihm erklären, daß er sich nicht so ehrverletzend verhalten durfte. Ihr Unmut über die höfischen Manieren von Byzanz war groß.

Bohemond in Konstantinopel

Am 9. April, nur drei Tage, nachdem Gottfrieds Armee über den Bosporus geschifft worden war, kam Bohemond an. Alexius hatte es gerade noch geschafft.

Bohemond war vielleicht gekommen, um die Türken anzugreifen, aber das bedeutete nicht, daß er den Islam haßte. Sizilien war von Arabern regiert worden, bis sein Onkel es erobert hatte, und nach der Eroberung durften die Moscheen weiterhin benutzt werden. Tatsächlich hatte er Moslems mit Verwaltungsaufgaben betraut, und Süditalien hatte dank einer bemerkenswerten Mischung aus arabischer Wissenschaft und Architektur, byzantinischer Handwerkskunst und dem praktischen Sinn der Normannen zu blühen begonnen.

IC
XC

Eine moslemische Quelle erzählt, wie der normannische Herrscher von Sizilien – als er gedrängt wurde, Nordafrika anzugreifen und es zu christianisieren – »*seinen Fuß hob und heftig furzte, wobei er sagte: ›Bei meiner Ehre, dies ist ein viel besserer Rat, als Ihr ihn mir gegeben habt.*‹«

Und anders als die Byzantiner machten es auch die Araber nicht ganz so deutlich, daß sie die Europäer für stinkende, ignorante Barbaren hielten. Zusammengefaßt: Die Normannen haßten die Araber nicht, doch sie haßten die Griechen aus Byzanz. Und hier waren sie in Byzanz.

Bohemonds Armee, die unter Tankreds Kommando in einiger Entfernung wartete, war kleiner als die von Gottfried, doch sie war gut ausgestattet und somit wirkungsvoll. Bohemond war ungefähr zweiundzwanzig Jahre älter als Tankred und eine eindrucksvolle Erscheinung. Normannen waren üblicherweise kurz und stämmig – die Deutschen pflegten sie deshalb aufzuziehen –, doch Bohemond war eine Ausnahme. Anna war von ihm fasziniert und beschrieb ihn in ihren Memoiren detailliert:

> *Bohemonds Erscheinung war, um es kurz zu fassen, anders als die eines jeden Mannes in dieser Zeit der römischen Welt, ob nun Grieche oder Barbar. Sein Anblick rief Bewunderung hervor, die Erwähnung seines Namens Schrecken. Ich werde die Besonderheiten des Barbaren genau beschreiben. Seine Statur war von der Art, daß er die größten Männer um mindestens eine ganze Elle überragte. Er hatte schlanke Hüften und Flanken, breite Schultern und Brust, starke Arme; insgesamt war er weder dünn noch schwer gebaut und fleischig, sondern von vollkommener Statur... Sein Haar war hellbraun und nicht so lang wie das anderer Barbaren (das heißt, es hing ihm nicht auf die Schultern); tatsächlich hatte der Mann keine große Vorliebe für langes Haar, sondern schnitt es sich bis zu den Ohren ab... Seine Augen waren hellblau und ließen den Geist und die Würde des Mannes erkennen... Er hatte einen gewissen Charme, doch dieser wurde durch den Schrecken, den seine Person als Ganzes hervorrief, irgendwie vermindert; ich nehme an, seine gesamte Erscheinung hatte etwas Wildes, auch seine große Statur und seine Augen; sogar sein Lachen klang für andere wie eine Bedrohung. Solcher Art war seine Verfassung, geistig wie körperlich, daß sich in ihm Mut und Liebe vereinten, die beide zum Kampf bereit waren.*

Kaiser Alexius steht vor Christi Thron. Seine Tochter Anna beschrieb Alexius als »nicht sehr groß«, mit breiten Schultern, geschwungenen Augenbrauen und blitzenden Augen, rotem Gesicht und dichtem Bart. Aus einer griechischen Handschrift (12. Jahrhundert).

Bohemond war kein Rüpel. Er wußte genau, wie man sich benahm. Dies machte ihn noch bedrohlicher. Alexius zweifelte nicht an Bohemonds Absichten; die Frage war, wie würde er sie zu verwirklichen versuchen? Alexius fragte ihn indirekt. Bohemond lächelte. *»Ich komme aus eigenem freien Willen als Freund Eurer Majestät.«* Er würde den Schwur ohne Fragen leisten. Natürlich. Immerhin bedeutete er ihm nicht mehr als Alexius.

Bohemond wurde in ein luxuriöses Quartier gebracht, weigerte sich jedoch, das Essen anzurühren, das für ihn zubereitet worden war. Alexius hatte dies erwartet; die Köche brachten rohe Zutaten für Bohemonds eigene Köche. Am nächsten Tag ging die Scharade weiter. Nach dem Schwur wurde Bohemond in einen Raum geführt, der mit Gold, Silber, kostbaren Kleidern und anderen prachtvollen Gegenständen angefüllt war. *»›Hätte ich solche Kostbarkeiten‹, sagte er, ›wäre ich schon lange der Herr vieler Länder.‹ – ›All dies‹, sagte der Mann, ›gehört heute Euch – ein Geschenk des Kaisers.‹«*

Schließlich gab Bohemond seine Bedingungen bekannt: Er wollte Alexius Statthalter in Asien werden. Alexius erfand Ausflüchte, wie Bohemond es erwartet hatte. Am 26. April wurde seine Armee über den Bosporus geschifft, um sich mit Gottfrieds Lothringern zu vereinen. Tankred, den die Geschehnisse verwirrten, entschlüpfte nachts durch die Stadt, um dem Ablegen des Eides zu entgehen.

Zwei weitere Armeen sollten noch folgen: die Franken unter Raimund von Toulouse und die Normannen des Robert von der Normandie. Raimund kam an jenem Tag, an dem Bohemonds Streitmacht den Bosporus überquerte. Er schätzte die Aussicht nicht besonders, Alexius gegenüber einen Schwur zu leisten, und er wandelte ihn dergestalt ab, daß er den Kaiser nicht als Oberherrn anerkannte – doch Alexius war zufrieden. Vertraulich erklärte ihm Alexius, daß er Bohemond niemals einen kaiserlichen Befehl geben werde, und Raimund sagte sich, daß er und Alexius sich bestens verstehen würden.

Schließlich kam die Gruppe von Robert von der Normandie, nachdem sie viele Monate bei dessen Verwandten in Süditalien verbracht hatte. Alexius behandelte sie herzlich – nun, da er die Hauptstreitkräfte losgeworden war – und gab jedem der Führer das Gefühl, daß er der besondere, vertraute Verbündete des Kaisers wäre. Stefan von Blois war hierfür besonders empfänglich und schrieb einen begeisterten Brief an seine Frau, in dem er offenbarte, daß er Alexius Schmeicheleien vollkommen verfallen war. Adela wäre von Stefans Vergleich zwischen Alexius und William dem Eroberer nicht begeistert gewesen: *»Dein Vater, meine Liebe, machte viele große Geschenke, doch er war beinahe nichts verglichen mit diesem Mann.«*

Krieg in Anatolien

Die Streitmacht, die sich nun an der westlichen Grenze Asiens versammelt hatte, bestand nicht aus einzelnen Armeen. Vielmehr konnte man von einem multikulturellen Mischmasch sprechen, das sowohl durch Sprache als auch durch Kultur und Loyalitäten getrennt war. Schätzungen dieser niemals gezählten Schar sprechen von siebzigtausend Kämpfern. Hinzu zählen muß man jedoch die Frauen und Kinder, denn teilweise handelte es sich um ganze Familien von Kreuzfahrern, die sich in Jerusalem niederlassen wollten. Auch die alten Menschen, die die Pilgerreise als letzten Akt der Frömmigkeit auf sich nahmen, die Kleriker und eine ganze Reihe von Sonderlingen, beispielsweise die letzten Reste von Peters fanatischer Horde, dürfen nicht vergessen werden.

Ihre Anführer vertrauten sich untereinander mindestens ebenso wenig, wie sie Türken oder Byzantinern vertrauten. Doch für den Augenblick waren sie sich einig, daß es ihr erstes Ziel sein mußte, die Stadt Nikaia einzunehmen, die Hauptstadt von Kilij Arslans Sultanat, die stolz am Ostufer des Sees Iznik stand.

Die Einnahme von Nikaia

Kilij Arslan erwartete nicht, daß diese Leute ein größeres Problem wären, als der letzte Haufen, und war davongezogen, um gegen seinen Nachbarn, den Emir Danishmend, zu kämpfen. Als er hörte, daß die Kreuzritter Nikaia angriffen, schusterte er hastig ein Bündnis mit Danishmend zusammen, eilte zurück, um die Belagerung zu beenden, und stellte fest, daß er sich geirrt hatte.

Kilij Arslan warf seine ganze Kraft gegen die Belagerungstruppe, die von Raimund von Toulouse befehligt wurde. Dies war die erste Schlacht zwischen ganzen Armeen aus europäischen Rittern und türkischen Reitern, und es war nicht einfach nur ein Zusammenstoß der Waffen, sondern vielmehr ein Zusammenstoß der gegensätzlichen Kulturen.

Die Normannen verhielten sich beim Reiten wie eine Schiffsbesatzung. Sie hatten gelernt, als Gruppe zu handeln und so verhielten sie sich wie eine Reiterei. Anstatt ihre Lanzen zu werfen und davonzupreschen, zogen sie es vor, dem Feind in einem Massenangriff entgegenzureiten, wobei sie ihre Lanzen fest unter den Arm preßten oder zum Aufspießen hoben.

Sie hatten tiefe Sättel und lange Steigbügel, damit sich der Reiter fest im Sattel halten konnte, indem er sich an Steigbügeln und Sattelrücken abstützte. Da es nicht leicht war abzusteigen, dachten diese Soldaten nicht einmal im kühnsten Traum daran, zu Fuß zu kämpfen.

Ihre Pferde waren kleine Kampfhengste, die wegen ihrer Kraft, ihres Gewichts und einem breiten, flachen Rücken ausgewählt worden waren und einen Mann samt seinem Kettenhemd tragen konnten, das ihm bis auf die Knie reichte. Dieses und das dick gepolsterte lange Wams (*aketon* genannt – eine Abwandlung des arabischen *al-Qutun,* was Baumwolle bedeutet) fügten dem Gewicht des Reiters zwölf Kilogramm hinzu. Alle europäischen Ritter kämpften zu jener Zeit auf diese Art, ritten in engen Formationen, galoppierten geradewegs auf den Feind zu und erwarteten, ihn durch schiere Kraft zu zerstören; Anna Comnena schrieb, daß *»ein Franke auf dem Pferderücken ein Loch in die Mauern von Babylon stoßen konnte«.*

Doch der Angriff der Ritter wirkte nur bei einem Feind, der still verharrend darauf wartete, angegriffen zu werden – und die Türken vermochten auszuweichen und taten es auch. Sie ritten langbeinige Stuten, die sich durch Schnelligkeit, Lebhaftigkeit und besonderen Gehorsam auszeichneten. Sie kämpften nicht in Formationen, sondern stießen vor und ritten wieder davon, wobei sie Pfeile von ihren kurzen, fest gespannten Bögen schossen. Sie stützten sich dabei vor allem auf ihre Zahl – ein endloser, schrecklicher Angriff bestehend aus unaufhörlich anbrandenden Wellen von Scharfschützen, die ebenso gut schießen konnten, wenn sie davonritten, wie wenn sie angriffen. Ihr Trumpf war die Schnelligkeit; sie trugen nur wenig Rüstung und verwendeten kleine, leichte Schilde.

Der entscheidende Punkt im Kampf war erreicht, sobald die Ritter ihren Angriff beendet hatten. Wenn sie zusammenblieben und auf dem Rücken ihrer Pferde als bewaffnete Gruppe die Schwerter einsetzten, waren sie praktisch unverwundbar; doch wenn die Gruppe auseinanderbrach, konnten die einzelnen Ritter umzingelt und niedergeschlagen werden.

Diese Schlacht war für beide Seiten eine lehrreiche Übung. Die Kreuzritter erlitten schwere Verluste, doch die Türken vermochten nicht, die Streitmacht zu zerschlagen, und Kilij Arslan mußte sich zurückziehen.

Nun konzentrierten die Kreuzritter ihre Kräfte darauf, in die Stadt einzufallen. Das Problem war freilich, daß ihre Belagerungsgeräte nur kleine Steine werfen konnten. Sie eigneten sich ausgezeichnet, um die Köpfe der Verteidiger niederzuhalten, doch sie konnten vor den dicken Mauern nur wenig Eindruck machen. So verwendete man sie als brutale Form der psychologischen Kriegsführung, indem man Feuergeschosse, abgehackte Köpfe und sogar Bienenstöcke auf die Belagerten schoß. Die größte Hoffnung der Kreuzritter war, die Stadt auszuhungern, doch da sie keine Boote besaßen, konnten sie die Nikaianer nicht davon abhalten, sich Nachschub von der anderen Seite des Sees zu holen.

Sechs Wochen später steckten die Ritter noch immer fest. Kaiser Alexius befand nun, es sei an der Zeit, den Kreuzrittern zu zeigen, wie man so etwas erledigte. Er ließ eine Flotte von Booten über Land befördern und am See einsetzen, schloß einen heimlichen Handel mit den türkischen Kommandanten Nikaias und ließ seine Männer mitten in der Nacht

In dieser Darstellung des Angriffs der Kreuzfahrer auf Nikaia (aus dem 13. Jahrhundert) werden die Mauern mit abgeschlagenen Köpfen beschossen. Die Belagerungsgeschütze jener Tage konnten Steinbauten kaum etwas anhaben: Ihre wirkungsvollste Munition war daher entweder psychologischer Natur, wie in diesem Fall, oder biologischer: Man verwendete gern infizierte oder verwesende Tiere. Selbst mit Bienenkörben wurden die Verteidiger beschossen. Aus William von Tyros *History of Deeds done beyond the Sea.*

über den See gleiten. Als der Morgen des 19. Juni 1097 graute, sahen die Kreuzritter, die sich zu einem letzten Angriff auf die Mauern sammelten, die kaiserliche Fahne träge über Nikaia flattern.

Die Kreuzritter waren von diesem Sieg nicht gerade begeistert, obwohl er ihnen eine strategisch wichtige Stadt auf dem Weg nach Jerusalem sicherte. Sie waren erbost. Alexius hatte ihnen die Beute weggeschnappt. Nach den allgemein anerkannten Bedingungen der Zeit konnte eine gestürmte Stadt auch geplündert werden. Eine Stadt, die kapituliert hatte, zahlte nur ein Lösegeld für ihre höchsten Bürger. Und die Byzantiner hatten sich sogar diese gesichert, indem sie Kilij Arslans Frau und Kinder und all ihren beweglichen Besitz nach Konstantinopel gebracht hatten.

Was Alexius betraf, war Nikaia seine Stadt (die meisten ihrer Einwohner waren Griechen), und die Gefangenen konnten ihm sehr nützlich sein. Er tauschte Kilij Arslans Frau gegen das Emirat von Smyrna ein. Doch vielen Kreuzrittern erschien es lächerlich, die Ungläubigen vor ihrem heiligen Zorn zu bewahren, und verwerflich, ihnen selbst ihr geheiligtes Recht auf Plünderung zu verwehren.

Alexius handelte wie ein großzügiger Feudalherr. Er gab jedem Kreuzfahrer zu essen und bot ihren Anführern große Geschenke aus Gold. Doch er bestand auch darauf, daß Tankred erst seinen Teil erhalten sollte, wenn er den Eid geleistet hatte, den er noch immer verweigerte. Tankred beharrte darauf, daß seine Treue Bohemond und nicht Alexius galt, und er verlangte, daß man ihm so viel Gold wie allen anderen zusammen gebe nebst dem Zelt des Kaisers, ebenfalls angefüllt mit Gold. Es bedurfte ernsthaften Druck von Bohemond, um ihn zum Nachgeben zu zwingen. Tankred nahm Eide und Verpflichtungen sehr ernst; dies war es, was ihm in der Vergangenheit so viele Schwierigkeiten bereitet hatte. Doch er war jung und würde noch lernen.

Die Schlacht von Dorylaion

Man schrieb Ende Juni 1097; die Küste Anatoliens zeigte sich von ihrer schönsten Seite, und die Kreuzfahrer befanden sich nur noch tausend Kilometer von Jerusalem entfernt. »*In fünf Wochen*«, schrieb Stefan von Blois an seine Frau, »*werden wir in Jerusalem sein, außer wir werden in Antiochia aufgehalten.*« Es sollten zwei Jahre daraus werden.

Kilij Arslan hatte sich in die Berge zurückgezogen. Als die Kreuzfahrer ihren Marsch gen Osten antraten, legten er und sein neuer Verbündeter Danishmend ihre vereinte Streitmacht in einen Hinterhalt. Die Armee der Kreuzritter war zu groß, als daß sie geschlossen hätte reisen können, und die Franken und Lothringer bildeten unter Raimund die Nachhut, die eine Tagesreise hinter den Normannen und den anderen, die Bohemonds Führerschaft anerkannten, herzogen. Vier Tagesreisen nach Nikaia fielen die Türken die Vorhut auf dem Weg nach Dorylaion (Eskisehir) an.

Panik entstand unter den Christen, als der Angriff begann, und hätte sie weiter um sich gegriffen, wäre der Kreuzzug nach einer Stunde beendet gewesen. Doch Bohemond übernahm sofort das Kommando. Er hatte gesehen, was in Nikaia geschehen war, und hatte nicht die Absicht, mit einer halben Armee zu kämpfen. Statt dessen verfiel er auf jene Taktik, die achthundert Jahre später im Kampf gegen die reitenden Bogenschützen des amerikanischen Westens wieder eingesetzt werden sollte. Er ließ die Wagen einen Kreis formieren und schickte einen Boten zu seiner Reiterei hinter dem Berg. Bohemond verbat allen, die Türken anzugreifen, und wer ihm nicht gehorchte, sah sich bald in ernsthaften Schwierigkeiten. Die Kreuzritter erlitten bei dem Angriff arge Verluste, doch ihr Kampfeswille war nicht zu brechen. Schließlich kämpften sie für eine heilige Sache.

Während der Schlacht bemerkte ein normannischer Augenzeuge, daß sich die Türken mit einem bestimmten Kriegsgeschrei in den Kampf stürzten: *»Diese Türken begannen plötzlich zu heulen und zu brabbeln und zu schreien und sagten mit lauten Stimmen irgendein teuflisches Wort in ihrer eigenen Sprache, das ich nicht verstehen konnte.«*

Tankreds Biograph Radulph von Caen erklärte, daß dieses »teuflische Wort« *Allachibar* lautete, das heißt *Allah al-Akhbar* oder »Gott ist groß«. Die beiden Seiten stürzten sich in den Kampf, wobei die eine Seite »Gottes Wille! Gottes Wille! Gottes Wille!« und die andere »Gott ist groß!« schrie. Beide Seiten bezogen sich auf denselben Gott. Keine Seite konnte verstehen, was die andere sagte.

Nach ungefähr sechs Stunden gewann die eine Seite Gottes definitiv die Oberhand. Die Türken durchbrachen die Verteidigungslinien der Kreuzritter. Dann kam plötzlich Gottes andere Streitmacht zu Hilfe. Raimunds Männer erschienen, frisch und kampfbereit. Jetzt bildete Bohemond mit seinen Rittern eine Reihe, die sich mit den Neuankömmlingen verband, um in einer schier endlosen Mauer gegen die ermüdeten Türken loszuschlagen. Die Türken flüchteten. Die Kreuzritter hatten erhebliche Verluste erlitten (unter ihnen Tankreds Bruder William), doch dies war eine Schlacht des Willens gewesen, und ihr Wille hatte sich als der stärkere herausgestellt. Die Türken sollten sie auf ihrem langen Marsch durch Anatolien nicht noch einmal ernsthaft angreifen.

Umseitig: Ein Kampf Mann gegen Mann zwischen angreifenden Reihen von Rittern und Sarazenen, wie er hier dargestellt ist, hat tatsächlich wohl nie stattgefunden, da die türkischen Reiter lieber wellenartig attackierten und sich wieder zurückzogen. Der Kampf um Nikaia wird auch deshalb recht lebhaft gewesen sein, weil die angreifenden Ritter Hengste ritten, die türkischen Bogenschützen dagegen Stuten, von denen zu dieser Jahreszeit (Juni) viele rossig gewesen sein dürften. Aus *Chronicles of Godfrey of Bouillon* (14. Jahrhundert).

Der Marsch durch Anatolien

Der schnellste Weg verlief geradewegs durch die Mitte. Er hätte aber auch wirklich schnell hinter sich gebracht werden müssen, denn er führte durch eine wasserlose Salzwüste. Der riesige und nur langsam vorankommende Zug der Kreuzfahrer konnte nicht hoffen, diese Salzwüste mitten im Sommer lebend durchqueren zu können. Und so zog man statt dessen am Rande der Wüste einen endlosen, heißen, schwierigen Weg an den Bergen des Taurusgebirges entlang.

Die Temperatur stieg im August stetig an; der Chronist Albert von Aix beschreibt die Leiden eines einzelnen Tages im August, als Männer, Frauen, Kinder und Tiere verdursteten, Frauen am Wegesrand gebaren und ihre Kinder liegen ließen. Als sie schließlich einen Fluß erreichten, »*starben viele, die geschwächt waren, Männer und Lasttiere, daran, daß sie zu viel tranken*«.

Schließlich erreichten sie im September die Kilikischen Tore, den einzigen Paß über das Taurusgebirge nach Antiochia. Ihre Führer beschlossen jedoch, diesen Weg nicht zu nehmen. Gerade waren sie von der ersten ernstzunehmenden türkischen Armee seit Dorylaion angegriffen worden, und wenngleich sie sie besiegt hatten, waren die Kreuzzügler in schlechter Verfassung. Der Paß war steil und eng, ein idealer Ort für Hinterhalte, hinzu kam Hitze und Trockenheit. Viele der Pilger waren zu Tode geschwächt; Pferde und Esel waren so sehr dezimiert, daß einige Ritter auf Ochsen ritten und Wagen von Hunden gezogen wurden. Anstatt sich einer weiteren Leidensprüfung zu unterziehen, wandten sie sich den Wäldern und Weiden zu, die im Nordosten lagen. Dieser Weg führte sie in das freundliche, von Armeniern besetzte Land. Dort würden sie einen Paß über den Anti-Taurus finden und sich Antiochia von Osten aus nähern.

Die Armenier waren Christen, die Byzanz keine Loyalität zu schulden meinten. Da sie von byzantinischen und islamischen Armeen aus ihrem Heimatland im südlichen Kaukasus vertrieben worden waren, mochten sie die Griechen genauso wenig wie die Kreuzfahrer sie mochten. Sie lebten nun in den Bergen und der Küstenebene von Kilikien, im Gebiet nordöstlich des Anti-Taurus bis hin zum Euphrat. Die Anführer der Kreuzritter waren den Armeniern zugeneigt.

Balduin, der jüngere Bruder Gottfrieds von Lothringen, hatte ein ganz besonderes Interesse an ihnen. In Nikaia hatte er sich mit einem Armenier namens Bagrat angefreundet, dessen Bruder Vasil der Räuber (Kogh Vasil) war, ein Prinz, der im Osten des Anti-Taurus regierte. Bagrat war in Alexius Diensten gewesen; nun stand er in Balduins Diensten. Er drängte Balduin, die Hilfe der Armenier anzunehmen. Es war ein Angebot, das ziemlich reizvolle Möglichkeiten für einen Glücksritter wie Balduin bot.

Tankred hatte ebenfalls einen armenischen Freund. Dieser Mann erklärte Tankred, daß die Einwohner von Tarsus – jener Stadt, die gleich südlich der Kilikischen Tore lag – bereit wären, ihre türkische Garnison aus der Stadt zu jagen und ihn als ihren Oberherrn willkommen zu heißen. Und so überredete Tankred seinen Onkel Bohemond, ihm eine Gruppe von hundert Rittern sowie zweihundert Mann Fußtruppen zu geben, um durch die Kilikischen Tore nach Tarsus ziehen zu können. Unglücklicherweise war diese Gruppe nicht groß genug, um die Türken von Tarsus schnell zu vertreiben. Doch nach drei Tagen sah man in der Ferne eine größere Streitmacht aus fünfhundert Rittern und zweitausend Mann zu Fuß, die im Begriff war, bald zu ihnen zu stoßen. Die Türken flohen, und die Bewohner der Stadt hißten glücklich Tankreds Banner.

Doch diese neue Armee war nicht als Verstärkung für Tankred ausgeschickt worden. Es war ein eigenständiges Heer, das unter dem Befehl Balduins den Hauptkreuzzug verlassen hatte.

Balduin und Gottfried hatten nicht die Absicht, Bohemond und Tankred die Kontrolle über die Küste zu überlassen. Balduins Truppen waren als beeindruckende Streitmacht über den Paß gekommen, und nun verlangte er herrisch, daß ihm Tarsus übergeben werden solle. Tankred, dessen Armee bei weitem nicht so groß war, gab klein bei. Als einige Tage später eine weitere Gruppe von Bohemonds Gefolgsleuten ankam, weigerte sich Balduin, die Tore für sie zu öffnen, und sie wurden außerhalb der Stadtmauern von den Türken massakriert. So viel zur Solidarität unter Kreuzrittern.

Tankred zog nun westwärts nach Adana, wo die türkische Garnison flüchtete, und dann nach Mamistra. Auch dort zog sich die kleine Armee der türkischen Besatzer zurück, und die armenische Bevölkerung hieß ihn willkommen. Balduin folgte, und die beiden Armeen des Kreuzzuges bekämpften sich tatsächlich, bis sie sich darauf einigten, daß sie beide weiterziehen wollten.

Die Überquerung des Anti-Taurus

Indessen hatte der Hauptteil des Kreuzzuges die Gebirgskette des Anti-Taurus überquert. Es war unerwartet grauenvoll gewesen. Die Straße konnte nur eine kleine Gruppe aufnehmen, und in den heftigen Oktoberregen verschwand der steile Bergpfad bald unter dem Gewicht von Zehntausenden und ihrer Wagen. Sie sanken im Morast ein, niedergedrückt von ihren Waffen und Geräten, und erlebten einen Alptraum. Manche versuchten, ihre Waffen zu verkaufen, andere warfen sie einfach fort. Ganze Packwagen wurden über den Abhang geschoben.

Nachdem sie ihren schmerzlichen Weg auf die andere Seite des Anti-Taurus hinter sich hatte, stieß Balduin wieder auf die Hauptarmee. Mit Erschrecken stellte er fest, daß die

Links: Die Eroberung von Antiochia war ein Meilenstein des ersten Kreuzzuges. Dieses Bild aus dem fünfzehnten Jahrhundert gibt den entscheidenden Moment wieder, als Bohemonds Männer bei Nacht von einem Verräter in die Stadt eingelassen wurden. Das folgende Massaker wird ebenfalls getreulich wiedergegeben (*links unten*).
Das Abschlachten »Ungläubiger« – Männer, Frauen und Kinder – und das Verwüsten ihrer Gräber war offensichtlich nichts, weswegen man sich zu schämen brauchte.

Oben: Die Reinheit der Kreuzfahrer – im moralischen Sinn – wurde als ein wesentliches Element ihrer militärischen Stärke angesehen und Niederlagen oft als Folge sexueller Ausschweifungen. Diese Illustration aus dem fünfzehnten Jahrhundert zeigt Frauen, die während einer Krise aus dem Lager vor Antiochia verbannt werden.

Tortur über den Anti-Taurus die Armee dezimiert hat und daß seine eigene Frau im Sterben lag. Godvere von Tosni war die Tochter eines der reichsten Männer der Normandie. Mit ihrem Tod entschwand Balduins einzige Chance, ein Vermögen zu erben. Das klärte die Dinge. Ein paar Tage später machte er sich mit nur hundert Rittern auf, um ein armenisches Königreich zu finden, das zu behalten sich lohnte. Bagrat ritt mit ihm. Ihr Ziel war keine moslemische Stadt, sondern die christliche Stadt Edessa.

Balduin nimmt Edessa ein

Edessa, auf der Ostseite des Euphrat gelegen, war die reichste und wichtigste der armenischen Städte. Sie stand im Ruf, Geburtsstätte Abrahams zu sein, und ihre Bewohner erzählten die Geschichte, wie König Nimrod Abraham gefangen genommen hatte und ihn vom Zitadellenfelsen in ein darunter brennendes Feuer werfen ließ. Als Abraham jedoch durch die Luft flog, verwandelte Gott die Flammen in Wasser und die Holzscheite in Fische, so daß Abraham sicher in den Teichen der Stadt landete, die bis zu diesem Tag seinen Namen tragen.

Edessa war von rivalisierenden Emiraten der Seldschuken umringt, die nur darauf aus waren, die Stadt einzunehmen. Ihr Herrscher war ein armenischer Christ namens Thoros, der es zwei Jahre zuvor geschafft hatte, den Türken die Stadt wegzunehmen. Er überlebte nur, weil seine türkischen Nachbarn sich derartig mißtrauten, daß sie nichts gegen ihn unternahmen. Balduins Hilfe schien ihm wie der rettende Strohhalm.

Voller Begeisterung empfingen die Menschen Balduin ihren Retter, doch der bestand darauf, daß Thoros und seine Frau ihn als ihren Sohn und – was das Wichtige daran war – als Erben adoptierten. Die zugehörige Zeremonie, für die Adoption von Kindern gedacht, mutete ziemlich seltsam an. Thoros mußte ein Hemd anlegen, das doppelt so groß war wie jene, die er sonst trug. Balduin stieg nackt mit Thoros in das Hemd, und die beiden rieben ihre bloßen Brüste aneinander. Balduin mußte dann die Prozedur mit Thoros Frau wiederholen – sehr zum Vergnügen der Zuschauer.

Das Glück dieser kleinen Familie hielt nicht lange.

Ungefähr vier Wochen später sah sich Thoros durch einen außerordentlichen Zufall, der, wie Balduins Freunde erklärten, ganz und gar nichts mit Balduin zu tun hatte, einem allgemeinen Aufstand gegenüber. Als der alte Mann bei dem Versuch, durch ein Palastfenster zu fliehen, vom Mob in Stücke gerissen wurde, sah Balduin keinen Grund einzugreifen. Thoros war auch früher schon unbeliebt gewesen, weil er der griechisch-orthodoxen und nicht der armenischen Kirche angehörte und einen Titel von Alexius Gnaden führte.

Und so wurde Balduin alleiniger Herrscher von Edessa. Es war bedauerlich, daß seine erste Eroberung eine christliche und nicht eine moslemische Stadt war, und es war ein kleines Problem, daß sie zu Byzanz gehörte, doch Balduin scherte sich wenig um Kleinigkeiten. Der neue Graf von Edessa fand einen riesigen Schatz vor und verwendete ihn darauf, das nächstgelegene Emirat zu kaufen. Er heiratete eine armenische Prinzessin und erlangte auf diese Weise die Kontrolle über einen Großteil des Gebietes um die Stadt herum. Balduin hatte nun seinen eigenen Staat; er war reich und mächtig – und darum zur Hölle mit seinem Treueschwur an den Kaiser! Außerdem schützte er schließlich die Westflanke des Kreuzzuges, der nun die lange und anstrengende Belagerung Antiochias begonnen hatte.

Die Belagerung Antiochias

Antiochia war in der symbolischen christlichen Geographie des Weges nach Jerusalem beinahe genauso wichtig wie Konstantinopel. Hier hatte man das Wort »Christ« zum ersten Mal verwendet, als die Heiligen Petrus, Paulus und Barnabas die erste christliche Gemeinde gründeten. Der Patriarch von Antiochia rivalisierte mit den Patriarchen von Jerusalem und Konstantinopel – und wie immer ging es nur um die reine Macht. Obwohl die Stadt 1084 an die Türken gefallen war, waren ihre Bewohner immer noch Christen – griechische, armenische und syrische –, und sie hielten ihren Gottesdienst ab, so wie sie es immer getan hatten. Und da Antiochia die Verbindung zwischen Kleinasien und Syrien kontrollierte, war es für die Kreuzfahrer lebenswichtig, sie einzunehmen.

Der Anblick der Stadt muß sie jedoch erst einmal ins Wanken gebracht haben. Ihre Mauern erstreckten sich über vierzig Kilometer, bewacht von vierhundert Türmen, und das über ein so schwieriges Terrain, daß sie nie und nimmer gänzlich umzingelt werden konnte. Ihr Wasservorrat war gigantisch. Sie besaß riesige Weideflächen innerhalb ihrer Mauern. Kurz: Sie galt als uneinnehmbar und war auch an die Türken nur durch Verrat gefallen. Als Vorsichtsmaßnahme jagte der türkische Statthalter Yaghi-Siyan die führenden griechischen und armenischen Christen aus der Stadt und nahm den Patriarchen gefangen.

Die Belagerung zog sich hin. In den vier Monaten, die die Kreuzfahrer gebraucht hatten, um Antiochia zu erreichen, hatten sie nur vier Tage gekämpft, doch nun sahen sie sich ständigen Ausfällen und Überfällen aus dem Hinterhalt gegenüber. Es war ihnen nicht möglich, alle Stadttore zu blockieren und diese Angriffe zu verhindern. Und nur um die Christen zu ärgern, ließ Yaghi-Siyan den Patriarchen von Antiochia von Zeit zu Zeit in einem Käfig über den Mauern baumeln.

Yaghi-Siyan hatte mit der gleichen Taktik überlebt wie Thoros in Edessa: Er spielte die ihn umgebenden Seldschuken-Führer gegeneinander aus. Jetzt freilich mußte er sie um Hilfe bitten. Die Herrscher von Damaskus und Aleppo versuchten, den Belagerungsring

zu durchbrechen, wurden jedoch davongejagt. Als der Winter ins Land zog, ging den Belagerern aber die Nahrung schneller aus als den Belagerten. Truppen reisten bis zu achtzig Kilometer weit auf der Suche nach Nahrung. Tausende – vielleicht zehntausend der ärmsten Kreuzfahrer – verhungerten.

Stefan von Blois übte sich in Tapferkeit und schrieb seiner Frau Adela nach Hause: *»Du kannst versichert sein, Liebste, daß der Bote, den ich mit diesem Brief weggeschickt habe, mich vor Antiochia sicher und unverletzt verlassen hat.«* Doch er konnte ihre Leiden im Winter nicht schönen: *»Wir haben viele Leiden und unzählige Schrecken durchstanden. Viele haben bereits alles, was sie besaßen, verbraucht, und viele wären verhungert, wenn die Güte Gottes sie nicht gerettet hätte. Wir leiden an extremer Kälte und enormen Mengen von Regen.«*

Jeder in der Expedition kam für sich selbst auf oder wurde von seinem Herrn bezahlt. Essen mußte gekauft werden, und als die niederen Adligen kein Geld mehr hatten, war auch jeder, der von ihnen abhängig war, mittellos. Der Kreuzzug steckte fest und seine Mitglieder starben wie die Fliegen. Kein Wunder, daß immer mehr Menschen die Fahnen flüchteten. Auch Peter der Eremit tat dies – Tankred brachte ihn mit Gewalt zurück.

Im Frühling hob sich die Stimmung etwas, als eine Flotte mit dringend benötigten Versorgungsgütern und Baumaterial aus Konstantinopel kam, die von einem verbannten Anwärter auf den englischen Thron, Edgar Atheling, angeführt wurde. Edgar befehligte die englische Flotte, die italienische Pilger ins Heilige Land bringen sollte: Jedem, der nur ein bißchen seinen Grips anstrengte, mußte völlig klar sein, daß die Pilgerfahrt auf dem Seeweg ganz normal vonstatten ging und Jerusalem die ganze Zeit über bestens erreichbar war. Doch sei's drum.

Kurz darauf trafen Botschafter des Wesirs von Ägypten ein. Die Ägypter hatten die Macht über Palästina Anfang der siebziger Jahre des elften Jahrhunderts an die Seldschuken verloren und hatten es mit Begeisterung aufgenommen, daß Alexius Hilfe aus dem Westen erhielt, um die Eindringlinge zu vertreiben. Die ägyptischen Botschafter erklärten, daß die Ägypter ihre verlorenen Gebiete von den Türken zurückerobern wollten, da die Christen das byzantinische Land wieder in Besitz zu nehmen gedachten. Ägyptische Armeen würden ausgeschickt, um Palästina zurückzuerkämpfen, einschließlich Jerusalems, und natürlich würde sich der Wesir überglücklich schätzen, allen Christen freien

Ademar, der Vertreter des Papstes, hält die Heilige Lanze empor, nachdem sie der Bauer Peter Bartholomew, seinem Traum folgend, aus dem Boden der Kathedrale von Antiochia ausgegraben hat. Die wundersame »Entdeckung« wurde als Bestätigung göttlichen Wohlwollens und Schutzes in einem der schwierigsten Augenblicke des Kreuzzuges aufgefaßt. Aus *Les Passages faits Outremer...* (ca. 1490).

Zutritt zu gewähren. »*Wir werden die heilige Stadt und den Turm Davids sowie den Berg Zion den Christen wiedergeben.*«

Der Papst hatte einen Feldzug verlangt, um die Christen und ihre Kirchen vor den »abscheulichen Türken« zu retten. Nun sagten die Ägypter, daß es gar nicht nötig sei, Jerusalem zu erobern. Doch der Kreuzzug hatte ein Eigenleben entwickelt. Die Kreuzfahrer waren schon zu weit, hatten zu viel gelitten und zu viele Verluste unter ihren Kameraden hinnehmen müssen.

Plötzlich wehte ein neuer Geist in den Reihen der Kreuzzügler – fanatischer, heiliger, visionärer. Die Soldaten Christi begannen sich selbst als die neuen Kinder Israels anzusehen, die von Engeln geleitet ins Gelobte Land zogen. Ihr Leiden war das Fegefeuer. Es machte nichts, daß sogar ihre Pferde tot waren, sie nichts mehr hatten, außer ihren tausendfachen Sieg weiterzuführen. Und bei allem stand die Läuterung im Mittelpunkt. Die Bischöfe erklärten, daß alle unmoralischen Handlungen aufhören müßten, alle Profitgier beendet und daß die Frauen aus dem Lager zu verbannen seien. Auf diesem Weg würden die Kreuzritter den sicheren Sieg ernten. Doch sie konnten es sich nicht leisten, darauf zu warten.

Die Einnahme Antiochias

Die Belagerer erfuhren im Mai, daß Kerbogha, der mächtige Emir von Mossul, mit einer erschreckend großen Armee auf dem Weg nach Antiochia war – und mit Leichtigkeit fähig, die Christen zwischen sich und der Garnison zu zerquetschen. Die einzige Hoffnung der Kreuzritter war, vor der Ankunft Kerboghas in die Stadt zu gelangen.

Im Lager der Christen stieg die Spannung, angestachelt durch Bohemond, dessen Agenten unaufhörlich Gerüchte über die Unmöglichkeit einer erfolgreichen Belagerung streuten. Im Angesicht des sicheren Todes bei Kerboghas Eintreffen gingen immer mehr Kreuzritter von den Fahnen, und Bohemond hoffte wohl, daß auch die mit ihm rivalisierenden Anführer unter den Flüchtenden sein würden. Am Ende jedoch war Stefan von Blois der einzige, auf den dies zutraf. Am 2. Juni verließ er das Lager und nahm eine beträchtliche Anzahl Franzosen mit sich. Er hatte einen schlechten Zeitpunkt gewählt. Wenige Stunden, nachdem er abgezogen war, nahmen die Kreuzritter Antiochia ein.

Wie Yaghi-Siyan stets geargwöhnt hatte, war Verrat die einzige Möglichkeit, wie Antiochia genommen werden konnte. Bohemonds Agenten hatten herausgefunden, daß der Wachmann im Turm der Zwei Schwestern mit seinem Los unzufrieden war. Firouz war ein armenischer Waffenschmied, der sich zum Islam bekannt hatte. Sein vorgesetzter Offizier hatte ihm wegen Hortens von Getreide auferlegt, eine Buße zu zahlen und nach einigen Berichten auch seine Frau verführt. Firouz war rachlüstern.

Bohemond besaß damit den Schlüssel für den Sieg, doch ehe er ihn herumdrehen würde, mußten seine Bedingungen erfüllt sein. Er erklärte den anderen Anführern, daß er selbst die Herrschaft über Antiochia haben wollte. Dann wies er Firouz an, seine Männer durch ein Fenster einzulassen.

In dieser Nacht blieb in der Stadt kein Türke am Leben und kein Franke nüchtern. Firouz bekam seine Rache. Doch in ihrem Blutrausch töteten die Eindringlinge auch viele Christen. Die Mordlust, die den Kreuzzug von Peter dem Eremiten gekennzeichnet hatte, war wieder da. Die Kreuzritter retteten ihre Seelen nicht nur mit einem heiligen Krieg, sondern auch noch durch Blutopfer.

Sobald sie die Herrschaft über die Stadt übernommen hatten, erkannten die Kreuzritter, wie wirkungsvoll ihre Aushungerungstaktik gewesen war. Es gab praktisch keine Nahrungsmittel mehr. Doch dann kam Kerboghas Armee. Die Belagerer wurden zu Belagerten – und verhungerten! Bald war ein kleines Stück Brot eine Goldmünze wert. Ein Ei kostete zwei Münzen, ein Huhn deren drei. Die einzige Hoffnung der Kreuzritter war, daß der Kaiser ihnen mit seiner Armee zu Hilfe kommen würde. Und in der Tat war er bereits unterwegs.

Leider stieß der Kaiser, noch ehe er weit gekommen war, auf den zurückweichenden Stefan von Blois, der ihm bedauernd erklärte, daß Antiochia verloren sei und die Kreuzritter jetzt alle tot sein müßten – es sei sinnlos, weiterzuziehen. Alexius stimmte zu. Jerusalem war an die Fatimiden gefallen, die seine Verbündeten waren; die Türken waren in Westanatolien besiegt worden; und da Antiochia ihm nicht gehören sollte, kehrte er um und nach Hause zurück.

Doch in Antiochia griffen zwanzigtausend halb wahnsinnige, dem Verhungern nahe Überlebende des Kreuzzuges nach den Sternen und rangen ihnen ein Wunder ab.

Die Wunder von Antiochia

Am 10. Juni 1098 verlangte ein schäbiger Bauer, der den Ruf eines Trinkers und Frauenhelden besaß, ein Gespräch mit Graf Raimund und dem Bischof von Le Puy. Als sich die beiden Edlen zögernd mit diesem Mann namens Peter Bartholomew trafen, behauptete er, daß der heilige Andreas ihn in einer Reihe von Visionen besucht und ihm enthüllt habe, daß die Heilige Lanze, mit der Christus in die Seite gestochen worden sei, in der Kathedrale von Antiochia vergraben sei. Er berichtete von weiteren Visionen: Heilige, Christus selbst und einen Meteor hätte er gesehen. Menschen, die zu fliehen versuchten, indem sie an Seilen über die Mauern kletterten, begegneten ihren toten Kameraden, die ihnen befahlen, wieder zurückzuklettern, was sie dann auch taten.

Am 14. Juni versuchte man es schließlich mit einer Ausgrabung in der Kathedrale, doch nichts wurde gefunden. Gerade wollte man aufgeben, als Peter Bartholomew in die Grube sprang, nur in sein Hemd gehüllt, jedem zu beten befahl und dann triumphierend ein langes Stück Eisen hervorholte. Die Heilige Lanze war gefunden worden. Gott und seine Heiligen waren mit ihnen.

Der Legat des Papstes, der Bischof von Le Puy, befahl eine dreitägige Fastenzeit, die am 24. Juni beginnen sollte, und dann konnte die Schlacht beginnen.

Eine Fastenzeit war genau das, was die Kreuzfahrer jetzt brauchten. Sie hatten sowieso nichts zu essen; sie kauten Leder und kochten Baumrinde.

Im Morgengrauen des 28. Juni versammelten sich die schier verhungerten Kreuzritter, beichteten ihre Sünden und öffneten die Tore von Antiochia. Sie hatten keine wirkliche Chance. Sie besaßen nur noch zweihundert lebende Pferde und keine Kraft mehr. Nur zweihundert blieben zurück, um die Stadt zu bewachen, und zwar unter Raimund, der schon zu schwach zum Gehen war.

Sie marschierten hinter der Heiligen Lanze und weiß gekleideten Priestern, die Kreuze trugen und laut beteten, hinaus. Doch der Wunder waren noch nicht genug. Als sie auf die große türkische Armee zustolperten, *»erschien aus den Bergen eine Schar von Männern sonder Zahl auf weißen Pferden, deren Banner alle weiß«*, schrieb der anonyme Chronist der Gesta Francorum. *»Als unsere Männer dies sahen, verstanden sie nicht, was geschah.«* Eine Geisterarmee unter dem Befehl des heiligen Georg, des heiligen Demetrius und des heiligen Mercury stieß zur Schlacht hinzu. *»Dann riefen wir den wahren und lebendigen Gott und griffen an.«* Die Türken sahen – was auch immer sie sahen –, drehten um und flohen.

Es war ein Wunder. Es konnte keine andere Erklärung geben – obwohl es natürlich eine gab. Kerboghas Armee bestand eigentlich aus Soldaten aus Bagdad und Persien, Palästina und Damaskus, und die Zwistigkeiten unter den Emiren wogen schwerer als die Einigkeit gegen die Franken. Das einzige, was die Verbündeten im Grunde einte, war die gemeinsame Angst vor Kerbogha. Der Emir von Damaskus überzeugte die anderen davon, daß Kerboghas eigentliches Ziel die Eroberung ihrer Länder sei. Wenn Antiochia fiel, wäre er unverwundbar. Wenn es nicht fiel, nun, wer würde darunter leiden? Das byzantinische Reich holte sich doch nur seine Stadt von Yaghi-Siyan zurück – na und?

Die Emire beschlossen, Kerbogha zu demütigen und verließen ihn im kritischen Augenblick. Das war keineswegs ein Wunder, sondern ganz normale türkische Politik. Doch es gab nur wenige Kreuzritter, die glauben mochten, daß die Heilige Lanze ein Trick war oder die überhaupt Bohemonds Zweifel an Wundern teilten. *»Laßt den gierigen Grafen Raimund und seine alberne Menge den Sieg der Lanze zuschreiben«*, erklärte Bohemond.

Das taten sie.

Und – Wunder oder nicht – Antiochia befand sich nun wahrhaftig in der Hand der Kreuzritter.

Die Reise nach Jerusalem

Ende August 1098 war Hugh von Vermandois, der erste der hohen Adligen, die Europa verlassen hatten, mit seinen Truppen bereits auf dem Heimweg. Der Weg nach Jerusalem war offen: Die Ägypter hatten die Türken aus der Heiligen Stadt vertrieben, ihre Grenze gerade nördlich von Beirut gezogen und freien Zugang zu den christlichen heiligen Stätten garantiert. Es herrschte allgemeine Verwirrung darüber, was man als nächstes tun sollte.

Der Mann, der diese Entscheidung eigentlich hätte fällen sollen, war der Bischof von Le Puy gewesen, der zum Vertreter des Papstes und Anführer der Expedition ernannt worden war. Aber er war gestorben – ein Opfer einer Epidemie, die Antiochia im Juli heimsuchte. Mit seinem Tod am 1. August endete der Einfluß Roms auf den Kreuzzug. Von nun an waren es die Vorstellungen der Kreuzritter selbst, die alle Fragen entschieden. Doch ihnen fehlte ein Befehlshaber.

Da es die Absicht des Papstes gewesen war, sein Primat in Jerusalem als Zentrum der Welt zu verankern, luden ihn die Führer ein, nach Jerusalem zu kommen und genau dies zu tun. Sie schickten Anfang September einen Brief nach Rom, worin sie erklärten, daß sie *»die ganze Stadt Antiochia der römischen Religion und ihrem Glauben übergeben«* hätten und der nächste Schritt an ihm sei.

Währenddessen hatten sich die Anführer des Kreuzzuges in ihrem Streit darüber festgefahren, wer Antiochia regieren solle. Bohemonds Ansprüche wurden von Raimund abgelehnt, der darauf bestand, daß die Stadt in Erfüllung ihrer Schwüre dem Kaiser übergeben werden müsse.

Doch während der Adel herumstritt und wartete, gab es eine Menge geringerer Kreuzritter, die eine sehr genaue Vorstellung von ihrem nächsten Schritt hatten. Sie erklärten, daß sie nach Jerusalem marschieren würden, und wenn die großen Herren sich weiterhin über Antiochia stritten, würden sie allein die Mauern der Stadt dem Erdboden gleichmachen.

Einige flämische Gefolgsleute Peters des Eremiten, die alles verloren hatten, benahmen sich wie fromme Barbaren; man nannte sie »Tafurs« (*Tafuria* ist arabisch für »besitzlos«), und sie wurden von einem sagenumwobenen König Tafur angeführt. Sie wurden zu fanatischen Eiferern, hielten sich freilich selbst für Männer mit reinsten Absichten. Das Tafur-Märchen wurde Jahre später in einer berühmten Erzählung weiterentwickelt, dem *Chanson d'Antioch:* Es waren die Armen, die Jerusalem einnehmen sollten, als *»ein Zeichen, das deutlich machen würde, daß Gott, der Herr, nichts von anmaßenden und ungläubigen Männern hält.«*

Unter den plündernden Gruppen, die nach Nahrung suchen, die Türken niederhalten und die Truppen beschäftigen sollten, machten sich die Tafurs einen Namen. »*Einige der ärmsten Menschen in der Kreuzzugsarmee*«, schrieb Guibert von Nogent, »*marschierten stets barfuß, trugen keine Waffen, hatten selbst kein bißchen Geld, gingen aber vollkommen verdreckt in ihrer Nacktheit und Armut vor allen anderen und ernährten sich von den Wurzeln der Pflanzen.*« Diese heiligen Verrückten unter den Kreuzrittern entwickelten sich zu einer immer mächtigeren, völlig eigenständigen Gruppe. Auch um sie ruhig zu stellen, wurde ein Angriff auf die strategisch wichtige Stadt Maarrat an-Numan organisiert.

Es dauerte zwei Wochen, die Stadt einzunehmen, und wieder prägte die Rivalität zwischen Bohemond und Raimund den Angriff. Raimunds Männer waren die ersten, die in die Stadt eindrangen, doch in einem Versuch, ihnen zuvorzukommen, ließ Bohemond verkünden, daß er allen Einwohnern, die sich in einer Halle nahe dem Haupttor versammeln würden, Schonung garantiere. Eine große Zahl von Bürgern wurde auf diese Weise zur Kapitulation bewegt. Doch Bohemonds Versprechen waren es niemals wert, daß man sein Leben dafür aufs Spiel setzte. Am nächsten Tag drangen seine Truppen in das Gebäude ein und metzelten jeden nieder, der sich unter seinen Schutz gestellt hatte.

Immer noch wurde die Reise nach Jerusalem verschoben. Wie in Antiochia stellten die Besatzer fest, daß es keine Nahrungsmittel mehr gab. Sie wurden hungrig, eigentlich sehr hungrig, und einigten sich schließlich auf eine ziemlich radikale Küche. Radulph von Caen, dem die Geschichte wahrscheinlich von Tankred erzählt wurde, berichtete, daß »*unsere Truppen erwachsene Heiden in Töpfen kochten; sie steckten Kinder auf Spieße und verspeisten sie gebraten*«. Die offizielle Entschuldigung, die dem Papst in einem Brief angeboten wurde, lautete, daß sie Hunger hatten.

Jene mit Religion, aber ohne Verstand drohten nun damit, die Mauern von Maarrat niederzureißen, wenn ihre Anführer nicht aufhörten, sich über Antiochia zu streiten, und sie in die Schlacht um Jerusalem führten. Ihr Ziel war es nicht, die Christen dort zu retten oder die heiligen Stätten zu befreien – die Christen in Jerusalem brauchten keine Rettung, und die heiligen Stätten waren bereits wieder zugänglich –, sondern einen mythischen Kampf gegen die »Ungläubigen« zu kämpfen. Raimund wurde so zu der Entscheidung gezwungen, daß Bohemond, der Mann mit Gehirn, aber ohne Religion, Antiochia behalten könne und er selbst, Raimund, die Streitmacht gen Jerusalem führen werde. Tankred,

---

Jerusalem, abgebildet in einem französischen Stundenbuch (1270). Hier wird offensichtlich auf eigene Erfahrung zurückgegriffen: Die Grabeskirche im Vordergrund ist sofort zu erkennen und ihre Einzelheiten sind präzise wiedergegeben – bis hin zur Tür rechts, die bis zum heutigen Tag verrammelt ist.

der bei allem, was als nächstes eingenommen wurde, die Familieninteressen im Auge behalten sollte, schloß sich Raimund an.

Im Januar 1099 traten fünftausend eifrige Franken mit dem sechzigjährigen Raimund als barfüßigem Pilgerführer den Marsch nach Süden an. Sie hinterließen Maarrat in Flammen. Der ägyptische Wesir war verwirrt und schickte einen Sondergesandten zu Alexius mit der Frage, was seine Männer denn vorhätten. Alexius antwortete, daß er keine Kontrolle über sie habe; er unterstütze nicht, was sie täten, und erneuere seine Allianz mit Kairo. Tatsächlich besaßen nicht einmal die Anführer des Kreuzzuges selbst mehr Kontrolle als Alexius. Im *Chanson d'Antioch* geben sie zu: »*Wir alle gemeinsam können König Tafur nicht bändigen.*« Niemand konnte es.

Vormarsch auf die Heilige Stadt

Die Heilige Stadt lag nun fünfhundert Kilometer vor ihnen – für zügig vorankommende Pilger ein Fußmarsch von zwei Wochen. Die Kreuzfahrer brauchten sechs Monate. Dies lag nicht daran, daß sie um ihr Leben kämpfen mußten. Die meisten der örtlichen Herrscher waren nur zu eifrig darauf bedacht, diese gefährliche Schar vorwärts und so schnell wie möglich aus dem eigenen Gebiet zu leiten. Der Emir von Shizar zum Beispiel stattete sie mit Führern und billigen Vorräten aus und wünschte ihnen wahrscheinlich noch eine angenehme Weiterreise.

Auf dem Weg zur Küste kämpften sie jedoch die wahrscheinlich seltsamste Schlacht aller Zeiten. Sie belagerten eine Burg, die einzig von Schafen verteidigt wurde. Die Bewohner jenes Gebietes hatten ihre Herden in die nicht mehr benutzte Festung getrieben, die Hosn al-Akrad (»Zitadelle der Kurden«) genannt wurde. Als die Kreuzritter angriffen, ließen die Bauern ziemlich schlau einige der Tiere frei, und die Christen nahmen vorsichtshalber die Verfolgung auf. Dies gab den Einwohnern die Möglichkeit, ihre Herden zurücklassend in die Nacht zu fliehen. Als die Kreuzritter die Belagerung wieder aufnahmen, konnten sie nicht verstehen, warum sich niemand wehrte. Sie glaubten, daß dies nur ein weiterer Bauerntrick sei, während tatsächlich die Schafe das rein technische Problem hatten, irgendeinen bewaffneten Widerstand zu leisten.

Den Kreuzrittern gelang es schließlich, die Schafe zu überwältigen, und sie beschlossen, daß dies ein guter Platz sei, um sich ein paar Wochen auszuruhen. Raimund hielt in den leeren Ruinen Hof, während die ortsansässigen Emire zu ihm eilten, um ihm ihre Aufwartung zu machen und den Eindringlingen Geschenke zu überreichen.

Es gibt ein arabisches Sprichwort: »*Küsse den Arm, den du nicht brechen kannst – und bete zu Gott, daß er ihn bricht.*«

Der Emir von Tripolis übertrieb seine Freundlichkeiten ziemlich. Er lud die Kreuzfahrer ein, Abgesandte nach Tripolis zu schicken, um eine mögliche Allianz zu besprechen. Diese Abgesandten waren so vom Reichtum der Stadt überwältigt, daß das Wort Allianz in ihren Köpfen offenbar durch das Wort Akquisition ersetzt wurde. Sie berichteten Raimund davon, und der Kreuzzug torkelte reicher Beute entgegen.

Während der Emir von Tripolis also auf Antwort auf sein Angebot wartete, erfuhr er, daß jene, in denen er schon Verbündete zu sehen glaubte, in diesem Moment die zweitgrößte Stadt seines Reiches, Arqa, belagerten. Nicht, daß sie sie einnehmen wollten. Raimund hoffte nur, daß der Emir ihm einen großen Geldbetrag geben würde, auf daß er weiterziehe.

Innerhalb einiger Tage hatten die Kreuzritter auch den Hafen Tortosa eingenommen. Die Nachricht davon erreichte Antiochia und überzeugte Gottfried von Lothringen und Robert von Flandern nachträglich von der dringenden Teilnahme am Geschehen. Unterdessen hatte sich die Belagerung von Arqa als äußerst kompliziert herausgestellt. Raimund war auf sehr viel heftigere Gegenwehr gestoßen, als er erwartet hatte. Nun bat er Gottfried und Robert, zu ihm zu stoßen. Dies war ein Fehler. Die Prinzen begannen sofort wieder über die Anführerschaft des Kreuzzuges zu streiten. Bald lagen die Normannen und die Provenzalen im Clinch – alles wie gehabt.

Diesmal jedoch konzentrierten sich die Zwistigkeiten auf Peter Bartholomew, der immer noch dutzendweise Visionen hervorbrachte. Waren sie nun alle erfunden oder nicht? Die Normannen waren überzeugt, daß sie es waren, denn alle Heiligen, die Peter erschienen, schienen sich mit den Provenzalen gegen die Normannen zu verbünden. Schließlich beschuldigten die Normannen Peter öffentlich des Betrugs und zweifelten sogar die Echtheit der Heiligen Lanze an, woraufhin Peter beleidigt eine Prüfung verlangte: Er werde sich einer Feuerprobe unterziehen. Gott werde ihn befähigen, ganz und gar schadlos durchs Feuer zu gehen. Ein Holzstapel in einer engen Gasse wurde von allen Bischöfen ordentlich gesegnet und dann angezündet. Peter nahm die Heilige Lanze in seine Hand und lief durch die Flammen. Was dann geschah, wird höchst unterschiedlich berichtet. Peter soll in die gaffende Menschenmenge getaumelt und dort mit schrecklichen Verbrennungen zu Boden gefallen sein. Die Anhänger Batholomews behaupteten danach, er sei von Ungläubigen wieder zurück in die Flammen zurückgeschubst worden sein; seine Skeptiker hingegen bestanden darauf, daß er während der Feuerprobe verbrannt sei. Eines ist auf jeden Fall sicher: Zwölf Tage später war Peter tot. Zumindest beim Zeitpunkt seines Todes waren sich die Chronisten beider Seiten einig.

Der Heiligen Lanze wurde fortan keine Beachtung mehr geschenkt.

Die anderen überredeten Raimund schließlich dazu, die Belagerung von Arqa aufzugeben, und der Kreuzzug konnte seinen Weg fortsetzen. Die Truppen marschierten auf Tripolis zu. Dort machte sich hektische Betriebsamkeit breit, der zutiefst erschrockene Emir beeilte sich, als Zeichen guten Willens christliche Gefangene freizulassen, stattete die Kreuzfahrer mit Pferden und Proviant aus und bot sogar an, selbst Christ zu werden.

Dieselbe Art von Empfang erwartete sie, als sie die Küste hinunter in das Gebiet von Gatimid zogen, durch Beirut und Akkon. Die wahren Gefühle der Einheimischen traten jedoch deutlich hervor, als ein Falke eine Brieftaube über dem Lager der Kreuzritter schlug. An ihr Bein war eine Nachricht vom Statthalter von Akkon gebunden – dessen Großzügigkeit sie gerade eben noch genossen hatten –, in der er die Moslems drängte, sich zu erheben und die Eindringlinge vernichtend zu schlagen. Wenige Kilometer vor ihrem Ziel, der Heiligen Stadt, ritten ihnen plötzlich Boten aus Bethlehem entgegen. Die christliche Bevölkerung bat um sofortige Befreiung von der moslemischen Herrschaft. Tankred gehorchte nur zu gern und machte den Umweg, um als Befreier empfangen zu werden. Als er sich am nächsten Tag der Hauptarmee wieder anschloß, flatterte sein Banner über der Geburtsstätte Christi. Eine Mondfinsternis ließ die Euphorie der Kreuzritter noch wachsen: Die Verfinsterung des türkischen Halbmondes stand kurz bevor. Ein gutes Omen.

Es war ein erhebendes Gefühl, als sie schließlich auf den Berg Montjoie stiegen und von dort einen ersten Blick auf die Heilige Stadt erhaschen konnten, auf den Ort, von dem sie so lange geträumt und gesprochen hatten. Sie waren beinahe drei Jahre unterwegs gewesen. Doch dort in der Ferne sahen sie endlich die Mauern von Jerusalem. Am Abend des 7. Juni 1099 lagerten sie vor den Mauern der legendären Stadt.

Die Einnahme Jerusalems

Als der ägyptische Statthalter von Jerusalem, der Heerführer Iftikhar al-Daula (»Stolz des Landes«) die herannahenden Kreuzritter sah, war er vermutlich nicht allzu beunruhigt – ihm wohnte das übliche Lampenfieber vor einer Schlacht wohl inne, aber nicht das schreckliche Gefühl des bevorstehenden Verderbens. Er hatte die Stadt ein Jahr zuvor von den Türken mit Hilfe einer riesigen und gut ausgestatteten Armee erobert, die auch vierzig ziemlich wirkungsvolle Belagerungsmaschinen besaß – riesige hölzerne Katapulte der neuesten Machart, die Löcher in die Stadtmauern rissen. Trotzdem hatte er sechs Wochen gebraucht. Nun hatte er die Mauern repariert und verstärkt und wußte, daß die Kreuzfahrer keine solchen Maschinen besaßen. Sie konnten auch keine bauen – er hatte

Die Belagerung Jerusalems, dargestellt als körperlicher Angriff auf das himmlische Jerusalem. Szenen aus der Passionsgeschichte erscheinen im Hintergrund. Vorne sind deutlich die Belagerungstürme zu erkennen. Aus einer Abschrift von William von Tyros *History* (14. Jahrhundert).

im Umkreis von mehreren Kilometern alle Bäume fällen lassen. Sein größtes Problem war die Zahl seiner Krieger. Viele Menschen waren in den Jahren nach 1070 vor den Seldschuken geflohen, und diese hatten einen Großteil der zurückgebliebenen Moslems getötet, als sie sich 1076 erhoben. Fast alle Juden waren weggezogen. Iftikhar selbst hatte die Türken getötet oder aus der Stadt verbannt und sah sich nun genötigt, die Christen hinauszuwerfen, damit sie die Stadt nicht an die Kreuzritter verrieten. Er konnte deshalb nur auf ein paar Juden zurückgreifen (die meisten gehörten einer Sekte an, die glaubte, daß sie in der Heiligen Stadt wohnen müßten), auf eine Handvoll Moslems, auf seine arabische Reiterei und die sudanesischen Bogenschützen. In einer Stadt, die bis zu siebzigtausend Menschen beherbergen konnte, befanden sich nun weniger als dreißigtausend. Doch er hatte den Wesir von Ägypten von der Ankunft der Kreuzritter informiert, und man hatte ihm für Ende Juli die Unterstützung einer Armee zugesichert.

Sein Selbstvertrauen muß in den nächsten Tagen noch gestiegen sein, da sich die Kreuzfahrer äußerst merkwürdig verhielten. Am 13. Juni stürzte sich die Masse der Angreifer plötzlich ohne Leitern oder Belagerungstürme auf die Mauern der Stadt. Was war bloß in sie gefahren? Wie konnten sie glauben, daß sie irgend etwas damit bewirkten?

Tatsächlich hatte ein alter Eremit sofortigen Erfolg versprochen, wenn sie unverzüglich und ohne Belagerungsausrüstung angriffen. Gottes Versagen, diese vertragliche Verpflichtung einzuhalten, ließ die Kreuzritter in eine tiefe Depression verfallen.

Im kalten Licht des nächsten Morgengrauens erkannten sie, daß ihre Lage nicht gerade ermutigend aussah. Sie konnte hauptsächlich mit dem Wort »Fehlen« beschrieben werden. Ihnen fehlten Belagerungsausrüstung, Holz zum Herstellen desselben, Männer, Essen, Zeit (die ägyptische Armee näherte sich), Glauben (nach den Worten des alten Eremiten) und – was wohl am schlimmsten war – Wasser. Die Zustände wurden in der brennenden Sommersonne immer unerträglicher, Niedergeschlagenheit machte sich breit, und jede Anstrengung, Wasser aus unvergifteten Quellen zu erhalten, hatte neue Berichte von Verlusten zur Folge, da die Moslems einen Hinterhalt nach dem anderen legten. Die Moral sank.

Die ersten positiven Neuigkeiten kamen durch Tankreds Darmerkrankung. Tankred litt seit einiger Zeit an Durchfall. Trotzdem marschierte er immer noch an der Spitze eines Suchtrupps, um Holz für die Belagerungstürme zu finden. Er und seine Leute hatten nicht viel Erfolg. Sein Biograph Radulph schreibt:

»Er hatte die Suche beinahe aufgegeben, als sich das gewohnte Ärgernis wieder einstellte. Er zog sich von den anderen zurück und stieg vom Pferd. Er hoffte, den Blicken seiner Kameraden zu entgehen, doch als er zurückblickte, sah er, daß ihm dies nicht gelungen war. Er suchte deshalb weiter entfernt Schutz, doch wieder konnte er einige Männer herumgehen sehen, und so änderte er seine Stellung zum

dritten und vierten Mal, bis er in einer tiefen Senke hinter einem Felsen, umgeben von Bäumen und kühlem Schatten Frieden fand. Guter Gott!... Während Tankred sich dort erleichterte, entdeckte er eine Höhle, in der vierhundert Baumstämme zu sehen waren.«

Kurz nach der Entdeckung dieses Holzschatzes landeten sechs Schiffe in Jaffa, die die benötigten Versorgungsgüter brachten. Zwei der Schiffe wurden zerlegt, um noch mehr Holz zu bekommen, und nun wurde ernsthaft mit dem Bau der Belagerungstürme begonnen – einer unter dem Befehl Raimunds und der andere unter Gottfrieds.

Zu diesem Zeitpunkt suchte wieder eine Vision den ganzen Kreuzzug heim. Der verstorbene Bischof Ademar erschien einem Priester und gab ihm genaue Anweisungen, wie man Jerusalem einnehmen solle. Der ägyptische Statthalter beobachtete erstaunt, wie die Angreifer sich die Schuhe auszogen und barfuß um seine Stadt zogen, wobei sie Hymnen sangen. Seine Armee versammelte sich auf den Verteidigungsanlagen und schleuderte Hohn und Schimpf auf die Prozession, die einen Kreis um die Mauern zog und dann zum Olivenberg zog, um einige Predigten zu hören. Der verstorbene Bischof hatte garantiert, daß die Stadt auf solches Tun hin innerhalb von neun Tagen fallen werde.

Fünf Tage später waren die Belagerungstürme fertig, und im Lauf der Nacht schoben die Soldaten sie in Position, wobei sie gegen einen Regen von Pfeilen und griechischem Feuer (das mittelalterliche Gegenstück zu Napalm) ankämpfen mußten. Gottfrieds Turm, an dessen Spitze ein goldenes Kreuz steckte, wurde am Morgen des 15. Juni aufgestellt, und zur Mittagszeit hatten es seine Männer geschafft, eine Brücke vom Turm bis zur Mauer zu bilden. Zwei flämische Brüder, Litold und Gilbert von Tournai, sprangen hinüber, und die nördliche Mauer Jerusalems fiel an die Kreuzritter.

Das Massaker in Jerusalem

In späteren Jahren erinnerten die Araber daran, daß der Kalif Umar, nachdem er Jerusalem im Jahre 638 den Christen abgenommen hatte, dem Patriarchen zugesichert hatte, Leben und Besitz der Christen zu verschonen. Er bat dann um eine Führung zu den heiligen Stätten der Christen. Als man ihn einlud, seinen Gebetsteppich in der Kirche des Heiligen Grabs auszurollen, lehnte er aus Respekt vor den Christen ab, da er befürchtete, daß die Moslems den Ort, wo der Eroberer Jerusalems gebetet hatte, in Beschlag nehmen wür-

Umseitig: Der Felsendom, errichtet 691 n. Chr., ist ein Bauwerk von erstaunlicher Anmut. Die Kreuzfahrer plünderten ihn und benutzten ihn als Kirche.

den. Dann wurde ein Vertrag unterschrieben, der detailliert die Rechte der Christen auflistete: »*Dieser Friede... garantiert ihnen Sicherheit für ihr Leben, ihren Besitz, ihre Kirchen und die Kreuze, die denen gehören, die sie zeigen und ehren... Es soll keinen Zwang in Glaubenssachen geben.*« Die Kreuzritter sahen das anders. Fulcher von Chartres schrieb:

> *Unsere Herren und Soldaten... schnitten denjenigen, die sie gerade getötet hatten, die Bäuche auf, um den Innereien die Goldstücke zu entnehmen, die die Sarazenen mit ihren großen Kehlen hinuntergeschluckt hatten... Mit gezückten Schwertern liefen unsere Männer durch die Stadt und verschonten niemanden, auch nicht die, die um Gnade baten... Sie drangen in die Häuser der Bürger ein und nahmen alles, was sie darin fanden... Wer als erstes ein Haus betrat, ob er reich oder arm war..., konnte das Haus oder den Palast besetzen und besitzen und alles, was er darin fand, als gehöre es ihm... Auf diese Weise wurden viele arme Menschen reich.*

Man kann sich unmöglich vorstellen, was in den Köpfen der Kreuzritter vor sich ging, als sie durch die Heilige Stadt stürmten – mit Sicherheit nicht die Bergpredigt.

Als die erste Welle von Kreuzrittern sich von der Nordmauer herab ergoß, zogen sich die Moslems in den Tempelbezirk zurück, doch vergebens. Tankred und seine Männer verfolgten sie. Er schändete und plünderte den Felsendom und trieb die Moslems in der Al-Aksa-Moschee und auf ihrem Dach zusammen.

Raimund bestürmte den Süden der Stadt und belagerte den Heerführer Iftikhar im Davidsturm. Unerwarteterweise stoppte Raimund den Angriff plötzlich und bot dem ägyptischen Statthalter und seinen Männern freies Geleit an, wenn sie den Turm übergeben würden. Der Feldherr, der das Schlimmste befürchtete, jedoch keine andere Wahl hatte, kapitulierte, und die Franken hielten zur Überraschung der Araber ihr Wort. Iftikhar und seine Männer waren die einzigen Moslems in Jerusalem, die mit dem Leben davonkamen.

Am nächsten Tag erzwang sich eine Gruppe von Kreuzrittern Zugang zur Al-Aksa-Moschee und schlachteten – trotz des Schutzes von Tankreds Banner, das über dem Gebäude flatterte – jeden darin ab, Männer, Frauen und Kinder, »*unter ihnen eine große Anzahl Imams* (Religionsführer) *und moslemische Gelehrte, fromme und asketische Männer, die ihre Heimatländer verlassen hatten, um ihr Leben in frommer Abgeschiedenheit an diesem heiligen Ort zu verbringen.*« Zur selben Zeit wurde die Synagoge, in der die Juden Schutz gesucht hatten, angezündet und ein jeder darin bei lebendigem Leib verbrannt.

Dies waren nicht die üblichen Plünderungen und Raubzüge einer Eroberungsarmee – es gab zum Beispiel keine Berichte über Schändungen von Frauen. Es war ein rituelles Gemetzel. Und dann dankten sie Gott in der Grabeskirche. »*Oh Tag, so sehnsüchtig erwartet!*« schrieb Fulcher von Chartres, »*Oh, erinnerungswürdigste Zeit der Zeiten! Oh Taten vor allen anderen Taten!... Sie wünschten, daß dieser Ort, der so lange vom Aber-*

glauben der heidnischen Bewohner verunreinigt worden war, von ihrem Gift gereinigt werden sollte.«

In den folgenden Tagen war eines der Hauptprobleme die Beseitigung der Leichen. Einer der fränkischen Chronisten beschreibt eine Szene, die an Auschwitz denken läßt:

> *»Sie befahlen außerdem, daß alle Leichen der Sarazenen wegen des schrecklichen Gestanks aus der Stadt geworfen werden sollten; denn beinahe die ganze Stadt war voller Leichen. Die Sarazenen, die noch am Leben waren, zogen die Toten vor die Tore und schichteten sie zu haushohen Haufen auf. Ein solches Gemetzel von Heiden hat niemand je gesehen oder gehört; die Haufen, die sie machten, waren wie Pyramiden.«*

Die fanatische Blutgier der Kreuzritter in Jerusalem sollte niemals vergessen werden. Die Allgemeinheit in Europa sah in der ganzen Geschichte eine wunderbare Errungenschaft. Für Kaiser Alexius war sie problematischer. Ein fränkischer Ritter hatte sich selbst zum Herrscher von Edessa erklärt. Ein weiterer hatte Antiochia besetzt. Eine Gruppe blutrünstiger Schlachter hatte die mit ihm verbündeten Fatimiden aus Jerusalem vertrieben und den orthodoxen Christen dort nichts Gutes getan. Papst Urban kommentierte den siegreichen Ausgang des blutigen Feldzuges, den er vier Jahre zuvor angeregt hatte, nicht. Er war ein paar Tage zuvor, ehe die Nachricht von der Einnahme Jerusalems Rom erreichte, gestorben.

Das neue Jerusalem

Die meisten Kreuzfahrer gingen, nachdem erledigt war, weswegen sie gekommen waren, wieder nach Hause. Weniger als dreitausend Franken sollen angeblich dageblieben sein. Wahrscheinlich nur dreihundert davon waren Ritter. Nachdem sie fast die gesamte Bevölkerung getötet hatten, besaßen sie nun eine riesige, leere Stadt, die das größte Touristenzentrum der damaligen Welt darstellte.

Seit 461 Jahren hatte sie sich in der Hand der Moslems befunden. Trotzdem war der Großteil der Bevölkerung christlich geblieben. Die meiste Zeit über hatten die Moslems die Rechte der Christen geschützt. Natürlich hatten die Moslems über alles die Kontrolle – bis heute befindet sich der Schlüssel zur Grabeskirche in der Obhut eines Moslems. Sein Name ist Museba, und seine Familie ist nach ihren eigenen Angaben für das tägliche Öffnen und Schließen der heiligsten christlichen Kirche verantwortlich, seit die Moslems die Stadt eroberten.

Mit dem Sieg der lateinischen Christen jedoch sollten sich die Dinge ändern. Sie waren gekommen, um Jerusalem von allen anderen Religionen zu befreien und es zu einer rein

Obwohl dieses Bild anscheinend die Plünderung Jerusalems im Jahre 168 v. Chr. durch Antiochus IV. einfängt – der versuchte, das Judentum auszurotten und damit den Aufstand der Makkabäer auslöste –, spielt es auf die Plünderung der Stadt durch die Kreuzfahrer an. Daran zeigt sich ein Mangel an Kritikfähigkeit, denn Antiochus ließ überhaupt keine Plünderung durchführen, der Vorfall ist frei erfunden. Aus einer französischen Handschrift (15. Jahrhundert).

Iherusalem

christlichen Stadt zu machen – und zwar christlich nach ihren Vorstellungen. Die orthodoxen griechischen Christen, die georgischen Christen, die armenischen Christen, die jakobinischen Christen und die koptischen Christen, die im Vorfeld der Belagerung ausgewiesen worden waren, erkannten bald, daß der Sieg nicht in ihrem Namen errungen worden war. Ihre Priester wurden aus der Grabeskirche gewiesen. Sie durften nicht einmal mehr ihre Gottesdienste dort abhalten. Unterdessen war die kirchliche Hierarchie Jerusalems rein lateinisch geworden. Am unerträglichsten war die Tatsache, daß der neue Patriarch Arnulf von Thodes sich als durchaus imstande erwies, seine christlichen Kameraden zu foltern, um herauszufinden, wo sie ihren Teil des Wahren Kreuzes versteckt hatten. Die Folter schien ihnen die Zungen gelöst zu haben, doch sie verhärtete auch die Fronten zwischen den orientalischen und den westlichen Kirchen. Die orthodoxen Christen lernten, die Lateiner tief und brennend zu hassen. Ihre Empfindungen waren noch Jahrhunderte später unvermindert heftig: 1806 veranstalteten sie eine religiöse Prozession, bei der sie die Knochen des Kindkönigs Balduin V., der im Alter von acht Jahren gestorben war, zu einer Schlucht trugen und sie mit düsteren Flüchen hineinwarfen.

Die Kreuzfahrer wählten nun einen der ihren zum Herrscher über Jerusalem. Die Wahl fiel zunächst auf Raimund, doch er erklärte, daß er in derselben Stadt, in der Christus die Dornenkrone getragen hatte, keine Krone tragen wolle. Als nächstes fiel die Wahl auf Gottfried von Lothringen, der das Amt annahm, jedoch zustimmte, daß niemand in der Heiligen Stadt eine Krone tragen sollte. Er setzte so die mächtigste politische Waffe ein – die Beschönigung. Er lehnte den Königsrang ab und nahm statt dessen den Titel Anwalt (oder Verteidiger) des Heiligen Grabes an.

Gottfrieds Regierungszeit als Beinahe-König sollte nur ein Jahr währen, doch in dieser Zeit nahm das junge Land, das dereinst das Königreich Jerusalem werden sollte, Form an. Solange die Prinzen ihre Streitigkeiten begraben konnten, waren sie mehr oder weniger unverwundbar, wie sich zeigte, als die vereinigten Armeen von Raimund und Gottfried die ägyptische Armee besiegten, die schließlich vor Ascalon auftauchte. Doch eine solche Zusammenarbeit war die Ausnahme und nicht die Regel. Bald nach Gottfrieds Wahl kam der neue päpstliche Abgesandte – Urbans Ersatz für den Bischof von Le Puy – aus Rom an, um zum Patriarchen ernannt zu werden. Es war ein ehrgeiziger Italiener namens Daimbert, dessen Mission es war, Urbans Traum einer kirchlichen Herrschaft über das Heilige Land zu verwirklichen. Er war jedoch nicht so töricht zu glauben, daß Gott ihm eine solch herausragende Stellung ohne militärische Unterstützung geben würde. Die de Hautevilles hatten Gregor VII. und Urban II. unterstützt – sie würden auch ihn unterstützen.

Daimbert sicherte sich die Unterstützung Bohemonds und Tankreds. Als Gegenleistung erkannte er Bohemond als Prinz von Antiochia und Tankred als Prinz von Galiläa an – womit beide auf diesem Wege ihre Unabhängigkeit von Gottfried erklärten. Da eigentlich klar gewesen war, daß Antiochia an Alexius zurückgegeben werden sollte, war dies auch eine Kriegserklärung an Konstantinopel.

Gottfried war nicht stark genug zu widerstehen, und als er starb, hatte er sogar zugestanden, daß der Patriarch die Herrschaft über Jaffa und Jerusalem erben solle. Der päpstliche Traum einer Kirchenherrschaft stand kurz vor seiner Verwirklichung. Doch Daimbert wurde von seinen weltlichen Gegenspielern geschickt ausmanövriert.

Als Gottfried starb, war der Patriarch mit Tankred unterwegs, um Haifa anzugreifen, und man schickte heimlich eine Nachricht an Gottfrieds Bruder, Balduin von Edessa, auf daß er nach Jerusalem komme und die Herrschaft übernehme. Balduin war kein Freund der kirchlichen Radikalen. Als Daimbert schließlich von Gottfrieds Ableben erfuhr, war es fast schon zu spät. Hastig sandte er einen Boten, der Bohemond die Regierung von Palästina (unter Daimberts Oberhoheit) andiente. Er gab Bohemond zugleich Anweisung, Balduin am Marsch auf Jerusalem zu hindern – wenn nötig, mit Gewalt. Der Patriarch war bereit, zwei christliche Prinzen in einen Krieg gegeneinander zu hetzen, um den kirchlichen Ehrgeiz nach irdischer Macht im Heiligen Land zu befriedigen. Sein Brief wurde jedoch abgefangen, und Bohemond erfuhr nichts von diesem großzügigen Angebot, bis es zu spät war.

Die Würfel fielen zu Balduins Gunsten. Bohemond wurde bei einem Feldzug von den Türken gefangengenommen, und Balduin konnte im Triumphzug in Jerusalem einmarschieren – er trauerte zwar ein bißchen um seinen toten Bruder, erzählt uns sein Hofgeistlicher Fulcher von Chartres, freute sich jedoch noch mehr über seine Erbschaft.

Balduin hatte keinerlei Hemmungen, sich König nennen zu lassen. Am Weihnachtstag des Jahres 1100 biß Daimbert in der Kirche der Geburt Christi in Bethlehem die Zähne zusammen und krönte Balduin zum König von Jerusalem. Drei Monate später gab Tankred, der seit ihrem Zusammenstoß bei Tarsus Balduins Feind gewesen war, sein Prinzentum in Galiläa auf und zog nach Norden, um Antiochia zu übernehmen, dessen Herrscher Bohemond noch immer in einem türkischen Gefängnis saß. Das dritte Besitztum der Kreuzritter, Edessa, wurde an Balduins jungen Cousin Balduin von Le Bourg gegeben. Drei junge Männer, die mit nichts gekommen waren – Balduin, Tankred und Balduin von Le Bourg –, waren nun die Herren des Morgenlandes.

Im darauffolgenden Jahr zogen drei europäische Armeen auf ihrem Weg nach Jerusalem durch Konstantinopel. Voller Begeisterung und angeregt vom siegreichen Beispiel des ersten Kreuzzuges zogen sie stolz gen Anatolien. Alle drei wurden dort vernichtet. Der Kreuzzug hatte die Pilgerroute nicht geöffnet. Er hatte nur die Beziehungen zu Byzanz vergiftet, die Herrschaft über Zentralanatolien aber wie eh und je bei den Türken belassen.

Immerhin besaß Europa nun drei Kolonien im moslemischen Osten: Jerusalem, Antiochia und Edessa. Da sich aber so wenige Kreuzfahrer tatsächlich dort niederließen, lautete die Frage: Wie lange noch?

Ein Platz in Bagdad. Die Stadt war das politische und religiöse Zentrum des sunnitischen Islam. Ihre wichtigsten Verbindungslinien verliefen nordwärts entlang der Täler des Euphrat und des Tigris und ostwärts in Richtung Persien. Palästina war ein Randgebiet.

Die arabische Antwort

Während die Franken sich immer noch über die Beute stritten, kamen moslemische Flüchtlinge zur Zeit des Ramadan, des moslemischen Fastenmonats, in Damaskus an. Ihre Berichte von den Qualen, die sie erlitten, und von den Schrecken, die sie geschaut hatten, waren so entsetzlich, daß man ihnen erlaubte, das Fasten zu brechen.

In Bagdad, dem Zentrum islamischer Herrschaft, geschah nichts. Der irakische Dichter Al-Muzaffar al-Abiwardi tat sein Bestes, um wenigstens irgendeine Reaktion heraufzubeschwören.

> *»Dies ist Krieg, und der Mann, der den Strudel meidet, um sein Leben zu schützen,*
> *soll seine Zähne reuevoll zusammenbeißen.*
> *Dies ist Krieg, und das Schwert des Ungläubigen liegt offen in seiner Hand – bereit,*
> *in Genicke und Schädel von Männern geschlagen zu werden.«*

Doch nichts geschah.

> *»Ich sehe, wie mein Volk zögert, die Lanze gegen den Feind zu erheben: Ich sehe,*
> *wie der Glaube auf schwachen Säulen ruht.«*

In bester Tradition von Politikern durch die gesamte Geschichte hindurch, nahm der Kalif Al-Mustazhir Billah, wenn er vor einem dringenden Problem stand, die ganze Angelegenheit sehr ernst und berief ein Untersuchungskomitee. Und in bester Tradition von Untersuchungskomitees durch die gesamte Geschichte hindurch tat das Untersuchungskomitee überhaupt nichts. Bagdad war machtlos.

Bagdad war einmal die größte und zivilisierteste Stadt der Welt gewesen. Vor den türkischen Invasionen besaß es Krankenhäuser für alle, öffentliche Bäder, einen Postdienst, Wasserversorgung, ein Abwassersystem sowie mehrere Banken – mit Zweigstellen in China. Unter der Herrschaft von Kalif Harun al-Raschid hatte die Stadt dreihundert Jahre zuvor ein islamisches Reich regiert, das Nordafrika, Palästina, Syrien und den Irak einschloß und bis über Persien und Afghanistan hinaus sowie nach Aserbeidschan und zu den Südufern des Kaspischen Meeres reichte.

In diesen Zeiten hatte sich die islamische Kultur den Einflüssen anderer Zivilisationen geöffnet. Seit den Tagen des Kalifen Al-Mamun (gestorben 833) genossen Moslems die Vorzüge bestehender Stiftungen, die eher ihr kulturelles Leben unterstützten als die Macht der Herrscher. Al-Mamun hatte Übersetzerschulen gegründet, die den Wissensschatz, der in Schriften griechischen, syrischen oder persischen Ursprungs oder auch in Sanskrit-

Schriften enthalten war, arabischen Menschen zugänglich machten. Er gründete das Haus der Wissenschaft mit seiner Bibliothek und seinen astronomischen Einrichtungen in Bagdad.

Weiter nördlich war in der Stadt Harran eine wissenschaftliche Schule entstanden, die dem Westen um Jahrhunderte voraus war. Zu der Zeit, als die Kreuzfahrer erstmals Schwertkontakt mit der islamischen Welt aufnahmen, hatte ein Harraner Wissenschaftler namens Albatanius bereits die Entfernung von der Erde zum Mond bestimmt, während ein anderer namens Jabir bin Hayyan behauptet hatte, daß ein Atom, wenn man es teilte, genug Energie freisetzen würde, um eine Stadt von der Größe Bagdads zu zerstören!

Die arabische Medizin war ebenfalls hochentwickelt. Um Arzt sein zu dürfen, mußte man sich großes Wissen über Chirurgie, Anatomie und den Blutkreislauf angeeignet haben (vierhundert Jahre vor Harvey). Es gab Spezialisten für Augenchirurgie, Brusttumore, Epilepsie, für Vorsorge und – was vielleicht am wichtigsten war – für Hygiene. Arabische Ärzte wandten sogar die Anästhesie an. Ein Schwamm wurde in eine Mischung aus Haschisch, Opium, Darnelle und Belladonna getaucht und dann zum Trocknen in die Sonne gelegt. Wenn er gebraucht wurde, befeuchtete man den Schwamm und steckte ihn in die Nasenlöcher des Patienten, der logischerweise in einen tiefen Schlaf sank.

Warum reagierte eine so gebildete Gesellschaft derart langsam auf die christliche Aggression aus dem Westen? Wie konnten zwei- oder dreitausend Europäer über ein feindliches Königreich im Nahen Osten herrschen? Eine Frage, die auch viele Araber zu dieser Zeit quälte.

Zwei große Probleme stellten sich den islamischen Herrschern. Das erste: Das Gefühl der Wut derjenigen, die direkt unter dem Fall Jerusalems litten, wurde zunächst nicht von vielen geteilt. Invasionen waren an der Tagesordnung. Es dauerte eine Weile, bis man erkannte, daß die Besetzer Jerusalems eine völlig andere Tagesordnung als die Byzantiner, Türken oder Ägypter hatten. Die Kreuzfahrer waren nicht nur gekommen, um Tribute und Steuern einzunehmen, sondern um der Stadt ihre eigene Zivilisation und ihr eigenes römisches Christentum aufzudrängen.

Dies war nicht nur eine weitere Invasion; es war ein Kolonisierungskrieg der einen Zivilisation gegen eine andere. Als man das erkannte, forderten immer mehr Stimmen eine gemeinsame Reaktion der gesamten arabischen Welt. Und dies war das zweite große Problem. Im späten elften Jahrhundert gab es so etwas wie eine vereinte arabische Welt nicht. Nordafrika hatte sich abgespalten, als die Fatimiden an die Macht kamen, und die Seldschuken besaßen die Herrschaft über den Rest. Sie waren keine Araber.

Der Zwiespalt der Türken

Bagdad blieb weiterhin das Herrschaftszentrum; es war immer noch die Heimat des Kalifen. Doch wie alle Araber hatte er im Reich der Seldschuken keinen politischen Platz. Sein türkischer Oberherr trug den Titel Sultan. Der Kalif war eine religiöse Gallionsfigur. »Männer des Turbans« (religiöse und juristische Beamte) und »Männer der Feder« (Verwalter) konnten Araber sein, doch »Männer des Schwertes«, welche Türken (und normalerweise ungebildet) waren, besaßen alle Macht. Und wo sie sie nicht besaßen, kämpften sie darum. In den drei Jahren nach der christlichen Besetzung Jerusalems wechselte Bagdad achtmal die Regierung, während die Söhne von Malik Shah um die Herrschaft kämpften. Die Stadt versank im Chaos. Die türkischen Herrscher waren nicht in der Lage, die Notlage Jerusalems und anderer Städte am westlichen Rand der Seldschukenwelt ernstzunehmen.

Vom Zentrum des Geschehens entfernt, behielt jeder Emir seine Unabhängigkeit und hatte Angst vor seinem Nachbarn. Der Herrscher von Damaskus, Duqaq, war der Bruder Ridwans von Aleppo. Ridwan hatte bereits drei seiner Brüder getötet, und Duqaq war sicher, daß er der nächste auf der Liste sein würde. Gleiches galt für Kerbogha in Mossul – sie beide wußten, daß er sie zum Frühstück verspeisen würde, wenn er nur die Gelegenheit bekam. Und in Dutzenden kleinerer Emirate wurde Politik nach dem Grundsatz gemacht: *»Der Feind meines Bruders ist mein Freund.«* Die Emire sahen in den Franken keinen ärgeren Feind als in jedem einzelnen anderen Emir unter ihnen. *»In früheren Zeiten hatte beinahe jede Stadt* (im Nahen Osten) *ihren eigenen Herrscher…«*, schrieb William von Tyros. *»Diejenigen, die ihre eigenen Verbündeten nicht weniger als die Christen fürchteten, konnten oder wollten sich nicht vereinigen, um der allgemeinen Gefahr entgegenzutreten, oder sich zu unserer Vernichtung zu wappnen.«*

Es wäre zum Beispiel nicht schwierig gewesen, Edessa und Antiochia von Jerusalem abzuschneiden. Tripolis lag unbesiegt zwischen ihnen und kontrollierte den berühmten Paß Nahr el-Kelb. Als Balduin von Edessa nach Jerusalem eilte, um nach dem Tod seines Bruders Gottfried Anspruch auf das Königreich zu erheben, entschied Duqaq, der Herrscher von Damaskus, weise, ihn dort zu überfallen. Doch dem Emir von Tripolis, Fakhr al-Mulk, mißfiel diese Idee.

Fakhr al-Mulk hatte das Amt des Emirs von Tripolis erst seit einem Jahr inne und nicht die Absicht, Duqaq einen spektakulären Sieg über die Franken zu ermöglichen und sich damit – vielleicht – über ganz Syrien zu stellen. Und so tat Fakhr al-Mulk, was sich für ihn anbot: Er schickte einen Kurier zu Balduin und warnte ihn vor dem Angriff. Balduin sollte es erleben, der wahrscheinlich größte König zu werden, den das Königreich Jerusalem je haben sollte.

Gegenüber: Das friedliche Leben in einem islamischen Dorf. In Europa wird weithin geglaubt, daß der Koran bildliche Darstellungen verbiete, doch dem ist nicht so. Das Bilderverbot tauchte erst im später geschriebenen Hadith (festgehaltenen Überlieferungen) auf und wurde in vielen Epochen der islamischen Geschichte nicht beachtet. Aus einer arabischen Handschrift (1237).

Unten: Die *madrassah* (Schule) war ein zentrales Element des islamischen Lebens und der Lehrer, Doktor und religiöse Führer das Oberhaupt der Gemeinde.

Doch die Geschichte war damit noch nicht zu Ende.

Ein Jahr später nahm Duqaq Rache am Emir von Tripolis. Raimund von Toulouse tauchte mit einer absurd kleinen Armee von nicht mehr als dreihundert Mann vor den Mauern von Tripolis auf. Der Emir schickte eine Nachricht an Duqaq in Damaskus und an die Herrscher von Homs, daß sich hier die Möglichkeit bot, den Grafen aus dem Weg zu schaffen. Sie erschienen pflichtgemäß und umzingelten Raimund – die moslemischen Streitkräfte waren den Franken im Verhältnis zwanzig zu eins überlegen.

Und doch zogen sich, als es zur Schlacht kam, die Männer aus Homs und Damaskus aus freien Stücken zurück, um Raimund den Sieg zu überlassen. Dies war sicherlich die Rache Duqaqs an Fakhr al-Mulk, doch sie ebnete den Weg für einen vierten Kreuzzugsstaat – das Königreich Tripolis – und schuf damit das lebenswichtige Bindeglied zwischen den Staaten im Norden und Jerusalem.

Die Assassinen

Nichts symbolisiert die innere Spaltung der arabischen Welt besser als die Assassinen. Ohne den Mord der Assassinen an Nizam al-Mulk wäre der Kreuzzug vielleicht nicht so weit gekommen, wie er schließlich kam.

Die Assassinen waren eine extremistische schiitische Sekte, die nur fünf Jahre, ehe Papst Urban den ersten Kreuzzug gepredigt hatte, als Reaktion auf Sultan Malik Shahs Hinwendung zum sunnitischen Islam gegründet worden war.

Die Spaltung der Sunniten und Schiiten hatte ihre Wurzeln in einem Bürgerkrieg kurz nach dem Tod Mohammeds. Der Schwiegersohn des Propheten, Ali, der der vierte Kalif oder »Nachfolger« geworden war, wurde ermordet; genauso erging es seinen Söhnen und Enkeln. Die Schiiten (*Shiat' Ali* bedeutet »die Partei Alis«) behaupteten, daß Ali der erste wahre Nachkomme des Propheten sei, und sie betrachteten das sunnitische Kalifentum in Bagdad als korrupt und auf das Vergießen heiligen Blutes gegründet.

Die Assassinen waren Ismailis – esoterische Schiiten, die an die Heiligkeit des siebten Imam, Ismail ibn Jafar, glaubten und deren Überlieferung besagte, daß es die Pflicht der Gemeinschaft sei, allen Reichtum zu teilen. Der Begriff »Assassine« jedoch ist eine Erfindung des Westens. Er wurde wahrscheinlich wegen des Haschischs geprägt, mit dem seine Anhänger – die *hashishi* – vollgepumpt gewesen sein sollen, wenn sie ihre Selbstmordunternehmen ausführten.

Dieser gewalttätige Arm der ismailischen Bewegung wurde von einem kultivierten Mann der Dichtkunst und Wissenschaft gegründet, Hasan as-Sabah, 1048 geboren, der gesehen hatte, wie das von Schiiten beherrschte Persien von den sunnitischen Seldschuken-

Türken überrannt worden war. Hasan as-Sabah war entschlossen, seine Welt wieder auf den Pfad von Shi'a zu führen, und so floh er 1071 nach Ägypten. Das fatimidische Ägypten hatte seinen eigenen schiitischen Kalifen; darauf gründete seine Trennung vom sunnitischen Kalifen von Bagdad. Hasan erkannte schnell, daß die wahre Macht Ägyptens nicht in den Händen des Kalifen, sondern in denen seines armenischen Wesirs lag. Doch zumindest war Kairo voller gleichgesinnter Gewaltbereiter, und Hasan beteiligte sich an der Gründung einer neuen revolutionären Bewegung.

Der Plan des Umsturzes sollte ausgeführt werden, sobald der alte Kalif starb. Sein Sohn, Nizar, sollte vom Wesir die Macht übernehmen, die Seldschuken angreifen und die gesamte moslemische Welt wieder in den Schoß der schiitischen Gemeinde zurückführen. Bis dahin sollte Hasan in die Gebiete zurückkehren, die nun von den Seldschuken beherrscht wurden, und eine »fünfte Kolonne« aufbauen, die aktiv werden sollte, sobald Nizar die Herrschaft über Ägypten inne hatte. Das tat Hasan auch. Er schuf eine der wirkungsvollsten terroristischen Organisationen in der Geschichte. Seine Waffe war der politische Mord. Morde mußten so öffentlich wie möglich an Personen verübt werden, die eine möglichst herausragende Rolle spielten – normalerweise wurde nach den Freitagsgebeten in der Moschee gemordet. Die Assassinen mußten daher damit rechnen, in Ausübung ihres Amtes selbst zu sterben. Jede Mission war eine Selbstmordmission.

Jeder Mord schaffte einen gefährlichen Feind der Sekte beiseite, schreckte andere Feinde der Sekte ab und demonstrierte die Entschlossenheit und den Fanatismus der Sektenmitglieder.

Die Assassinen hatten gleich mit ihrem ersten Mord großen Erfolg. Sie töteten Malik Shahs Wesir Nizam al-Mulk. Malik Shah selbst starb bald darauf, und sein Reich zerbrach in zahllose Teile. Nizam war der einzige Mann gewesen, der das Reich hätte zusammenhalten können – der Weg für einen schiitischen Neubeginn war frei.

Doch die Ereignisse entwickelten sich nicht so, wie sie sollten. In Kairo erbte nicht Nizar das Kalifat, sondern der rücksichtslose Al-Afdal erbte das Wesirat. Und Al-Afdal war nicht die Sorte Mann, der auf einen Aufstand wartet. Er wußte genau, wer im Begriff war, Ärger zu machen, und ließ die Betreffenden unschädlich machen. Nizar selbst wurde als Exempel lebendig begraben.

Hasan as-Sabah fand sich auf diese Weise mit einer einsatzbereiten Organisation früher Kamikazekommandos wieder, die es kaum abwarten konnten, ihre Hingabe, Aufopferungsbereitschaft und Kampfeslust zu demonstrieren – jedoch ohne momentanen politischen Tagesplan. Sein Endziel war weiterhin die Zerstörung des sunnitischen Kalifats, und so setzte Hasan alles in Bewegung, um es zu verwirklichen. Er verließ Kairo und begann, auf eigene Rechnung zu arbeiten, indem er den sunnitischen Islam unterminierte und destabilisierte, wo immer er konnte.

Da er den Fatimiden jetzt entfremdet war, die nominell noch immer die Köpfe der schiitischen Bewegung stellten, mußte Hasan erkennen, daß er nun nicht nur der einzige Feind des sunnitischen Kalifen, sondern auch der des schiitischen Kalifen war. Er stand auf diese Weise gegen die gesamte islamische Führungsschicht und stellte fest, daß die eindringenden Christen mehr als einmal seine natürlichen Verbündeten waren.

In den nächsten fünfzig Jahren zerfraß diese Gegenmacht die sunnitische Welt von innen. Von seiner Festung unweit des Kaspischen Meers säte Hasan, der nun »der alte Mann aus den Bergen« genannt wurde, Zwietracht unter den Emiren von Syrien und half, Emir gegen Emir und Bruder gegen Bruder aufzuwiegeln. Und wo immer und wann immer es seinen Zwecken dienlich war, wurde er zum aktiven Verbündeten der Franken.

Der Beginn des Jihad

Am Ende des ersten Jahrzehnts des zwölften Jahrhunderts schien das Unheil über die Moslems von Nordsyrien zu kommen. Im Juli 1109 hatten die Franken nach fünfjähriger Belagerung Tripolis eingenommen. Diese elegante, wohlhabende Stadt der Bildung und des Handwerks wurde zerstört. Ihre große Bibliothek, die Dar al-Ilm, wurde geplündert und Hunderttausende von Bücher verbrannt – ihr Inhalt war für immer verloren. Die Bewohner der Stadt wurden in die Sklaverei verschleppt oder einfach aus ihren Häusern geworfen. Dann, im Mai 1110, wurde Beirut – der Ort, an dem der heilige Georg den Drachen getötet haben soll – von den Franken überrannt und seine Einwohner wurden als Rache für ihre sture Verteidigung massakriert. Von diesem Beispiel abgeschreckt, kapitulierte die Stadt Sidon. In achtzehn Monaten waren drei der berühmtesten Städte der arabischen Welt an die vordringenden Christen gefallen. Imad ed-Din zitierte einen Überlebenden:

> *»Ich weiß nicht, ob es das Weideland der wilden Tiere oder mein Haus, mein Geburtsort ist, zu dem ich gehe, meine Stimme voller Tränen, mein Herz von Leiden und Liebe zerrissen, und frage: Haus, warum hat uns das Schicksal eine solch ungerechte Strafe auferlegt?«*

Damaskus und Aleppo füllten sich mit Flüchtlingen, die alles verloren hatten. Ganze Städte waren menschenleer, als die Franken kamen; als Tripolis fiel, flüchteten viele Aleppaner, bevor auch sie zu Besiegten wurden.

Die Zitadelle von Aleppo. Dieser großartige Zugang wurde erst nach den Kreuzzügen gebaut. Schon die früheren Befestigungen waren aber so stark, daß die Kreuzfahrer die Zitadelle nie erobern konnten.

»Ich kann nur noch weinen.«

Die Straßen moslemischer Städte in Syrien füllten sich mit verzweifelten Menschen, die nicht wußten, was sie tun sollten. Ein Flüchtling aus Maarrat schrieb: *»Ich komme aus einer Stadt, die Gott der Zerstörung anheimgegeben hat, mein Freund. Alle Bewohner kamen um. Sie fuhren mit ihren Schwertern durch alte Männer und Kinder.«*

Einige Moslems, eher Araber als Türken, sahen diese Ereignisse in einem größeren Zusammenhang. Weniger als vierhundert Jahre zuvor hatten ihre Vorfahren – bei vielen Flüchtlingen ihre eigenen Familien – dies Land von den byzantinischen christlichen Herrschern während des *jihad*, des Heiligen Krieges, für den Islam erobert. Zumeist war das Land, das Kriegern des *jihad* versprochen worden war, seither von denselben arabischen Clans gehalten worden. Jetzt holten sich die Christen durch Krieg zurück, was ihnen durch Krieg genommen worden war. Nun mußte es mit Sicherheit einen neuen *jihad*, einen Verteidigungskrieg, geben, der vom Nachfolger des Propheten, dem Kalifen von Bagdad, und von seinem Sultan angeführt werden würde.

Einer der heftigsten Befürworter dieser Idee war ein *qadi*, ein Richter, in Aleppo. Sein Name war Abu al-Fadl ibn al-Khashshab, und er war der berühmteste arabische Bewohner Aleppos. Er war der *ra'is*, hatte also eine Stellung mit den Aufgaben eines Bürgermeisters inne. Er wahrte die Interessen der Kaufleute, befehligte das Militär und – was am wichtigsten war – vertrat die Menschen gegenüber ihrem türkischen Herrscher Ridwan.

Ridwan hatte sich für ein versöhnliches Verhalten gegenüber den Franken entschieden. Dies war seinen arabischen Untertanen ein Dorn im Auge – eine Tatsache, die Ibn al-Khashshab ihm unermüdlich vorhielt. Als Tankred Ridwan gezwungen hatte, ein Kruzifix am Minarett der großen Moschee in Aleppo anzubringen, hatte Ibn al-Khashshab einen Aufstand angezettelt, um es wieder herunterzuholen. Nun hatte Tankred den Aleppanern einen Vertrag aufgenötigt, demzufolge sie ihm jährlich zwanzigtausend Dinare zahlen sollten. Ridwan hatte sogar eingewilligt, ihm seine zehn besten Pferde zu übergeben. Außerdem hatten die Franken nun alle Handelswege unter Kontrolle, und die Profite gingen zurück. Die Situation war unerträglich.

Wieder tauchte Ibn al-Khashshab in Ridwans Zitadelle auf, um Beschwerden vorzubringen und eine Abordnung zu verlangen, die nach Bagdad geschickt werden sollte, um Hilfe vom Sultan zu bekommen. Dies war eine Art von Hilfe, die Ridwan so sehr brauchte, wie er eine Überdosis Abführmittel brauchte. Tatsächlich hatte er mehr Angst vor dem Ehrgeiz seines Cousins, dem Sultan, als vor den Franken. Doch er mußte seinen *qadi* irgendwie ruhigstellen, und immerhin hatten frühere Abordnungen in Bagdad niemals irgend etwas ausgerichtet, und so stimmte er zögernd zu.

Ibn al-Khashshab machte sich mit einer Gruppe von Sufis – moslemischen Asketen –, Händlern und Rechtsgelehrten auf den Weg nach Bagdad. Insgeheim hatte er einen Plan, den er Ridwan nicht erzählt hatte. Er beabsichtigte keineswegs, den Sultan nur mit Worten zu überzeugen. Sobald er in Bagdad ankam, organisierte er einen ordentlichen Aufruhr für ein Eingreifen gegen die Franken.

Am Freitag, den 17. Februar 1111, stürmten er und seine Kumpane in die Moschee des Sultans, zwangen den Prediger, von der Kanzel zu steigen, und begannen, dieselbe in Stücke zu schlagen. *»Sie weinten und jammerten über das Elend, das den Islam mit der Ankunft der Franken heimgesucht hatte«*, schrieb Ibn al-Qualanisi, *»über die Männer, die gestorben waren, und die Frauen und Kinder, die in die Sklaverei geschickt wurden.«* Um sie, da sie die Gebete störten, ruhigzubekommen, machten die anwesenden kirchlichen Würdenträger verschiedene Versprechungen *»im Namen des Kalifen, daß man Truppen ausschicken werde, um den Islam vor den Ungläubigen zu schützen.«* Doch natürlich passierte nichts. Am Freitag darauf geschah das gleiche erneut – diesmal in der Moschee des Kalifen.

Der Kalif war wütend und wollte die Störenfriede bestrafen, aber was konnte er schon tun? Er war nur dem Namen nach ein Oberhaupt. Die wahre Macht hatte der türkische Sultan, und wenn, dann war es an ihm, für die Sache der Aufständischen einzutreten, um Bagdads Macht wiederherzustellen. Sein Feldherr Mawdud war ein erstklassiger militärischer Kommandant, der bereit war, die Kontrolle über die unabhängigen Emire von Syrien zu übernehmen. Der Sultan befahl, daß sich die Armee zum *»Heiligen Krieg gegen die ungläubigen Feinde Gottes«* bereit machen solle und schickte Mawdud zur »Rettung« seines Cousins Ridwan nach Aleppo.

Ridwan muß das Herz in die Hose gerutscht sein, als man ihm die Nachricht von seiner Rettung mitteilte. Er zweifelte nicht daran, daß sich dieser Feldzug ebensosehr gegen ihn wie gegen die Franken richtete. Er wagte nicht, sich unmittelbar zu widersetzen. Tatsächlich bat er Mawdud sogar, ihm zu Hilfe zu eilen. Als Ridwan jedoch sah, daß Mawduds Armee ziemlich klein war, verbarrikadierte er die Tore von Aleppo, sperrte Ibn al-Khashshab und seine Begleiter ein und legte Mawdud nahe, sich zu entfernen. Mawduds Truppen taten, was sie konnten, um die Umgebung Aleppos zu zerstören, und brachen dann auf, ohne einen einzigen Streich gegen die Franken geführt zu haben. Nichts, so schien es, konnte das Vordringen der christlichen Soldaten aufhalten.

Die große Angst der Franken

Natürlich sah es auf der anderen Seite des Zaunes ganz anders aus. Die Franken waren nur wenige an der Zahl, von Feinden umzingelt und sehr weit von ihrer Heimat. Fulcher von Chartres beschreibt lebhaft »die große Angst, die von jedem Besitz ergriff«:

»Zu dieser Zeit war es für einen Boten, der von uns ausgeschickt wurde, wegen der Fallen der Feinde unmöglich, bis zum König zu gelangen, genausowenig wie ein Bote von ihm zu irgendeiner unserer Städte vordringen konnte, deshalb wußten die Städte nicht, was der König tat, noch konnte er sagen, was sie taten.

Auf vielen Feldern verdorrte das reife Korn,
Und niemand ging auf die Felder, um es zu mähen. (Matthäus 9,37)

Denn niemand wagte es.«

Die Franken waren schwach, doch der Sultan konnte den entscheidenden Schlag nicht führen. Er versammelte eine weitere Streitmacht unter Mawdud. Diesmal zog Mawdud nicht nach Aleppo, sondern nach Damaskus; auch hier war er kein willkommener Gast. Doch der Emir von Damaskus wurde von König Balduin angegriffen und brauchte Hilfe. Er täuschte nach Kräften vor, hinter Mawdud und seiner Mission zu stehen. Eines Tages jedoch, als der Feldherr die große Moschee im Zentrum von Damaskus verließ, sprang ein Assassine hervor und stach ihm mit einem Messer zweimal genau über den Bauchnabel. *»Mawdud verlor nicht den Kopf. Er ging bis zum Nordtor der Moschee und brach dann zusammen.«*

Der Anschlag auf Mawdud just zu jenem Zeitpunkt, da er den *jihad* gegen die Franken führen wollte, gab Balduin die einmalige Gelegenheit, sich ein bißchen damit zu vergnügen, die Moslems zu necken. Er schickte einen Boten zum Emir von Damaskus, und informierte ihn darob, daß eine Nation, die ihren Führer im Hause ihres Gottes tötet, es verdiene, vernichtet zu werden. Fulcher von Chartres stieß indes einen Seufzer der Erleichterung aus, als dieser Feind hinfort war: *»Der Herr erlaubte ihm, uns eine Zeitlang zu geißeln, doch danach war es sein Wille, daß er einen schrecklichen Tod von der Hand eines unbekannten Mannes starb.«*

Auf jeden Fall mußte Sultan Mohammed seine Herrschaft über die Emire von Syrien festigen, ehe er die Franken angreifen konnte. 1115 schickte er eine weitere Streitmacht nach Syrien, und zwar unter Führung eines Mannes mit dem bildhaften Namen Bursuq ibn Bursuq. Diesmal war das Ziel eindeutig: die Emire zu unterjochen. Bursuq sah sich bei seiner Ankunft der gesammelten Macht Syriens gegenüber: die Truppen von Damaskus und Aleppo zusammen mit den Franken aus Jerusalem, Antiochia und Tripolis! Im Angesicht der Macht Bagdads hatten die Emire Syriens und die Franken Syriens einfach eine geschlossene Front gebildet.

Letztlich entstand dadurch eine neue regionale Identität. Es war nun nicht mehr möglich, gegen die Franken Bagdads einen *jihad* zu organisieren. Die türkischen Herrscher Syriens bewerteten ihre Unabhängigkeit zu hoch. Es war deutlich, daß sich die Franken eingefügt hatten; sie waren Teil der syrischen Gegebenheiten. Die Massaker ihres Eroberungszuges waren Vergangenheit. Die Truppen waren besser unter Kontrolle und brann-

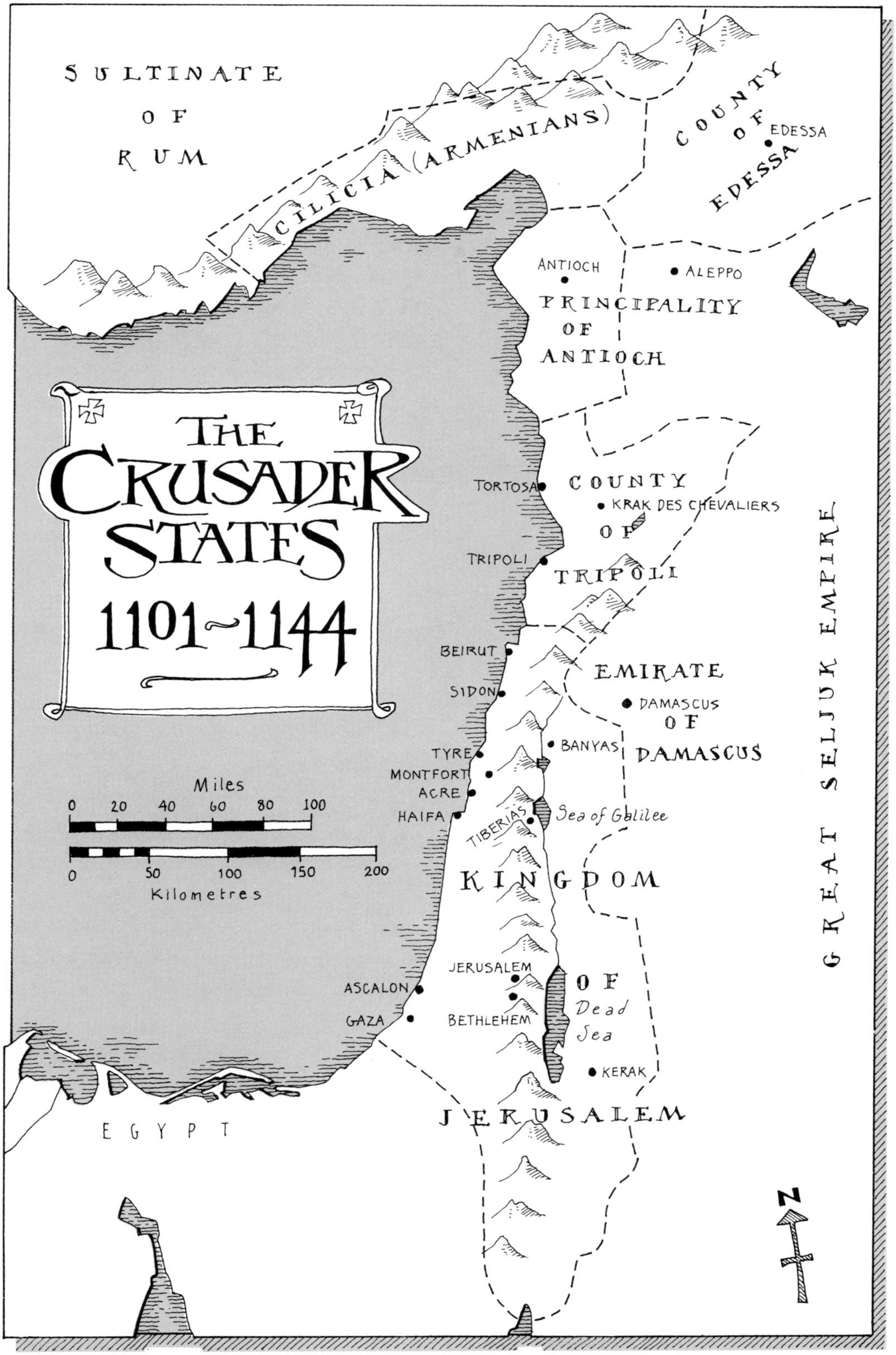
THE CRUSADER STATES 1101~1144
SULTINATE OF RUM
CILICIA (ARMENIANS)
COUNTY OF EDESSA
EDESSA
ANTIOCH
ALEPPO
PRINCIPALITY OF ANTIOCH
TORTOSA
COUNTY OF TRIPOLI
KRAK DES CHEVALIERS
TRIPOLI
BEIRUT
SIDON
EMIRATE OF DAMASCUS
DAMASCUS
BANYAS
TYRE
MONTFORT
ACRE
HAIFA
Sea of Galilee
TIBERIAS
KINGDOM OF JERUSALEM
JERUSALEM
ASCALON
GAZA
BETHLEHEM
Dead Sea
KERAK
EGYPT
GREAT SELJUK EMPIRE
Miles
0 20 40 60 80 100
0 50 100 150 200
Kilometres
N

ten nicht mehr vor grausamer Leidenschaft gegen die Ungläubigen. Man hatte sich an die Dinge gewöhnt. Und sie lernten immer mehr über ihre neue Heimat.

Im folgenden Jahr nahm König Balduin seine Truppen mit in die Ferien ans Meer, *»um zu sehen, was er noch nicht gesehen hatte, und vielleicht etwas auf dem Weg zu finden, das er gebrauchen könnte«*. Sie kehrten gutgelaunt und mit zahlreichen Muscheln zum Angeben von ihrem Ausflug ans Rote Meer zurück! *»Als sie uns erzählten, was sie gesehen hatten«*, schrieb Fulcher von Chartres, *»waren wir von ihren Geschichten genauso begeistert wie von den Muscheln und bestimmten hübschen Steinen, die sie mitgebracht hatten und uns zeigten.«*

Die neuen Franken aus dem Osten

Es schien wirklich so, als würden die Franken zu einem ständigen Teil der Gegend werden. Um 1125 schrieb Fulcher von Chartres, der sich in Clermont aufhielt, als der Aufruf zum Kreuzzug verkündet wurde: *»Wir, die wir Okzidentalen waren, sind nun Orientalen geworden. Er, der ein Römer oder ein Franke war, ist in diesem Land zu einem Galiläer oder einem Palästinenser geworden... Wir haben unsere Geburtsorte bereits vergessen... Er, der als ein Fremder geboren wurde, ist nun ein Einheimischer geworden.«*

Im Jahre 1118 starb König Balduin von Jerusalem. Sein Nachfolger war sein Cousin Balduin von Le Bourg, der Herrscher von Edessa. Balduin II. erbte ein Königreich, das ebenso feudal war wie jene Europas; er hatte Lehnsleute, die ihre Ländereien unter der Bedingung bekamen, daß sie ihren König mit Rittern ausstatteten. Doch es gab einen wesentlichen Unterschied zwischen diesem Königreich und denen in Europa. Auch hier waren die Herrscher lateinische Christen aus Europa. Ihre Untertanen aber nicht.

Es waren im Königreich immer mindestens siebenmal so viele Einheimische wie Franken, und wahrscheinlich niemals mehr als zweitausend Ritter. Die Herren bewirtschafteten das Land nicht selbst; sie blieben in den Städten und überließen das Land den Einheimischen. Man brauchte dringend Europäer, um die Bevölkerung wachsen zu lassen und jede Anstrengung wurde unternommen, um Bauern aus Europa dazu zu bewegen, sich hier in Häusern auf dem Land niederzulassen. Das Königreich war sich seiner Schwäche stets bewußt. Edessa, Tripolis und Antiochia waren besonders verwundbar; sie zogen nicht solch eine ständige Flut bewaffneter Pilger an wie Jerusalem.

Doch nun wuchs eine neue Generation heran: Franken, die in diesem Land geboren und herangewachsen waren. Sie wurden *pulani* – »Hühner« – genannt, und sie konnten sich nicht als Fremde verstehen. Syrische Gewohnheiten wurden zur Norm; man badete regelmäßig, die Männer trugen manchmal sogar Turbane, und sie lebten in palastartigen

Häusern, wie es sie in Europa nicht gab. Unter den etablierten Familien war der Haß auf die Moslems, der die ersten Kreuzfahrer getrieben hatte, geschwunden, doch die unablässig heranströmenden Neuankömmlinge hatten eine weniger gebildete Meinung vom Islam. Sie waren in der Regel von dem Ausmaß schockiert, in dem die Alten zu Einheimischen geworden waren, und taten, was sie konnten, um die Fremdenfeindlichkeit der Vergangenheit wieder aufleben zu lassen. Ein syrischer Adliger, namens Usama, der Freunde unter den Rittern Jerusalems hatte, beschrieb einmal, was geschah, als er auf dem Tempelberg an einer etwas abseits gelegenen Stelle betete. Er kniete und betete gen Mekka, als ein Franke ihn auf die Füße zerrte und sein Gesicht nach Osten drehte, wobei er sagte, dies sei die rechte Richtung für seine Gebete. Usamas Freunde eilten herbei, entschuldigten sich und erklärten, daß dieser Rüpel gerade erst im Osten angekommen sei und niemals vorher gesehen habe, wie jemand in eine andere Richtung betete.

Doch wie sehr die Franken auch glaubten, daß sie auf immer in Syrien bleiben würden, so wurden sie doch von den Moslems immer noch als Fremde und Thronräuber angesehen.

Suche nach einem Führer

Araber, die einen *jihad* gegen die fränkischen Siedler forderten, mußten aufhören, in Bagdad nach einem Führer für Syrien zu suchen. Dies war der Schluß, zu dem der *qadi* Ibn al-Khashshab in Aleppo kam. Der Tod Ridwans Ende 1113 bot ihm seine Chance: Er setzte Ridwans sechzehnjährigen Sohn Alp Arslan als neuen Herrscher ein und hielt ihn fest unter seinem Einfluß.

Doch es wurde bald offenbar, daß der neue Herrscher einige störende Marotten hatte. Nachdem er die meisten Gefolgsleute seines Vaters geköpft hatte, schien Alp Arslan Geschmack an derlei Beschäftigung zu finden. Er ließ zwei seiner Brüder hinrichten und ging dann zur Dienerschaft und zu allen anderen über, die nicht seiner Meinung waren. Bald wagte sich niemand mehr in die Nähe des Emirs, außer seinem Eunuchen Lulu (Perle), und selbst dieser hatte nach zehn Monaten genug. Im September 1114 tötete Lulu seinen Herren und versuchte, selbst die Herrschaft zu übernehmen. Noch ehe drei Jahre vorüber waren, war auch Lulu ermordet, und Aleppo stürzte ins Chaos.

Ibn al-Khashshab versammelte die Besten der Stadt um sich. Sie brauchten einen starken Herrscher, der sie aus dem Chaos zu befreien und die Franken zu bekämpfen vermochte. Bagdad mußten sie vergessen; sie mußten ihr Schicksal in die eigenen Hände nehmen. Aussichtsreichster Kandidat hätte der Emir von Damaskus sein können, doch der Haß und das Mißtrauen zwischen den beiden Städten war so groß, daß er nicht wirklich in Frage kam. Ibn al-Khashshab machte daher einen höchst ungewöhnlichen Vorschlag.

Dieses Bild von einem Christen und einem Moslem, die zusammen Schach spielen – ein ursprünglich persisches Spiel; »Schachmatt« kommt von »Schah mate« (»der Schah ist tot«) – illustriert sehr schön das Maß an Eingliederung ihrer Vorgänger, das die neuankommenden Kreuzfahrer zutiefst verunsicherte. Der Moslem führte die schwarzen Figuren und hat das Spiel für sich entschieden. Der Christ hat aufgegeben und macht das Zeichen für »Frieden«, während sein Gegner anscheinend eine kleine Erfrischung vorschlägt.

Ilghazi

Ilghazi, der türkische Emir von Mardin, das östlich von Aleppo lag, war ein Trunkenbold, der die fränkische Allianz gegen den *jihad*-Versuch des Sultans Mohammed unterstützt hatte. Mit Sicherheit zog mancher die Augenbrauen hoch, als der *qadi* Ilghazi als neuen Emir von Aleppo vorschlug. Doch es waren schlechte Zeiten. Ilghazi war ein guter Feldherr, abgesehen von seiner Schwäche für die Flasche, und – was das wichtigste war – er hatte den Willen zu kämpfen. Und so bot man Ilghazi an, Aleppo und damit den Kampf gegen die Franken zu übernehmen. Noch im selben Jahr sollte diese ungewöhnliche Politik ein spektakuläres Ergebnis nach sich ziehen.

Zu Beginn des Sommers 1119 verbündete sich Ilghazi mit dem Emir von Damaskus und stellte eine riesige Armee auf. Dann marschierten sie gegen Antiochia. Sowohl Tankred als auch Bohemond waren am Fieber gestorben, und Antiochia wurde nun von Tankreds Neffen Roger regiert. König Balduin befahl Roger, auf ihn zu warten, während er die Armee von Jerusalem sammelte. Die Franken nahmen die Bedrohung offenbar sehr ernst, denn Balduin rüstete seine Armee sogar mit einem Teil des Wahren Kreuzes aus.

Doch Roger beschloß, nicht auf die Verstärkung zu warten. Er ließ die ganze Armee von Antiochia auf Aleppo marschieren und bereitete sich darauf vor, die Moslems anzugreifen. Daß das ein Fehler war, erkannte er erst, als es zu spät war. Am Samstag, dem 28. Juni stellten die Franken beim Aufwachen fest, daß ihr Lager von einer riesigen moslemischen Armee umzingelt war. Roger und seine Männer müssen gewußt haben, daß sie nun dran waren – ehe sie sich in die hoffnungslose Schlacht stürzten, nahm der Erzbischof von Apamea der gesamten Armee die Beichte ab.

Die Moslems griffen an. Der *qadi* Ibn al-Khashshab ritt an ihrer Spitze. Ibn al-Qalanisis zufolge, der zu dieser Zeit Mitte vierzig war, *»lagen die Franken alle in weniger als einer Stunde tot da... ihre Pferde sahen durch die Pfeile, die in ihnen steckten, so stachelig wie Igel aus.«* Nach Kemal ad-Din, dem Historiker von Aleppo, wurden nur zwanzig Moslems getötet, und nicht mehr als zwanzig Franken konnten fliehen. Unter den Toten war der unbekümmerte Roger selbst, der am Fuße seines juwelengeschmückten Kreuzes lag, sein Kopf an der Nase gespalten.

Die fränkischen Gefangenen, die noch am Leben waren, schleifte man in Ketten über die Ebene und ließ sie dann von Soldaten foltern und töten. Fast die gesamte normannische Ritterschaft des lateinischen Ostens wurde ausgelöscht. Die Schlacht hieß im fränkischen Königreich von nun an »das Blutfeld«.

Die Nachricht von dieser Katastrophe versetzte Antiochia in helle Aufregung. Da Roger tot war, übernahm der Patriarch die Herrschaft und begann, die Händler und sogar die Männer der Kirche zu bewaffnen, um sich auf das Gemetzel vorzubereiten, das mit Sicherheit folgen würde.

Nichts passierte.

Ilghazi verteilte die Beute an seine Männer und kehrte dann nach Aleppo zurück, um zu feiern. Es gab viel zu feiern. Nach all der Unsicherheit und den düsteren Aussichten der vorangegangenen Jahre spielte Aleppo verrückt. Ilghazi war der Held des Tages: »*Nach Gott bist du es, dem wir vertrauen*«, sangen die Dichter in den Straßen der Stadt. Die Feiern dauerten tagelang. Das Problem war nur, daß der Held – als die Stadt zu feiern aufhörte – alleine immer weiter und weiter feierte... und als er endlich damit aufhörte, dann nur deshalb, weil er zu krank war.

Drei Jahre später starb Ilghazi, vom Alkohol zugrunde gerichtet, ohne noch einen entscheidenden Schlag geführt zu haben. Doch von nun an suchten die Syrer nicht mehr in Bagdad nach einem Führer gegen die lateinische Invasion.

Balak – der tobende Drache

In der Zwischenzeit war jedoch ein neuer Stern am moslemischen Firmament aufgegangen. Es war dies Ilghazis Neffe Balak – ein nüchterner Mann, gerade vierzig Jahre alt und ein brillanter Feldherr. In seiner kurzen Karriere entzündete er die Hoffnungen der Moslems und verbreitete das Grauen unter den Franken. Auf einer überraschend großen Anzahl von Seiten beherrscht »Belek« die Alpträume des Fulcher von Chartres.

Balaks Ruf hatte zu wachsen begonnen, als er im Jahre 1122 den Cousin König Balduins II., Joscelin, gefangennahm. Im Jahr darauf wuchs der Ruf noch mehr, als er auch König Balduin selbst einsperrte. 1124 dann machte sich Balak selbst zum Herrscher von Aleppo und startete von hier mit der Rückeroberung fränkischer Außenposten im Norden.

Als dieser Triumphzug eine kleine Unterbrechung erfuhr, handelte Balak mit rücksichtsloser Entschlossenheit: Im August gelang es Joscelin und Balduin, die Festung, in der sie eingesperrt waren, in ihre Hand zu bekommen. Joscelin flüchtete dann durch feindliches Territorium, überquerte den Euphrat mit Hilfe zweier aufgeblasener Weinschläuche (er war Nichtschwimmer) und brachte schließlich die Nachricht von ihrem Abenteuer nach Jerusalem.

Doch noch ehe man Hilfe ausschicken konnte, hatte Balak die Festung bereits zurückerobert. Balaks Harem war in der Burg gewesen, und man war wahrscheinlich in ihn eingedrungen. Er ließ sich auf nichts ein. Jeder, der die Burg gegen ihn verteidigt hatte – ob Franke oder Armenier, Mann oder Frau – wurde über die Zinnen geworfen. Nur Balduin und zwei andere wurden verschont.

1124 erhielt Balak einen dringenden Hilferuf von den Einwohnern von Tyros, die sich fränkischer Belagerung ausgesetzt sahen. Balak selbst belagerte gerade eine Burg namens Manbij, beschloß aber, Tyros sofort zu Hilfe zu kommen. Bei einer letzten Inspektionsrunde seiner Belagerungsstreitmacht vor Manbij traf ihn jedoch eher zufällig ein Pfeil in die Brust. Er zog sich den Schaft heraus, spuckte aus und murmelte: *»Dieser Schlag wird für alle Muslime fatal sein.«* Dann fiel er tot zu Boden.

Balak hätte der große Führer des *jihad* sein können, um den Ibn al-Khashshab gebetet hatte. Mit Sicherheit machte Fulcher von Chartres kein Geheimnis aus der Erleichterung der Franken, als *»der tobende Drache«* sich von den Seiten seiner Chronik verabschiedete: *»Und wir priesen alle Gott, denn Belek, der tobende Drache, der das Christentum niedergehalten und mit Füßen getrampelt hatte, war endlich erstickt.«*

Als Balak tot war, kapitulierte Tyros. Die Franken hielten nun die gesamte Küste zwischen Ägypten und Antiochia. Aleppo taumelte unter der unfähigen Herrschaft von Timurtash, Ilghazis neunzehnjährigem Sohn, dessen einzige Leistung für den Heiligen Krieg darin bestand, König Balduin für ein Lösegeld von zwanzigtausend Dinaren freizukaufen und auf diese Weise die Energie der Franken neu zu entfesseln.

Ein Jahr später erlitt der *jihad* einen weiteren tödlichen Schlag, jedoch nicht von den Franken, sondern von Feinden aus den eigenen Reihen – den Assassinen. Der Mann, der am meisten versucht hatte, das Feuer des Heiligen Krieges unter den Moslems anzufachen, Ibn al-Khashshab, war kein Freund der geheimen Sekte der Assassinen. Für ihn war deren gemeinsame Sache mit den Franken Hochverrat. Ridwan hatte den Assassinen gestattet, sich in Aleppo niederzulassen, und Ibn al-Khashshab hatte ihnen gegenüber nach Ridwans Tod keine Gnade gezeigt. Es war unausweichlich, daß die Organisation Rache nehmen würde. Eines Tages, im Sommer 1125 wurde er beim Verlassen der Moschee getötet.

Während der nächsten Jahre wüteten die Assassinen fast im gesamten moslemischen Syrien, ermordeten die neuen Emire von Mossul und Aleppo, nisteten sich in Damaskus ein und knüpften immer engere Bande mit den Franken Jerusalems. Es war die schwärzeste Zeit für die arabische Welt, doch Rettung nahte. *»Syrien wäre ganz der Gnade der Franken ausgeliefert gewesen«*, schrieb Ibn al-Athir, *»und niemand hätte seine Bewohner verteidigt; doch Gott in seiner Gnade gegen die Moslems gefiel es, Imad ed-Din Macht zu schenken.«* Dies war Imad ed-Din Zengi, der Führer, um den sie gebetet hatten.

Der Vormarsch beginnt

In vielerlei Hinsicht war Imad ed-Din Zengi ein ungewöhnlicher Führer des Islam. Seine erste Entscheidung war es, 1126 einen Aufstand in Bagdad niederschlagen zu lassen, der vom Anführer der islamischen Welt, dem Kalifen, organisiert worden war, welcher sich von seinen seldschukischen Oberherren befreien wollte. Doch Zengi sollte als der Mann gepriesen werden, der die islamische Welt auf den Weg zur Wiedererlangung ihres zerstörten Stolzes führen würde. *»Bevor er an die Macht kam, hatten das Fehlen starker Herrscher, die das Recht durchsetzten, und die Anwesenheit der Franken das Land zu einer Wildnis gemacht, doch er ließ es wieder erblühen«*, schrieb Ibn al-Athir.

Zengi scheint ein einfacher, strenger Mann gewesen zu sein, den man öfter auf einer Strohmatte in seinem Zelt vorfand als in einem seiner vielen Paläste. Er war ein starker Trinker, doch er verlangte von seinen Truppen die strikteste Disziplin. Die arabischen Chronisten sind sich in ihrem Lob für die Art einig, in der Zengi die Zivilbevölkerung vor jener Art Verwüstung bewahrte, die Armeen normalerweise verursachen.

Kemal ed-Din, der Geschichtsschreiber von Aleppo, berichtet, daß Zengis Truppen beim Verlassen Aleppos den strikten Befehl hatten, nicht auf Getreide zu treten, und daß sie so gewissenhaft gehorchten, daß *sie »zwischen zwei Seilen zu gehen schienen«.*

Zengi erweckte sogar bei den wichtigsten seiner Gefolgsleute Angst. Ibn al-Athir erzählt die Geschichte eines Emirs, der sich bei einem Juden in der Stadt Daquqa einquartiert hatte, die ihm Zengi als Lehen gegeben hatte. Der Jude freute sich nicht besonders über die Gesellschaft des Emirs und wandte sich an Zengi, der ihm recht gab. Zengi brauchte nicht mit dem unerwünschten Gast zu diskutieren: *»Er blickte den Emir bloß an, und dieser packte seine Sachen und ging.«* Zengis Aufstieg zur Spitze hatte kurz nach der niedergeschlagenen Revolte des Kalifen begonnen. Der Sultan von Bagdad belohnte ihn mit der Herrschaft über Mossul und stimmte dann der Einnahme Aleppos durch ihn zu. Damit hatte Zengi eine starke Basis, von der aus er die Franken bedrohen konnte, doch es sollte noch neun Jahre dauern, bis er das Königreich der Kreuzfahrer angriff.

Im Jahre 1131 starb König Balduin II. von Jerusalem. Sein Nachfolger war sein Schwiegersohn, Graf Fulk von Anjou. 1137 lockte Zengi Fulks Armee in einen Hinterhalt, und der König und sein Leibwächter suchten schließlich Schutz in einer Festung nordöstlich von Tripolis. Sie wurden umzingelt, und bald gingen ihnen die Vorräte aus. Sie waren bereits gezwungen, ihre eigenen Pferde zu essen, als Zengi ihnen Kapitulationsbedingungen nannte. Sie konnten ihr Glück kaum fassen, bezahlten 50.000 Dinare und durften unversehrt von dannen ziehen.

Bald darauf dürften sich die Franken jedoch vor Wut in den Hintern gebissen haben, denn eine riesige Befreiungsarmee unter Führung des Kaisers von Byzanz näherte sich. Hätten sie nur etwas länger ausgehalten, hätte Zengi die Belagerung aufgeben müssen. Es war ein großer Sieg für den moslemischen Führer, und einer, der ihm ermöglichte, der Region wieder zu Wohlstand zu verhelfen.

Da sein Prestige nun stieg, ließ Zengi seinen Blick zwangsläufig nach Damaskus schweifen. Der fränkische Chronist William von Tyros reagierte sehr hochnäsig auf solchen Ehrgeiz: *»Zengi, der von seinen Erfolgen ordentlich aufgebläht war, wagte es wie ein ruheloser Wurm, danach zu streben, das Königreich von Damaskus zu erobern.«*

Auch die Einwohner von Damaskus waren von seiner Aufmerksamkeit nicht gerade begeistert. Sie trauten Zengi keinen Millimeter über den Weg.

Ihre Angst verflüchtigte sich nicht, als Zengi ihnen die nahegelegene Stadt Baalbek nahm. Obschon er auf den Koran geschworen hatte, daß er die Leben der Verteidiger verschonen werde, wenn sie sich ergäben, ließ Zengi siebenunddreißig von ihnen kreuzigen und ihren Kommandanten bei lebendigem Leib verbrennen. Wenn er nun den guten Bürgern von Damaskus seinen Schutz anbieten wollte, so war das eine Sorte von Schutz, auf die sie gut verzichten konnten.

Der Statthalter von Damaskus, Unur, war in der Tat so wenig angetan, daß er König Fulk von Jerusalem eine Nachricht schickte, in der er ein Bündnis gegen Zengi anbot, den er *»diesen grausamen Feind, der beiden Königreichen gleich gefährlich ist«*, nannte. Unurs Angebot wurde von den Franken angenommen, und die erstaunte Welt erlebte eine riesige fränkische Armee unter dem König von Jerusalem, die ihren moslemischen Nachbarn in Damaskus zu Hilfe kam.

Zengi zog sich zurück, und die fränkische Armee vereinigte ihre Kräfte mit denen von Damaskus, um die Festung Banyas zurückzuerobern, die an Zengi gefallen war und die Unur den Franken als Gegenleistung für ihre Hilfe versprochen hatte. *»Dann hätte man einen seltsamen und neuen Anblick erleben können«*, schrieb William von Tyros, *»als feindliche Menschen ihren Feind zum heftigsten Krieg ermunterten, und als Verbündete, die sich zur Zerstörung eines gemeinsamen Feindes bewaffnet hatten... waren Christen und Damaszener gleichen Mutes und vereint in ihrem Ziel.«*

Banyas kapitulierte schließlich und wurde den Franken in einer unnatürlich zivilisierten und ordentlichen Weise übergeben. Es gab kein Massaker an den Einwohnern, keine Plünderung, und der vormalige Emir von Banyas erhielt sogar eine Pension aus den Erträgen der öffentlichen Bäder und Gärten, mit der er seinen Ruhestand genießen konnte!

Zengi nimmt Edessa ein

Um Damaskus nehmen zu können, mußte Zengi dessen Verbündete – die Franken – schwächen. Und so richtete er seinen Blick auf das, was er für den verwundbarsten christlichen Außenposten hielt: Edessa. 1144, nach dem Tod von König Fulk, überwarf sich Joscelin von Edessa mit seinem Nachbarn und Oberherrn Raimund von Antiochia so sehr, daß *»jeder sich am Elend des anderen erfreute und über jedes weitere Unglück frohlockte«*. Das half. Ende 1144 lockte Zengi Joscelin fort, indem er einen anderen türkischen Prinzen angriff, mit dem Joscelin gerade einen Bündnisvertrag unterzeichnet hatte. Sobald Joscelin und seine Armee unterwegs waren, ihrem neuen Verbündeten beizustehen, wandte sich Zengi um und begann, Edessa zu belagern.

Die Verteidigungsanlagen Edessas waren nicht mehr das, was sie einmal gewesen waren. Die einstigen Herren von Edessa hatten wirklich in der Stadt gewohnt und sichergestellt, daß sie mit allem versorgt war, was für eine mögliche Belagerung notwendig war. Joscelin jedoch hatte seinen Wohnsitz in Tubessel, *»weit weg von den Störungen seiner Feinde«*, hielt William von Tyros mißbilligend fest.

Die einheimischen Bewohner Edessas, fährt der Chronist fort, *»hatten keinerlei Ahnung von Waffen und kannten nur den Handel ... Der Schutz der Stadt lag gänzlich in der Hand von Söldnern.«* Mehr noch, diese Söldner wurden nicht bezahlt, und ihre Zahl verringerte sich aus diesem Grund schnell. William von Tyros beschuldigte nicht nur Joscelin, sondern auch den Erzbischof von Edessa, Dekan Hugo: *»Obwohl man sagte, er habe große Reichtümer angehäuft, die er hätte verwenden können, um Truppen zur Verteidigung der Stadt zu bezahlen, zog er es vor, sein Geld wie ein Geizkragen zu horten, eher denn an seine leidenden Mitmenschen zu denken.«* All dies war Zengi vermutlich wohlbekannt, denn er hatte sein Agentennetz weithin ausgebreitet.

Die Mauern Edessas waren massiv und wurden von hohen Türmen bewacht. Doch, wie William von Tyros es ausdrückt, *»Mauern, Türme und Wehrgänge nützen nur wenig, wenn niemand sie bemannt«*. Vier Wochen lang warf Zengi alles, was er hatte, gegen die Stadt. Schließlich, am Weihnachtsabend 1144, ging Zengi persönlich in die Tunnel, die seine Mannen unter die großen Mauern gegraben hatten. Als er mit der Inspektion fertig war, gab er den Befehl, die Holzstützen und Streben, die die Tunnel stützten, anzuzünden. Sobald das Feuer brannte, fielen die hölzernen Stützen nach und nach in sich zusammen und brachten die Mauern von Edessa zum Einstürzen. Zengis Truppen strömten hinein.

Beim ersten Ansturm rannten die verzweifelten Bewohner zur Zitadelle, um dort Schutz zu suchen. Doch ein Schock erwartete sie dort. Erzbischof Hugo hatte befohlen, die Tore der Zitadelle vor ihnen zu verschließen. In der Panik, die darauf folgte, wurden Tausende von Männern, Frauen und Kindern zu Tode getrampelt. Der Rest, einschließlich des

Erzbischofs selbst, wurde von Zengis Truppen hingemetzelt. Viele beschuldigten den Erzbischof. *»Ein unappetitlicher Ruf wird seinem Gedenken stets anhängen«*, brummelte William von Tyros. *»Denn schrecklich sind die Worte der Schrift bezüglich Männern seiner Sorte: ›Dein Geld soll mit dir untergehen.‹«*

Zengi stoppte schließlich das Massaker an den Bewohnern. Er tötete die Franken und verkaufte ihre Frauen in die Sklaverei, doch er verschonte die einheimischen Christen. Er zerstörte auch die lateinischen Kirchen, ließ die armenischen, jakobinischen und griechischen Kirchen jedoch unberührt. Er machte sehr deutlich, daß sein *jihad* sich gegen die Franken richtete – nicht gegen alle Christen. Er zeigte sogar Wohlwollen gegenüber dem syrischen Bischof, Basil, der auf die Frage seiner zukünftigen Loyalität stolz antwortete, daß seine bisherige Loyalität gegenüber den Franken zeige, wie fähig er dazu sei. Zengi badete in unvergleichlichem Ruhm. Er war der gefeierte Held der arabischen Länder, und er sammelte unzählige Titel, wie der Chronist Ibn al-Qalanisi berichtet:

> *»Der Emir, der Feldherr, der Große, der Gerechte, der Arm Gottes, der Triumphierende, der Einzigartige, die Säule der Religion, der Eckpfeiler des Islam, Schmuck des Islam, Beschützer von Gottes Geschöpfen, Mitglied der Dynastie, Bewahrer der Lehre, Pracht des Landes, Ehre der Könige, Unterstützer des Sultans, Sieger über die Ungläubigen, Rebellen und Atheisten, Führer der moslemischen Armeen, der siegreiche König, der König der Prinzen, die Sonne der Bedürftigen…«*

Und so weiter und so weiter. Tatsächlich entschuldigt sich Ibn al-Qalanisi sogar dafür, nicht immer korrekt alle Titel Zengis zu verwenden, wenn er ihn erwähnt, weil er sonst keinen Platz mehr für irgend etwas anderes hätte.

Die Einnahme Edessas hob die Stimmung und die Moral in der gesamten moslemischen Welt. Die erste Eroberung der Kreuzritter war ihnen wieder abgerungen worden. Die anderen, so schien es, würden sicherlich folgen. Und aus den Reihen der Flüchtlinge waren neue Stimmen zu hören, die erklärten, daß der *jihad* nicht nur ein Verteidigungskrieg, sondern ein Gegen-Kreuzzug sei: ein Heiliger Krieg, der die Franken aus dem Heiligen Land vertreiben und Jerusalem dem Islam wiedergeben solle.

Doch es sollte nicht Zengi sein, der dafür sorgte.

Zwei Jahre, nachdem er Edessa erobert hatte, schlief er nach Genuß einer ziemlich großen Menge Alkohols in seinem Zelt, *»vollgefüllt mit Wein und unnatürlich betrunken«*, höhnt William von Tyros. Er wachte auf und sah, wie einer seiner Eunuchen aus seinem, Zengis, Becher trank. Zengi murmelte einige trunkene Drohungen, was er mit dem Kerl tun werde, und schlief wieder fest ein. Der Eunuch war so erschreckt, daß er, sobald er sicher war, daß der große Mann fest schlief, ein Messer nahm und ihn erstach. Dann floh der Mörder.

»Und doch schlummerte er mitten in einer stolzen Armee, umringt von seinen Tapferen mit ihren Schwertern. Er starb, und weder Reichtümer noch Macht nützten ihm etwas«, schrieb Ibn al-Qalanisi.

Nur ed-Din – der heilige König

Die Disziplin, die Zengi mit eiserner Hand erzwungen hatte, löste sich auf, als breche sie aus einem steifen Kragen aus. Seine Schätze wurden geplündert, und seine Feinde kamen plötzlich aus den Wäldern. *»Seine Schätze wurden die Beute anderer, zerstreut von seinen Söhnen und Beratern«*, berichtet Ibn al-Qalanisi. *»Bei seinem Tod ritten seine Feinde vor und zogen ihre Schwerter, die sie zu seinen Lebzeiten nicht zu ziehen gewagt hatten.«* Städte und Festungen wurden von denen zurückerobert, von denen Zengi sie genommen hatte, und die Franken begannen aufs neue, über die Grenzen zu drängen, während sein ältester Sohn Saif ed-Din nach Mossul eilte, um seinen Erbanspruch im Osten geltend zu machen.

Sein zweiter Sohn jedoch hielt inmitten des Aufstandes im Lager aus, um eine symbolische Geste zu machen, die in den nächsten Jahren Bedeutung gewinnen sollte. Er ging in das Zelt, in dem die Leiche seines Vaters lag, zog Zengi den Siegelring vom Finger und steckte ihn sich selbst an. Dann eilte er nach Aleppo, begleitet von seinem treuen Feldherrn Shirkuh, um es zu übernehmen.

»Nur ed-Din war ein großer, dunkelhäutiger Mann mit einem Bart, aber keinem Schnauzbart«, schrieb Ibn al-Athir in seinem Lobgesang. Er hatte *»eine schöne Stirn und einen angenehmen Gesichtsausdruck, der von seinen wunderschönen, schmelzenden Augen verstärkt wurde«*. Bezeichnender war jedoch, daß er das türkische Gegenstück eines *pulan* war: Er gehörte einer neuen Generation von Türken an, die arabischer waren als ihre Väter.

Arabisch zu sein, bedeutete, noch mehr in die Welt der Religion einzudringen. Nur ed-Din schätzte Gelehrte und Männer der Religion hoch und ging sogar so weit, *»sich in ihrer Gegenwart zu erheben und sie zu bitten, sich neben ihn zu setzen. Er studierte viele religiöse Bücher… widmete sich gewissenhaft dem Gebet… und wünschte sich sehnsüchtig, Gutes zu tun.«*

Während Zengi grausam und skrupellos gewesen war, glaubte Nur ed-Din, aufrecht und gerecht auftreten zu müssen. Hatte Zengi keine Schwierigkeiten gehabt, die Flasche zu leeren, lehnte Nur ed-Din Alkohol ab und verbot 1148 das Trinken von Wein in seinem Lager. Er untersagte seinen Truppen sogar, Musik zu hören und verbot Instrumente wie *»das Tambourin, die Flöte und andere Objekte, die nicht gottgefällig waren«*. Nur ed-Din war, kurz gesagt, ein islamischer Fundamentalist.

Wie man eine Burgmauer zum Einsturz bringt – in diesem Fall im Schutze eines Daches auf Rädern, *mantelet* genannt, das die Verteidiger mit Steinen und griechischem Feuer zu zerstören suchen.

»Ich habe von den Leben der alten Könige gelesen«, schreibt Ibn al-Athir, *»und nach den wohlgeleiteten Kalifen und Umar II.* (die idealen Herrscher nach orthodoxer sunnitischer Überlieferung) *habe ich keinen gefunden, der ein aufrechterer oder strengerer Verteidiger der Gerechtigkeit war... Unter seinen Tugenden waren Strenge, Frömmigkeit und Wissen über die Lehren der Kirche.«* Er kehrte jeder Ausschweifung den Rücken und bot ein Bild der Armut und Bescheidenheit. Nur ed-Dins Frau beschwerte sich einmal über seine ausufernde Härte:

> *»Und so übergab er ihr aus seinem Privatvermögen drei Läden in Homs, die ihr ungefähr zwanzig Dinar im Jahr einbringen würden. Als sie sich beschwerte, daß dies nicht viel sei, sagte er: ›Ich habe nicht mehr. Für alle Reichtümer, über die ich zu verfügen habe, bin ich bloß der Verwalter der moslemischen Gemeinschaft, und ich beabsichtige nicht, sie zu betrügen oder mich selbst für dich in die Hölle zu bringen.‹«*

Kemal ad-Din fügt hinzu: *»Nur Ed-Din lehnte luxuriöse Kleidung ab und hüllte sich statt dessen in grobes Tuch.«* Er bestand sogar darauf, sich selbst nicht Nur ed-Din (»Licht der Religion«) nennen zu lassen, sondern einfach *»Mahmud«*. Vor der Schlacht betete er: *»Oh Gott, gib dem Islam und nicht Mahmud den Sieg. Wer ist dieser Hund Mahmud, daß er den Sieg verdiente?«*

Einziges Problem an all dieser Bescheidenheit und Frömmigkeit war, daß sie auch gut als Mittel der Politik taugten, und seine Feinde zögerten nicht, ihn der Heuchelei zu beschuldigen. Mehr noch, Nur ed-Din selbst bediente sich dieser Mittel, wo er nur konnte. Er schuf eine riesige Propagandamaschinerie, ein Netz aus Gelehrten und Autoren, die Reden, Predigten, Gedichte, Bücher, Umläufe, Briefe und Inschriften zuhauf erstellten. Kurz gesagt, er bot sich den Menschen gezielt so dar, wie er von ihnen gesehen werden wollte.

Deshalb muß man die Loblieder von Hofschreibern wie Ibn al-Athir mit einem gewissen Mißtrauen lesen. Und doch scheint etwas wirklich Bemerkenswertes an diesem neunundzwanzigjährigen Mann gewesen zu sein, der 1146 die Führung des Kampfes gegen die Franken übernahm, und nur wenige zweifelten an seiner Ernsthaftigkeit. Sogar seine fränkischen Feinde beschrieben ihn als frommen Staatsmann. *»Nureddin... war ein weiser und besonnener Mann, und in der abergläubischen Tradition seiner Leute auch einer, der Gott fürchtete«*, schrieb William von Tyros.

Das Ziel, das Nur ed-Din sich gesteckt hatte – vom ersten Augenblick an, da er an die Macht kam – drückte sich in dem Wahlspruch *»jihad* und Einigkeit« aus. Einigkeit bedeutete natürlich »Einigkeit unter dem Banner Aleppos«. Dies war der Grund, weshalb der Statthalter von Damaskus gar nicht begeistert von der ganzen Angelegenheit war. *Jihad* bedeutete totalen Krieg und die Wiedereinsetzung Jerusalems, dessen Bedeutung als islamischer Schrein nun stärker betont wurde als in der Vergangenheit. Nur ed-Din ließ sogar in Aleppo eine Kanzel bauen, die bereitstand, in der Jerusalemer Al-Aksa-Moschee aufgebaut zu werden, sobald der große Tag gekommen wäre.

Es mag nun scheinen, daß jeder Führer, der bereit war, den *jihad* zu erklären, die volle Unterstützung aller Männer des Glaubens erhalten würde. Doch so war es nicht. Die Männer des Glaubens in der islamischen Welt hatten während des vorangegangenen halben Jahrhunderts fränkischer Belagerung keine rechte Begeisterung für einen *jihad* gezeigt. Es gab Ausnahmen, wie Al-Harawi in Damaskus und Al-Khashshab in Aleppo, doch hauptsächlich konzentrierten sich Energie und Begeisterung des religiösen Establishments auf innere Streitigkeiten mit Vertretern der eigenen Religion, die leicht abweichende Meinungen vertraten – wie insbesondere die Schiiten. Die Schlacht gegen die Nicht-Orthodoxen schien den meisten sunnitischen Führern des Islams sehr viel wichtiger als der Kampf gegen die westlichen Christen.

Das galt auch für Nur ed-Din. 1149 verbannte er die Schiiten aus Aleppo, und 1158 war er sogar bereit, mit brutaler Gewalt eine schiitische Rebellion in seiner Hauptstadt zu unterdrücken. Nur ed-Din vermischte die Idee des *jihad* mit sunnitischer Orthodoxie. Diese beiden verband er so sehr, daß die sunnitischen Religionsführer seine begeistertsten Anhänger wurden.

Nur ed-Din hatte auch weniger Zerstreuung als Zengi. Dieser war Herr von Mossul und Aleppo gewesen; Mossul lag weit im Osten, und Zengi mußte genauso sehr auf die Probleme Bagdads wie auf die fränkische Grenze achten. Die irakische Seite ihres Erbes ging jedoch in die Hände von Nur ed-Dins Bruder über, Seif ed-Din. Wunder über Wunder: Diese beiden Brüder halfen und unterstützten einander, so daß Nur ed-Din in der Lage war, sich auf seine westlichen Nachbarn zu konzentrieren.

Verlust und Rückeroberung Edessas

Sobald Nur ed-Din die Amtsgeschäfte übernommen hatte, besaß er auch die Macht. Joscelin, der ehemalige Herrscher Edessas, versuchte, Ansprüche auf seine alte Stadt zu erheben und ließ sich – mit der stillschweigenden Duldung der armenisch-christlichen Ein-

Umseitig: Abrahams Teiche in Edessa (heute Sanli Urfa in der südlichen Türkei), in der Nähe eines der zahlreichen Orte gelegen, in denen Abraham geboren worden sein soll. Die Legende erzählt, daß Nebukadnezar Abraham mit einem Katapult von der hochgelegenen Zitadelle in ein tief unten loderndes Feuer schleudern ließ; Gott aber verwandelte das Feuer in Wasser, und Abraham überlebte, wenn auch patschnaß.

wohner – wieder in der Stadt nieder. Nur ed-Din reagierte mit einer Promptheit und Entschlossenheit, die jeden überraschte, besonders den trägen und genußliebenden Joscelin, *»ein fauler, untätiger Mann, der sich niederen und zügellosen Genüssen verschrieben hatte«*, wie sich William von Tyros liebenswürdig an ihn erinnert.

Schneller als irgendwer für möglich gehalten hätte, umzingelte Nur ed-Din Edessa. Panik entstand unter den Christen. Joscelin und seine Anhänger, die keine Zeit gehabt hatten, eine Verteidigung aufzubauen, liefen wie kopflose Hühner herum. Schließlich entschieden sie sich für das damals hochangesehene militärische Manöver namens »Sich-aus-dem-Staub-machen«.

Den armenischen Zivilisten, die sie unterstützt hatten, blieb keine andere Wahl, als mit den fränkischen Truppen zu fliehen; ansonsten drohte ihnen die Strafe für Verrat. Die Tore wurden geöffnet, und ein Chaos folgte, *als »eine große Menge aller Ränge und Klassen«* nach draußen drängte, während die Türken gleichzeitig versuchten, hineinzukommen. William von Tyros schreibt:

> *»Dort konnte man ein sehr trauriges Spektakel sehen. Eine hilflose Menge unkriegerischer Stadtbewohner, alte Männer und Kranke, Matronen und zarte Jungfrauen, alte Frauen und Kleine, sogar Säuglinge an der Brust, alle drängten sich im engen Torweg zusammen. Manche kamen unter die Hufe der Pferde; andere, die von der vorwärtsdrängenden Masse eingequetscht wurden, erstickten; während wieder andere unter dem gnadenlosen Schwert der Türken fielen.«*

Schließlich gewann die Panik der Fliehenden die Oberhand. Die Franken schlugen sich einen Weg durch die Belagerungstruppen, *»und unsere Leute verteilten sich über die Ebene«*, sagt William. Doch es hatte keinen Sinn. Nur ed-Din verfolgte sie und mähte alles nieder.

Es war ein einschneidender Erfolg für ihn. Edessa war das Symbol für den Ruhm seines Vaters und daher wesentlich für sein Prestige. Die Geschwindigkeit, mit der er den Erfolg errungen hatte, beeindruckte Freund und Feind gleichermaßen. Auf jeden Fall beeindruckte es Unur, den Statthalter von Damaskus, der das Bedürfnis hatte, auf der richtigen Seite des neuen Herrn von Aleppo zu stehen. Er bot Zengis Sohn eilig die Hand seiner Tochter. Und natürlich nahm Nur ed-Din mit Freuden an.

Daraus folgte jedoch nicht, daß Unur seinem neuen Schwiegersohn vertraute. Im Gegenteil: Der Statthalter von Damaskus zog immer noch ein Bündnis mit den Ungläubigen vor. Es bedurfte eines außergewöhnlichen Mannes, um Unur zu überreden, das Bündnis mit den Franken aufzugeben und sich mit dem Emir von Aleppo zusammenzutun. Doch genau dieser sollte bald in Erscheinung treten. Dieser Mann war nicht einmal Moslem. Er war ein christlicher Mönch, der ungefähr fünftausend Kilometer entfernt lebte. Sein Name war Bernhard.

St. Bernhards Hunde

Die Nachricht von Zengis Eroberung Edessas hatte sich wie ein Lauffeuer im Westen verbreitet. Papst Eugenius III. rief sofort nach einem zweiten Kreuzzug, doch ohne sonderliches Echo. In Frankreich versammelte König Ludwig seine Bischöfe und Adligen zur üblichen Weihnachtsfeier und nahm die Gelegenheit wahr, ihnen seinen Plan zur Befreiung des Heiligen Landes zu präsentieren. Doch der Vorschlag kam bei den Mitgliedern des Hofes genauso gut an wie ein Bissen übriggebliebenen Weihnachtspuddings.

Auftritt Bernhard, Abt von Clairvaux! Beinahe einhändig warf er die ganze Sache herum. Bernhard war zu jener Zeit einer der mächtigsten Männer Europas. Er hatte dabei geholfen, Papst Innozenz II. 1130 auf den päpstlichen Thron zu hieven, und der jetzige Papst war sein Schüler gewesen. Bernhard war ein charismatischer Redner. Er hatte solche Macht, das Denken der Menschen zu beeinflussen, daß es hieß, wenn Bernhard in der Nähe sei, würden »*Mütter ihre Söhne und Frauen ihre Männer verstecken*«.

Bernhard war eigentlich kein Intellektueller – tatsächlich war er eher das Gegenteil eines Intellektuellen. In seiner Religion gab es keinen Platz für »Vernunft«. Sein Interesse galt »dem Herzen« – der Leidenschaft des Glaubens. Dies sollte sich für die Menschen, die Bernhard zur Reise nach Osten überredete, als unheilvoll erweisen.

Am 31. März 1146 bestieg Bernhard auf einer Wiese außerhalb der Stadt Vézelay eine Kanzel und hielt seine erste Kreuzzugspredigt. Es war das mittelalterliche Pendant zu einem Popkonzert. Massen von Menschen, zu viele für irgendein Gebäude, waren einen Tag lang im Freien versammelt, und eine Person von Weltruf unterhielt sie. Bernhard war nicht die Art Rock'n'Roller, der sie enttäuscht hätte. Die Menge tobte. Nach der Vorstellung drängten so viele Menschen zur Kanzel, um das Kreuz zu nehmen, daß Bernhard die vorbereiteten Kreuze ausgingen und er sich in einem Moment reiner Schauspielerei die Kleider vom Leib riß und sie für die Menge zu Kreuzen schnitt.

Wo immer Bernhard hinging, war er eine Sensation. Das Kreuzzugfieber verbreitete sich über Europa. Bernhard versprach den angehenden Kreuzfahrern nicht bloß die Erde, sondern auch den Himmel! Gott wird »*diejenigen belohnen, die für ihn in den Krieg ziehen: die Vergebung ihrer Sünden und immerwährenden Ruhm*«. Und er hatte keine Probleme damit, an die niederen Instinkte seiner Zuhörer, namentlich die Gewinnsucht zu appellieren. »*Wenn du ein besonnener Händler bist, wenn du ein Mann bist, der gern weltliche Güter sammelt, dann zeige ich dir bestimmte große Märkte; laß dir die Chance nicht entgehen…*« Verpaßt diese einmalige Gelegenheit nicht, Leute! Sofortige Errettung garantiert! Nur kurze Zeit erhältlich! Beeilt euch! Beeilt euch!

Ludwig VII. nimmt 1146 in Vézelay
unter Anwesenheit des Bischofs
von Versailles und des heiligen Bernhard
von Clairvaux das Kreuz.
Aus *Les Passages faits Outremer…*
(ca. 1490).

Für Bernhard war der Fall Edessas kein Verlust, sondern die einmalige Gelegenheit, die exklusiv für dich von Gott geboten wurde, um deine Sünden wiedergutzumachen und seine Gnade zu gewinnen! *»Dies ist ein Vorhaben, das nicht von Menschen entworfen wurde, sondern vom Himmel kommt und aus dem Herzen heiliger Liebe.«*

Wie üblich, löste diese Manifestation heiliger Liebe Massaker an Juden in ganz Deutschland aus. Bernhard wurde gebeten, zu kommen und die Ordnung wiederherzustellen. Er hatte mit dem Wahlspruch gegen einen Papst jüdischer Herkunft gestimmt: *»Es wäre eine Beleidigung für Christus, wenn der Nachkomme eines Juden den Thron des Heiligen Petrus besetzte.«* Doch er war nach den Maßstäben seiner Zeit kein fanatischer Antisemit. Bernhard befahl dem Mönch, der den Anstoß zu den Massakern gegeben hatte, zurück in sein Kloster zu gehen, und begann selbst, in Deutschland für den Kreuzzug zu predigen.

Die deutschen Kreuzritter

Obwohl seine Predigten mit Hilfe eines deutschen Übersetzers vorgetragen werden mußten, war Bernhard ein Riesenerfolg. *»Ich öffnete den Mund«*, schrieb Bernhard mit einiger Selbstzufriedenheit an den Papst, *»ich sprach; und sofort hatten sich die Kreuzfahrer ins Unzählige vermehrt. Dörfer und Städte sind nun verlassen. Man findet kaum einen Mann auf jede siebte Frau. Überall sieht man Witwen, deren Männer noch leben.«* Es war kein Wunder, daß Mütter ihre Kinder und Frauen ihre Männer versteckten, sobald Bernhard der Abt in der Nähe war! Der deutsche König selbst brach unter einer von Bernhards Tiraden zusammen. Bernhard wandte sich an den großen Mann und brüllte ihm wie mit der Stimme Christi ins Ohr: *»Mann, was soll ich für dich tun, das ich nicht schon getan habe?«* Konrad soll darauf keine Antwort gewußt haben, sondern in Tränen ausgebrochen sein und stehenden Fußes das Kreuz genommen haben. Der deutsche Kreuzzug setzte sich im Mai 1146 in Marsch, im Juni gefolgt von den Franzosen. Ibn al-Qalanisi bestätigt eine verbreitete Vorahnung innerhalb der arabischen Welt zu dieser Zeit:

> *»Es kamen immer neue Nachrichten – aus Konstantinopel, aus dem Gebiet der Franken und auch aus Nachbarländern –, daß die Könige der Franken aus ihren Ländern auf dem Weg waren, um das Land des Islams anzugreifen. Sie hatten ihre eigenen Provinzen geleert, sie ohne Verteidiger zurückgelassen, und führten Reichtümer, Schätze und unschätzbares Material mit sich. Sie zählten, so hieß es, eine Million Fußsoldaten und Reiterei, vielleicht sogar mehr.«*

Natürlich war es keine Million – aber es waren Zehntausende.

Die Deutschen zogen ohne große Unterbrechung durch Ungarn. Als sie jedoch byzantinisches Territorium betraten, verlor Konrad etwas die Kontrolle. In Philippopolis versuchte ein ortsansässiger Jongleur, durch die Vorführung seiner Künste ehrliches Geld zu verdienen. Er war so überzeugend, daß einige der Deutschen ihn der Hexerei beschuldigten. Ein Aufruhr entstand und die Ausläufer der Stadt wurden niedergebrannt.

In Konstantinopel hielt Kaiser Manuel, genau wie sein Großvater Alexius, eine Kreuzritterarmee zur Zeit für ausreichend und überredete Konrad weiterzuziehen, ohne auf die Franzosen zu warten. Als Konrad Nikaia erreichte, teilte er seine Armee in zwei Teile und schickte die Nicht-Kämpfer über die Küstenstraße, während er mit der Hauptarmee den kürzeren, gefährlicheren Weg durch Anatolien einschlug. William von Tyros berichtet, wie die griechischen Führer sie über verlassene Wege in eine Wildnis führten und sie dort plötzlich alleinließen. Ob das nun stimmt oder nicht – seine Sicht der Ursache verdeutlicht die lateinischen Gefühle gegenüber den Griechen.

> *»Es wurde allgemein gesagt und ist wahrscheinlich auch wahr, daß diese gefährlichen Führer mit Wissen und auf Befehl des griechischen Kaisers handelten, der den Christen ihren erfolgreichen Vormarsch immer geneidet hatte. Denn es ist wohlbekannt, daß die Griechen stets mit Mißtrauen auf jede Verstärkung der Macht westlicher Nationen geschielt haben (wie sie es noch immer tun), besonders auf die Macht der teutonischen Nationen als Rivalen des Kaiserreiches. Sie nehmen es übel, daß der König der Teutonen sich Kaiser über die Römer nennt. Denn damit scheint er zuviel des Prestiges ihres eigenen Kaisers hinwegzunehmen.«*

In der Nähe von Dorylaion wurden sie plötzlich von einer großen türkischen Armee überfallen, die vom Sohn Kilij Arslans angeführt wurde, der die Niederlage seines Vaters durch die Kreuzritter an genau demselben Ort fünfzig Jahre zuvor rächen wollte. Die Christen waren müde und durstig und wurden völlig überrascht. Von ihren eigenen Waffen niedergedrückt, waren sie nicht in der Lage, die Türken in einen Nahkampf zu verwickeln. Nach einer kurzen Schlacht *»brachen diese großen christlichen Prinzen, deren Waffen und Stärke, Mut und Zahl unvergleichlich geschienen hatte, plötzlich zusammen.«* Kaum ein Zehntel der großen Expedition konnte fliehen. Konrad selbst schaffte es gerade bis nach Nikaia.

Der fränkische Feldzug

Hier vereinigten sich die Überbleibsel der deutschen Streitmacht mit den Franken unter König Ludwig VII., und gemeinsam beschlossen sie, den Küstenweg zu wählen, auf den die Nicht-Kämpfer geschickt worden waren. Konrad jedoch nahm ein Schiff zurück nach Byzanz. Er war krank, obwohl William von Tyros einen anderen Beweggrund unterstellte: *»Vielleicht fand er die Selbstgefälligkeit der Franken unerträglich.«*

Und so zogen sie bei sich verschlechternden winterlichen Bedingungen weiter. Die Versorgungsmittel schrumpften, und die Disziplin ging zum Teufel. Auch als sie den Hafen von Attalia (des heutigen Antalyas) erreichten, fanden sie nur wenig Vorräte vor, das Land ringsum war von den Türken besetzt und die Menschen von Attalia waren davon abhängig, was über den Seeweg geliefert wurde. Was noch schlimmer war: Die Flotte, die ihnen der Kaiser von Byzanz zugesagt hatte und die sie den Rest des Weges befördern sollte, stellte sich als viel zu klein heraus. Die prekäre Lage wurde noch akuter, als die schlechte Versorgung mit Nahrungsmitteln erste Todesopfer zur Folge hatte. *»Tatsächlich«*, sagte William von Tyros, *»starben die Überlebenden der Armee, und vor allem die Armen, beinahe an Hunger.«*

Der heilige Bernhard widersteht in seiner Abtei von Clairvaux dem Teufel. Aus einer französischen Handschrift (ca. 1445).

Sie konnten nicht weg, und doch konnten sie nicht bleiben, wo sie waren. In dieser Notlage bewies der König von Frankreich, aus welchem Holz ein wahrer Aristokrat geschnitzt ist. Er belud die zur Verfügung stehenden Schiffe mit seinem persönlichen Hausrat und so viel Reiterei, wie er nur konnte, und machte sich davon – die Fußsoldaten und die unbewaffneten Pilger überließ er ihrem Schicksal. Er hinterließ beim Statthalter von Attalia fünfhundert Mark für ihre Versorgung, doch der Statthalter weigerte sich, sie in den Schutz der Stadtmauern aufzunehmen. Draußen hatten sie kaum eine Chance, den türkischen Bogenschützen zu entgehen, und so schleppten sich diese armen Leute hungernd, ohne Führer und ohne ritterlichen Schutz über den Weg nach Antiochia. Weniger als die Hälfte schaffte es.

König Ludwig in Antiochia

König Ludwig kam voller Pomp und *»größter Herrlichkeit«* in Antiochia an. Prinz Raimund von Antiochia versorgte die Neuankömmlinge, gab ihnen die besten Unterkünfte, verteilte Geschenke und ließ sie allgemein das angenehme Gefühl genießen, in zivilisierter Gesellschaft zu sein. Es war Frühling. Die Säfte stiegen. Die Luft war erfüllt von Zuversicht, Kameradschaft und fremden Zauber. Dabei sollte es nicht lange bleiben.

Prinz Raimund empfing auch die herannahende geschrumpfte Armee mit Erleichterung; er wollte unbedingt die wachsende Macht Nur ed-Dins zerstören. Er *»fühlte die lebendige Hoffnung, daß er mit der Hilfe des Königs und seiner Truppen fähig wäre, die Nachbarstädte, nämlich Aleppo, Shaizar und einige andere, zu unterjochen... Denn die Ankunft König Ludwigs hatte unseren Feinden solche Angst eingejagt, daß sie nun nicht nur ihrer eigenen Stärke mißtrauten, sondern gar am Leben verzweifelten.«*

Doch Raimund kannte Ludwig nicht. Der König stand noch immer unter dem Bann des Abtes Bernhard. Sein Herz zog es nach Jerusalem. Außerdem fand er, daß seine Armee allein zu klein sei, um Edessa zu befreien, und Konrad war bereits weiter nach Akkon gesegelt. Die Beziehung zwischen den Männern verschlechterte sich. Die Lage wurde auch nicht durch die aufblühende Beziehung zwischen dem gutaussehenden Prinzen Raimund und Ludwigs Frau verbessert, der berühmten, strahlenden, klugen, kultivierten, unglaublich reichen Eleonore von Aquitanien.

Eleonore hatte sich bereits darüber beschwert, daß sie angenommen habe, in Ludwig einen Mann zu heiraten, jedoch habe sie feststellen müssen, einen Mönch geehelicht zu haben. Sie konnte durch Ludwigs Beschluß, für die Dauer des Kreuzzuges ein religiöses Leben zu führen, nicht eben ermutigt worden sein, da dies mit Wahrscheinlichkeit auch ziemlich wenig sexuelle Entspannung bedeutete. Ob dies nun so war oder nicht – bald kursierten Gerüchte in Antiochia, daß die schöne Eleonore, sechsundzwanzig Jahre jung, einen ihr angenehmen Ersatz in ihrem Onkel Raimund, neunundvierzig Jahre alt, gefunden habe. König Ludwig sah seine Ehre bedroht und in der Gefahr, sich lächerlich zu machen.

Was die Angelegenheit noch schlimmer machte, war die Tatsache, daß Eleonore kein Geheimnis daraus machte, daß sie die Vorgehensweise ihres Onkels unterstützte und Ludwigs Entschluß ablehnte, nichts zu unternehmen, ehe er nicht die heiligen Schreine von Jerusalem besucht hatte. Schließlich, als Ludwig seinen Entschluß, nach Jerusalem zu ziehen, öffentlich bekannt gab, gab die lebhafte Eleonore ihren Entschluß bekannt, in Antiochia zu bleiben und um die Scheidung zu ersuchen. Ludwigs Reaktion war wirkungsvoll, aber schändlich. Er entführte die eigene Frau, ließ sie gewaltsam zum Schiff schleppen und setzte die Segel gen Akkon.

In Jerusalem atmete man jedoch auf, daß Ludwig nicht in Antiochia geblieben war. Am

Die Krieger des Nur ed-Din

Nur ed-Dins Armee stand geschlossen hinter der Idee des Heiligen Krieges. Es war eine außergewöhnliche Armee. Die meisten türkischen Herrscher beschäftigten türkische Soldaten – Turkomanen und Mamelucken aus den Gebieten nördlich von Persien. Die Turkomanen waren überwiegend frisch zum Islam übergetreten; Mamelucken wurden im Kindesalter als Sklaven von nicht-islamischen Steppenbewohnern gekauft und zu Soldaten erzogen. Als Nur ed-Din den irakischen Teil des väterlichen Herrschaftsgebietes an seinen Bruder verlor, verlor er auch den größeren Teil seiner Soldaten. Als Ersatz rekrutierte er kurdische Krieger.

Die Kurden waren schon seit Jahrhunderten Moslems. Sie lebten in Armenien, Georgien, im Nordirak und in Ostanatolien. Anfang des zwölften Jahrhunderts wurden Tausende von ihnen von einem neuen, christlichen Herrscher über Georgien aus diesen Gebieten vertrieben. Die georgischen Christen veranstalteten, nach römisch-katholischem Vorbild, ihre eigenen Kreuzzüge. Armeen, angeführt von Priestern und Bischöfen, die Ritter mit dem Kreuz geschmückt, schufen ein neues christliches Ostreich. Nur ed-Dins kurdische Truppe bestand aus Männern, die vor den Eroberern geflohen waren und am eigenen Leib erfahren hatten, was Heiliger Krieg bedeutet.

Hof von Akkon beriet man nun, wie *»es ihnen gelingen könne, das Königreich zu vergrößern und die Herrlichkeit des christlichen Namens zu mehren«*. Niemals in der kurzen Geschichte des Königreichs Jerusalem hatten sich so viele Berühmtheiten des Hofes, der Kirche und des Militärs zu einem solch strahlenden gesellschaftlichen Ereignis zusammengefunden. Nach einer gründlichen Diskussion kamen die Anführer, Ratgeber und weisen Männer der Franken, Deutschen und des Königreichs Jerusalem zu dem einstimmigen Beschluß, daß es das Sinnvollste sei, ihren einzigen moslemischen Verbündeten anzugreifen. Für die Neuankömmlinge muß dies logisch gewirkt haben. Aleppo bedeutete ihnen nichts, doch Damaskus war ein Name, den sie aus der Bibel kannten. Es war moslemisch, es war strategisch wichtig, und es würde Nur ed-Din in die Defensive bringen. Doch jene, die schon länger im Land waren, hätten es besser wissen müssen.

Am 25. Mai 1148 setzte sich die vereinte christliche Streitmacht zum Angriff auf Damaskus in Bewegung. Der Herrscher von Damaskus, Unur, hatte bis dahin reichlich Warnungen vor der nahenden Armee erhalten. Er versiegelte Wasserlöcher, verstärkte seine Befestigungsanlagen und sandte Hilferufe an seine moslemischen Gegner aus, auch an Nur ed-Din.

Die Konferenz von Akkon und die darauf folgende, fruchtlose Belagerung von Damaskus. Es handelt sich um eine Illustration aus einer Abschrift (aus der Zeit um 1280) von William von Tyros *History*, in der er zugesteht, daß die Art und Weise der Belagerung ihn überrascht habe.

Der Geist St. Bernhards hing in der Luft. Es war Bernhard gewesen, der die Menschen von Europa mit der Idee des Kreuzzuges begeistert hatte. Es war Bernhard gewesen, der dem Kreuzzug sein hochreligiöses Gepräge verliehen hatte. Er war natürlich nicht dabeigewesen, als die Entscheidung für den Angriff auf Damaskus gefallen war, doch sie war in seinem Geiste getroffen worden: Man hatte religiöse Überzeugungen über jede Vernunft und jeden gesunden Menschenverstand gestellt. Wenn man das weiß, kann man die fränkischen Feldherren dafür entschuldigen, daß sie um eine wichtige Tatsache nicht wußten: Um die Wirkung, die Nur ed-Dins Propaganda bereits auf die Damaszener ausgeübt hatte.

Debakel in Damaskus

Damaskus war zu jener Zeit von Gärten umsäumt, und die Kreuzritter befanden, daß es ein Klacks sein müsse, auch die Stadt einzunehmen, wenn sie erst jene eroberten. Die Gärten waren jedoch nicht einfach nur hübsche kleine Wiesen mit Obstbäumen. Sie bildeten eine sehr gute Verteidigungsanlage für die Stadt, wie William von Tyros beschreibt:

> *»... die Gärten erstreckten sich acht Kilometer oder mehr in Richtung Libanon und säumten die Stadt wie ein dichter, dunkler Wald weitherum. Um die Grenzen jedes Gartens kenntlich zu machen und auch um ein Hindurchgehen nach Lust und Laune zu verhindern, sind diese Gärten von Erdwällen umfaßt... Diese Gärten sind für die Stadt von größtem Schutz. Die riesige Zahl der Bäume, die nahe beieinander gesetzt wurden, sowie die engen Wege machten es jedem schwer – tatsächlich fast unmöglich –, sich Damaskus von dieser Seite her zu nähern. Doch von Beginn an waren unsere Führer entschlossen, ihre Armee durch die Gärten zu führen und sich der Stadt auf diesem Weg zu nähern.«*

Es muß ziemlich nervenaufreibend gewesen sein, der ersten Angreiferwelle anzugehören. Hohe Türme ragten innerhalb der Gärten empor, aus denen die Verteidiger wieder und wieder Pfeile herabregnen ließen. Wenn die Franken durch die engen, von Wällen begrenzten Wege kamen, konnten sie jeden Augenblick von einer Lanze durchbohrt werden, die durch ein Loch im Wall gestoßen wurde. Viele starben auf diese Weise.

Am ersten Angriffstag fielen die Damaszener zum Kämpfen aus der Stadt aus. Die arabischen Chronisten berichten, daß das reguläre Militär der Stadt von *»Freiwilligen, die für den Glauben kämpften«*, unterstützt wurde. Der Haß auf die Franken saß tief. An der Spitze der türkischen Soldaten und der arabischen Kämpfer stand ein älterer Rechtsgelehrter namens Al-Findalawi. Unur eilte zu ihm und sagte, er sei viel zu alt, um gegen die

Franken zu kämpfen, und er solle es anderen überlassen. Doch Al-Findalawi drehte sich um und antwortete, indem er sich auf eine Sure des Korans bezog: *»Ich habe mich selbst zum Kauf angeboten, und Er hat mich gekauft. Bei Gott, ich habe weder zugestimmt noch darum gebeten, daß der Vertrag annulliert werden soll!«* Der alte Mann zog weiter in die Schlacht und kämpfte, bis er fiel. Al-Findalawis Opfer wurde berühmt. Sein Grab wurde zu einem Pilgerziel; der *jihad* hatte seinen ersten Märtyrer gefunden.

Trotz aller Begeisterung wurden die Damaszener in die Stadt zurückgedrängt, und die Franken besetzten schließlich die Gärten. Während des Kampfes soll Konrad einen mutigen türkischen Ritter auf bemerkenswerte Art und Weise getötet haben. *»Mit einem Schwertstreich trennte er Kopf und Hals seines Feindes vom Körper, die linke Schulter mit dem daran hängenden Arm und auch einen Teil der Seite.«*

Die Bewohner der Stadt waren verzweifelt, doch dann änderte sich die Lage. Verstärkung strömte aus dem Norden nach Damaskus, und die Angreifer wurden mehrere Tage in Schach gehalten. Dann begingen die Kreuzritter einen verhängnisvollen Fehler. Sie beschlossen, ihre hart erkämpfte Stellung in den Gärten aufzugeben und sich auf eine offene Ebene östlich der Stadt zurückzuziehen. Die Moslems ihrerseits besetzten die Gärten sofort wieder. Nun stellten die Kreuzfahrer fest, daß es an ihrem neuen Standort kein Wasser gab und außerdem vor dem wehrhaftesten Teil der Stadtmauer lag. Dieser Ort war vollkommen unhaltbar, und die Chance, Damaskus einzunehmen, löste sich vor ihren Augen in der mitleidslosen Sonne und dem Staub des syrischen Julis in Luft auf.

Im Morgengrauen des nächsten Tages beugten sich die Kreuzritter dem Unausweichlichen, packten ihre Sachen und schlichen sich *»in bejammernswerter Verwirrung und Unordnung«* davon, auf jedem Schritt ihres Weges von den Bogenschützen der Damaszener verfolgt. Bald türmten sich die Leichen auf dem Boden, und *»die Körper stanken so stark«*, sagte der Chronist von Damaskus, *»daß die Vögel beinahe vom Himmel fielen!«*

St. Bernhards Kreuzzug endete im Fiasko. Die Bewertung und die gegenseitigen Beschuldigungen sollten nicht lange auf sich warten lassen.

Die Bewertung

Zunächst einmal: Warum, um Himmels willen, verließen die Anführer die Gärten und nahmen eine nicht zu verteidigende Stellung ein? William von Tyros schrieb, daß er *»oft weise Männer und solche gefragt habe, deren Erinnerung an diese Zeit noch frisch ist«*, doch er habe der Angelegenheit nie auf den Grund gehen können. Eines Umstandes war er sich jedoch sicher: Es waren die ortsansässigen Freiherren gewesen, die den schlechten Rat gegeben hatten – doch was war ihr Motiv gewesen?

Eine Meinung besagte, daß die alten Männer des Königreichs Jerusalem sich vom Nachwuchs aus Europa abwandten. Die örtlichen Freiherren waren der Ansicht gewesen, daß Damaskus ihrem eigenen Königreich hinzugefügt werden sollte. Sie hatten erstaunt festgestellt, daß die neu angekommenen Könige von Frankreich und Deutschland die Absicht hatten, die Stadt einem ihrer Kumpane zu schenken – dem ohnehin bereits wohlhabenden Grafen Thierry von Flandern! *»Es war ihnen lieber, daß die Damaszener ihre Stadt behielten, als daß dieselbe dem Grafen gegeben würde.«*

Andere schrieben die Tat der lokalen Herren dem schlechten Einfluß Raimunds von Antiochia zu, der immer noch danach trachtete, Ludwig eins auszuwischen. Noch mehr schoben den Verrat auf ein Abkommen zwischen den örtlichen Franken und Unur. Ohne Zweifel hatte an irgendeinem Punkt Geld den Besitzer gewechselt, auch wenn man später entdecken sollte, daß es Falschgeld gewesen war.

In Europa fiel der Großteil dieser Schande auf den Anstifter des ganzen Abenteuers – Abt Bernhard von Clairvaux – zurück, der so viel im Namen Gottes versprochen hatte. Hatte er nicht behauptet, der Kreuzzug sei im Himmel ausgearbeitet worden? Daß er nicht fehlgehen könne? Ein deutscher Mönch aus Würzburg verdammte alles als Werk des Teufels und beschuldigte, mit dem Finger auf Bernhard weisend, die *»Pseudo-Propheten, Söhne des Belial und Zeugen des Antichristen, die die Christen durch dumme Worte in die Irre führen und alle Sorten von Männern durch leeres Predigen zum Gehen verleiten.«* Bernhard selbst war so verblüfft wie jeder andere und konnte sich nur beim Papst beschweren, daß dies *»beinahe ein Ende der Zeiten«* anzudeuten schien. Sein einziger Trost war, daß wahrscheinlich alles ein Fehler dieser schändlichen Griechen war.

Doch wenn man auch über die Gründe des Desasters streiten konnte, so gab es nur wenig Zweifel über die Folgen. Das Königreich war grundlegend geschwächt. Von dieser Zeit an blickten die Adligen, die in solch großer Anzahl aus dem Westen gekommen waren, um das Königreich von Jerusalem zu unterstützen, *»befremdet auf unseren Führer«*, schrieb William von Tyros.

> *»Sie erklärten alle Pläne als trügerisch und zeigten völliges Desinteresse an den Belangen des Königreiches... ihr Einfluß bewegte andere, die nicht anwesend gewesen waren, in ihrer Liebe zum Königreich nachzulassen. Demzufolge unternahmen nun weniger Menschen die Pilgerreise und auch solche, die weniger leidenschaftlich im Geiste waren. Außerdem haben diejenigen, die kommen, bis zum heutigen Tage Angst davor, in dieselbe Falle zu laufen... Von jener Zeit an wurde der Zustand der Lateiner im Osten sichtbar schlechter.«*

Die Franken hatten Damaskus zu ihrem Feind gemacht und Nur ed-Dins Laufbahn genau den Auftrieb gegeben, den sie gebraucht hatte.

Die arabische Einheit

Im Jahre 1150 lagerte Nur ed-Din mit seiner Armee außerhalb von Damaskus, doch er machte keine Anstalten, es anzugreifen. Es war dies psychologische Kriegsführung, und er schickte einen Brief an Abaq, den Prinzen von Damaskus:

> *»Ich habe nicht die Absicht, indem ich hier lagere, Krieg gegen Euch zu führen oder Euch zu belagern. Ich bin nur wegen zahlreicher Beschwerden von Moslems zu dieser Handlung gezwungen…, denn die Bewohner des Landes wurden durch die Franken ihrer Güter beraubt, und niemand ist da, der sie verteidigt… Da mir von Gott die Macht gegeben wurde, den Moslems zu helfen und* jihad *gegen die Anhänger der Vielgötterei zu führen, kann ich sie nicht im Stich lassen.«*

Er bombardierte die Stadt mit Gedichten und offiziellen Briefen, während er zugleich heimlich Korrespondenz mit dem Militär führte.

Zufälligerweise hatte Nur ed-Dins »rechte Hand«, Shirkuh, einen Bruder namens Ayub, der nun ausgerechnet ein hochrangiger Offizier der Armee von Damaskus war. Shirkuh gelang es, ihn dazu zu überreden, seine Sache von innen zu unterstützen. Da Ayubs Treiben heimlich stattfand, wissen wir nicht genau, was er zur Unterstützung Nur ed-Dins tat, doch nach den großzügigen Dankesgeschenken zu urteilen, die Nur ed-Din ihm später gab, muß seine Unterstützung bedeutend gewesen sein.

Auf diese propagandistische Attacke hin fiel den Herren von Damaskus keine passende Antwort ein. Jedenfalls taten sie genau das Falsche: Sie beschworen verdrießlich aufs neue ihr Vertrauen in die Franken. *»Zwischen Euch und uns«*, schrieben sie an Nur ed-Din, *»gibt es nun nichts mehr als das Schwert. Franken werden uns zu Hilfe kommen, wenn Ihr uns belagert.«* Sie spielten ihm damit genau in die Hände. Besonders als kurz nach Nur ed-Dins Ankunft die Frühlingsregen außerhalb der Stadt die lange Wintertrockenheit beendeten und die Stadtbewohner dies fröhlich der *»Güte, der Gerechtigkeit und der Frömmigkeit«* des Herrschers von Aleppo zuschrieben.

Mit Nur ed-Din begann für Damaskus ein goldenes Zeitalter.
Er baute Schulen, Krankenhäuser, Gerichte und einen »Palast der Armen«.
Einige dieser Gebäude stehen noch heute, so auch dieses Badehaus,
das bis in unsere Tage in Betrieb ist. Die Gewinne daraus wurden an die
Große Moschee abgeführt.

Viermal in vier Jahren kehrte Nur ed-Din zurück und verstärkte seinen Druck jedesmal. Als die Herrscher der Stadt die Franken zu Hilfe riefen, *»machte dies aufrechte Bürger und Männer des Glaubens wütend und führte dazu, daß sie diese chaotische und scheußliche Lage noch mehr beklagten«*. Im April 1154 umzingelte Nur ed-Din Damaskus zum letzten Mal. Als der aleppische Kriegsruf durch die Stadt schallte, öffneten Soldaten wie Bürger die Tore und hießen die Belagerer willkommen. Die reife Pflaume fiel in Nur ed-Dins Schoß, wie er es von Anfang an erwartet hatte.

Zengis Sohn hatte schließlich ohne Blutvergießen das bekommen, was seinem Vater vorenthalten geblieben war. Außerdem stellte Nur ed-Din eine Art von Eroberer dar, wie man sich ihn nur erträumen konnte. Er versammelte alle wichtigen Personen der Stadt und versicherte ihnen, daß ihr Leben sowie ihr Hab und Gut sicher seien. Gleichzeitig organisierte er Vorratslager für die hungernde Bevölkerung. Über die nächsten paar Jahre kürzte Nur ed-Din Steuern oder hob sie auf; er gründete Schulen, Krankenhäuser, Moscheen, Klöster, öffentliche Bäder und Gerichtspaläste. Damaskus erlebte eine goldene Epoche. Seine Bürger bereuten niemals, mit ihrer Loyalität zum Emir von Aleppo gewechselt zu sein.

Zum ersten Mal, seit die Franken auf den Plan getreten waren, waren Damaskus und Aleppo unter einem einzigen Herrscher vereint. Die Macht eines geeinten Syriens konnte endlich gegen die Eindringlinge gerichtet werden. Erstes Schlachtfeld war Ägypten.

Der Kampf um Ägypten

Ägypten war immer noch ein enorm reiches Land, doch seine Regierung war in Ungnade gefallen. Der Kopf war Kalif Fatimid, der religiöse Führer, der Anspruch darauf erhob, ein Nachkomme Fatimas, der Tochter des Propheten, zu sein. Doch viele Jahre lang war der Kalif eher eine Marionette, und die wahre Macht lag in den Händen seines Ratgebers und heimlichen Führers, des Wesirs.

Wesir von Ägypten zu sein, war in vielerlei Hinsicht ein schöner Beruf: außerordentlich gut bezahlt, mehr Vergünstigungen als ein Tennisspieler, ein großer Palast zum Wohnen und unbegrenzte Macht. Der Haken war nur, daß man es nicht unbedingt einen sicheren Beruf nennen konnte. Tatsächlich hatte von den letzten fünfzehn Wesiren nur einer seine Amtszeit überlebt. Und man darf sich nicht einbilden, daß die anderen an Altersschwäche gestorben wären. Sie wurden vergiftet, erstochen, erhängt, gekreuzigt, geköpft, vom Mob gelyncht und auf allerlei andere Weise von ihren Gegnern oder ihren Nächsten und Liebsten beseitigt. Wesir zu sein hieß, an einem blutigen Reise-nach-Jerusalem-Spiel mitzumachen, das offenbar immer in Tränen enden mußte.

1163 tauchte Shawar, der letzte Ex-Wesir von Ägypten, dem es gegen alle Regel gelungen war, mit dem Leben davonzukommen, am Hof von Nur ed-Din auf und bat um Hilfe bei dem Versuch, sein nur so kurz beherrschtes Königreich wiederzuerlangen. Als besonderen Anreiz konnte er ziemlich viel Geld, Land und ein Drittel der Getreidegewinne Ägyptens anbieten! Nur ed-Din weigerte sich, sich zu einer Entscheidung drängen zu lassen. Nach Ägypten zu kommen, bedeutete ein Marsch durch fränkisches Gebiet. Es hatte keinen Sinn, eine kleine Armee zu schicken, doch eine große würde den Rest Syriens preisgeben.

Schließlich schlug Nur ed-Din wahllos den Koran auf und zog ihn zu Rate. Er rief dann seinen Ratgeber und Feldherrn zu sich, jenen kleinen, dicken, einäugigen Mann namens Shirkuh. Shirkuh war eine eher ungewöhnliche Wahl für die engste Vertrauensperson des heiligen Königs. Er war ein Kurde niederer Herkunft, der durch eigene Verdienste seinen hohen Rang erlangt hatte. Doch er war kein Heiliger. Oft war er betrunken, gelegentlich gewalttätig und rücksichtslos oder rückhaltlos großzügig. Doch er wurde von seinen Männern geliebt, und er war ein genialer Feldherr.

Noch ehe der Mai 1164 vorüber war, hatte er Shawar wieder als Wesir in Kairo eingesetzt. Der Thronräuber wurde auf Befehl des Kalifen getötet und sein Körper den Straßenhunden vorgeworfen. »*Denn einem großen Herrscher ist es egal*«, erklärt William von Tyros, »*ob von zwei gegnerischen Thronanwärtern der eine oder der andere gewinnt, solange es jemand ist, der sich sklavisch der Sache seines Herrn und der des Reiches unterwirft.*«

Nachdem er sein Ziel erreicht hatte, zeigte Shawar seine Dankbarkeit, indem er sein Versprechen an Nur ed-Din brach und Shirkuh befahl, aus seinem Land zu verschwinden. Als Nur ed-Dins Feldherr keine Anstalten machte, zu gehen, traf Shawar eine verhängnisvolle Entscheidung. Er bat die Franken, ihm zu Hilfe zu kommen! Der König der Franken mußte nicht erst überredet werden. Seit er 1162 den Thron von Jerusalem bestiegen hatte, lag das Auge König Amalrics auf Ägypten. Tatsächlich hatte er dieselbe Stadt, in der Shirkuh nun in der Klemme saß, schon einmal angegriffen und belagert.

Amalric war eine seltsame Person. Er »*war unglaublich fett*«, informiert uns William von Tyros, »*mit Brüsten wie die einer Frau, die bis zu seinem Gürtel herunterhingen*«. Doch ansonsten sah er gut aus, hatte strahlende Augen und blondes, wenn auch leicht zurückgehendes Haar. Er trat wie ein Prinz auf, lachte jedoch auf eine Weise, daß sein ganzer Körper durchgeschüttelt wurde, und er war kein einfacher Gesprächspartner – vielleicht wegen seines leichten Stotterns.

In der dritten Juliwoche 1164 belagerte eine vereinte Armee der ehemaligen Feinde, Ägypter und Franken, Shirkuh in der Stadt von Bilbeis. »*Welch ein Wunder!*« rief Al-Qadi al-Fadil in einer Lobrede auf Shawar. »*Du greifst einen Feind mit Hilfe eines anderen*

an!... Die Kreuze dienen der Hilfe des Islam!« Doch Nur ed-Din hatte nicht die Absicht, seinen besten Heerführer zu verlieren. Und so versuchte er, Amalric aus Ägypten herauszulocken, indem er eine fränkische Festung unweit Antiochias angriff. Die fränkischen Truppen, die innerhalb des Königreichs geblieben waren, eilten zu der Belagerung, doch Nur ed-Din gelang es bald, sie in eine Falle zu locken, wobei viele massakriert und die Anführer gefangengenommen wurden.

Das syrische Selbstbewußtsein muß beim Anblick so vieler stolzer Frankenprinzen, die *»wie die niedrigsten Sklaven«* zusammengekettet nach Aleppo schlurften, gelitten haben. Unter ihnen befanden sich der Prinz von Antiochia, der Graf von Tripolis, der Statthalter von Silizia und der Graf von Edessa. *»Man warf sie ins Gefängnis zum Vergnügen der Ungläubigen.«* Nur ed-Din schickte dann einen Sack voller fränkischer Kopfhäute und Banner zu Shirkuh mit der Maßgabe, sie auf die Zinnen zu hängen, damit die Franken sie sehen konnten. Amalric verstand den Hinweis und einigte sich mit Shirkuh. Beide Seiten waren einverstanden, Ägypten zu verlassen und nach Hause zurückzukehren. In Shirkuhs Fall bedurfte es einer zusätzlichen Bestechung mit 30.000 Dinaren von seiten des Wesirs, um ihn endgültig auf den Weg zu bringen.

Zwei Jahre später sickerte die Nachricht durch, daß Nur ed-Dins Feldherr sich wieder mit dem Gedanken an einen Besuch Ägyptens beschäftige – diesmal mit der klaren Absicht zu bleiben. Der Wesir drängte Amalric sofort, ihm zu Hilfe zu kommen, und das Rennen um den Nil begann von neuem.

Saladin

»Mein Onkel Shirkuh wandte sich an mich und sagte: ›Yusuf, pack deine Sachen, wir gehen.‹ Als ich diesen Befehl hörte, hatte ich das Gefühl, als werde mein Herz von einem Dolch durchbohrt, und ich antwortete: ›In Gottes Namen, auch wenn man mir das ganze Königreich Ägypten böte, ich würde nicht gehen.‹« So erinnerte sich Saladin später an den Beginn seines großen Abenteuers. Und er schloß in bemerkenswerter Kürze: *»Am Ende ging ich doch mit meinem Onkel. Er besiegte Ägypten, dann starb er. Gott legte mir dann die Macht in die Hände, die ich niemals erwartet hatte.«* Die erste

1149 umzingelte Nur ed-Dins Armee die Raimund von Antiochias nahe der Murad-Quelle und vernichtete sie. Raimund zahlte mit seinem Leben dafür, daß er die Anführer des zweiten Kreuzzuges nicht hatte überreden können, Nur ed-Din und Aleppo anzugreifen. Aus *Les Passages faits Outremer...* (ca. 1490).

Härteprobe, die Saladin überstehen mußte, war ein Sandsturm, während er mit seinen Leuten die Sinai-Wüste durchquerte:

> *»Die Männer wagten nicht, den Mund zu öffnen, um miteinander zu sprechen, noch konnten sie ihre Augen offenhalten. Sie stiegen von ihren Pferden, legten sich ausgestreckt hin und klammerten sich an den Boden, wobei sie die Hände so weit wie möglich in den Sand preßten, denn sonst wären sie von der Gewalt des Wirbelwinds hinweggeweht und wieder zu Boden geworfen worden. Denn in dieser Wüste steigen und fallen die Sandwellen wie die Wellen des Meeres im Sturm.«*

Trotzdem gelang es Shirkuh, die fränkisch-ägyptische Streitmacht zu überraschen. Anstatt sich Kairo von Süden zu nähern, wie man erwartete, tauchten er und seine riesige Armee plötzlich hinter den Pyramiden von Gizeh auf der anderen Seite des Nils auf, außerhalb der Reichweite seiner Gegner.

Aber auch er konnte nicht an sie herankommen, noch konnte er an Kairo heran. Es war eine Zwickmühle. Die Franken zeigten den bewunderswerten Geist von Privatunternehmern, indem sie drohten, nach Hause zu gehen, wenn der Wesir ihnen nicht viel mehr Geld zahle. Nur ed-Dins Feldherr hatte für seinen moslemischen Kollegen in Kairo auch ein Angebot: *»Der fränkische Feind befindet sich in unserer Gewalt, abgeschnitten von seiner Basis. Laßt uns unsere Armeen vereinigen und ihn ausschalten. Die Zeit ist reif; die Gelegenheit wird vielleicht nicht wiederkommen.«*

Doch Shawar hatte mit dem *jihad* nichts im Sinn. Er ließ Shirkuhs Boten hinrichten, machte den Franken pflichtbewußt vom Inhalt der Botschaft Mitteilung und zeichnete einen Vertrag mit Amalric ab. Der jährliche Tribut sollte erhöht werden. Viertausend Goldstücke sollten den Franken übergeben werden, und Amalric sollte *»mit eigener Hand, in gutem Glauben, ohne Hinterlist oder böse Absicht garantieren, daß er nicht aus dem Land Ägypten weichen werde, bis Shirkuh und seine ganze Armee vollkommen aufgerieben oder aus den Gebieten verjagt sein würde«*.

Doch Shirkuh ließ sich nicht so leicht aufreiben. Er zog mit erstaunlicher Geschwindigkeit durch Ägypten, verfolgt von Amalric und Shawar. Erst als er ein passendes Schlachtfeld gefunden hatte, in Babain, stellte sich Shirkuh zum Kampf, und es gelang ihm, trotz der zahlenmäßigen Unterlegenheit seiner Armee, dem Feind große Verluste zuzufügen. Der junge Saladin führte die Truppe im Zentrum der Schlacht an.

Shirkuh zog dann in Alexandria ein, dessen sunnitische Bevölkerung ihn willkommen hieß. Doch die Stadt wurde bald darauf von der fränkisch-ägyptischen Armee belagert. Shirkuh versuchte, sie abzulenken, indem er ausbrach, doch man ließ ihn einfach ziehen, und Saladin mußte sich nun mit dem Problem einer hungernden Stadt auseinandersetzen.

Schließlich war Shirkuh gezwungen, einen Handel mit den Franken einzugehen. *»Wir* *verschwenden hier unsere Zeit, und die Tage vergehen ohne Ergebnis. Viele Pflichten erwarten uns zu Hause.«* Amalric, der tatsächlich wegen der Lage im Königreich Jerusalem nervös wurde, willigte ein. Es gab einen seltsamen Waffenstillstand, ehe sich alle auf den Heimweg machten: Amalric ließ seine Fahne vom Leuchtturm von Pharos flattern, und Saladin erholte sich im fränkischen Lager. Man gab ihm einen Leibwächter zur Seite, er freundete sich mit vielen Franken an und wurde allgemein mit großem Respekt behandelt. Man munkelte sogar, daß er vom Hauptmann Humphrey von Toron zum Ritter geschlagen worden sei.

Doch Shirkuh und Saladin müssen als enttäuschte Männer nach Damaskus zurückgekehrt sein. Es sah allmählich so aus, als läge die Eroberung Ägyptens außerhalb ihrer Möglichkeiten – mit Sicherheit so lange, wie Shawar sich auf den Schutz der Franken verlassen konnte. Nur ed-Din sagte zu Shirkuh: *»Du hast dich zweimal bemüht, doch du hast nicht das bekommen, was du gesucht hast«*, und machte ihn zum Herrscher der Stadt Homs. Saladin soll gesagt haben: *»Ich habe in Alexandria solche Torturen erlebt, daß ich sie nie vergessen werde.«* Keiner hätte geglaubt, daß innerhalb von eineinhalb Jahren beide nacheinander Herren von Ägypten werden würden.

Der Fall Ägyptens

Der Überraschungszug ging von Amalric aus. Anfang November 1168 erschien er plötzlich vor den Mauern von Bilbeis, fiel in die Stadt ein und massakrierte die Einwohner ohne Rücksicht auf Alter, Geschlecht oder Religion. William von Tyros war über diesen verräterischen Bruch des Bündnisses ziemlich besorgt. Der Grund, den manche für den Angriff anführten, war, daß Shawar mit Nur ed-Din gegen die Franken gemeinsame Sache gemacht habe. Doch andere, schreibt er, *»behaupten, daß all diese Behauptungen falsch seien, daß der Sultan Shawar gänzlich unschuldig war und, weit entfernt, eine solche Behandlung zu verdienen, in gutem Glauben den Vertrag eingehalten habe… Sie versichern, daß der Krieg, der gegen ihn geführt wurde, ungerecht und gegen die heiligen Gesetze sei; daß es nur ein Vorwand für einen großen Angriff gewesen sei.«*

Umseitig: Nur ed-Dins Streitmacht fußte auf dem Feudalsystem. Weitgehend unabhängige Emire stellten, anstatt Steuern zu zahlen, für einen begrenzten Zeitraum ihre Männer zur Verfügung. Hinzu kamen Sklavensoldaten (Mamelucken), kurdische Söldnern und Freiwillige. Aus einer französischen Handschrift.

Es war ein Abenteuer, das nirgends hinführen konnte; auch wenn Amalric Kairo belagerte, konnte er nicht darauf hoffen, Ägypten zu regieren. Es gab einfach nicht genug Lateiner im Osten, um das zu bewerkstelligen. Er zog sich zurück. Doch in der Zwischenzeit hatte Shawar bei Nur ed-Din um Hilfe gebeten. Shirkuh konnte sein Glück wahrscheinlich kaum fassen. Hier wurde er tatsächlich eingeladen, die Stadt zu betreten, die er so lange begehrt hatte. Bereits nach wenigen Wochen war er auf dem Weg.

Am 8. Januar 1169 zog Shirkuh schließlich triumphierend in die Stadt Kairo ein. Zwei Tage später hatte er eine Unterredung mit dem Kalifen. Und eine Woche später wurde der Wesir Shawar getötet. Die Drecksarbeit wurde Saladin und einigen anderen Emiren übertragen. Sie zerrten den Wesir vom Pferd und zogen ihn in ein Zelt, wo man ihn bewachte, bis der Befehl vom Kalifen kam, ihn zu enthaupten. »*So wurde Shirkuh durch die Macht eines einzigen Schwertes zum Herrn von ganz Ägypten.*« Doch er sollte seinen Traum nicht lange genießen. Drei Monate später war auch er tot. Das Amt fiel dann an seinen ersten Stellvertreter, seinen Neffen Saladin.

Saladin, der Emporkömmling

»Nach dem Tod Shirkuhs schlugen die Ratgeber des Kalifen Al-Adid vor, daß er Yusuf zum neuen Wesir ernennen solle, weil er der jüngste und offenbar der unerfahrenste und schwächste der Emire aus der Armee war.« So deutet Ibn al-Athir Saladins Aufstieg zur Macht. Auf die Gefahr hin, eine gute Geschichte kaputtzumachen: Die Vorstellung, daß Saladin ein schüchterner, zurückgezogener Niemand gewesen sein sollte, der plötzlich ins Rampenlicht gezerrt wurde, ist nicht wirklich glaubhaft. Er hatte Shawar getötet und seinem Onkel Shirkuh zur Macht verholfen. Er hatte seine Fähigkeit beim Einfall in Ägypten und sich selbst im Kampf bewiesen.

Auch vor dem ägyptischen Feldzug muß der junge Saladin auf seinen Onkel vielversprechend gewirkt haben, da er ihn als Begleiter im Feld den eigenen Söhnen vorzog. Nur ed-Din selbst hatte Saladin zum Polizeichef von Damaskus gemacht, ein Amt, in dem Saladin eine Steuer auf die Einnahmen der Prostituierten erhoben haben soll. Zumindest scheint er sich den Ruf erworben zu haben, ziemlich hart gewesen zu sein – ein zeitgenössischer Dichter warnte die Diebe Syriens, vorsichtig zu sein, denn dieser Yusuf sei bereit, ihnen die Hände abzuschlagen. In manchen arabischen Berichten von Saladins Aufstieg zur Macht klingt ein wenig von Prinz Hal an. Sie berichten, daß er bei seiner Ernennung *»das Weintrinken aufgab und sich von den irdischen Freuden abwandte«*, damit er in Zukunft *»das Gewand der Religion tragen«* könne.

Es lag mit Sicherheit keine Unsicherheit, Schwäche oder Unerfahrenheit in der Art, mit der Saladin seine neue Aufgabe anging. Er herrschte zur eigenen Überraschung über ein fremdes Land, von dem er nur wenig wußte, befand sich unter Fremden, erlebte fremde Sitten und hatte das gefährlichste Amt an einem Hof, der für seine Intrigen und Verschwörungen berüchtigt war. Manche Leuten wären vielleicht baden gegangen. Doch nicht Saladin. Er machte sich sofort daran, die Bevölkerung auf seine Seite zu ziehen, indem er das Geld ausgab, das sein Onkel angesammelt hatte. Er begann, Fatimiden-Truppen aus Kairo zu vertreiben, und als er Wind von einer Palastverschwörung bekam, handelte er rücksichtslos und wirkungsvoll.

Einer seiner Männer soll einen zerlumpten Mann in Verdacht gehabt haben, der neue Schuhe trug. Bei einer Untersuchung der Schuhe entdeckte man, daß einer davon einen Brief von einer Gruppe ägyptischer Emire enthielt – angeführt von einem der Palast-Eunuchen –, die die Franken baten, zurückzukommen und zu helfen, den syrischen Störenfried auszuschalten. Diese Geschichte ist vermutlich nur ein Beispiel für Saladins Propaganda, doch wie auch immer er von dem Plan erfuhr und ob es überhaupt einen solchen gab oder nicht – Saladin ließ den Eunuchen töten.

Dies scheint das Signal für eine Revolte des Schwarzen Regiments der Fatimiden gewesen zu sein. Sie hatten schon eine ganze Weile für Unfrieden gesorgt, und sie hatten Wesire gemacht und zerstört. *»Sie glaubten, daß alle weißen Männer nur Fettstücke seien, und daß alle schwarzen Männer Kohle seien.«* Einen Tag nach der Ermordung des Eunuchen versammelte sich das Schwarze Regiment auf dem Hauptplatz, und für zwei Tage tobte eine offene Schlacht. Schließlich wurden sie in ihr eigenes Viertel gedrängt, und als man dieses anzündete, baten sie um Gnade. Man erlaubte ihnen, nach Gizeh zu fliehen, wahrscheinlich entwaffnet, und dort trafen sie auf Saladins Bruder Turansha, der praktisch jeden Mann dahinschlachtete.

Der Bruch zwischen Saladin und Nur ed-Din

Ende 1169 war Saladin der unangefochtene Herrscher Ägyptens. Sein Reichtum war riesig. Er gab seinem Vater und seinem Bruder die Herrschaft über Gebiete, die ihnen eine Million Dinar im Jahr einbrachten. Egal wie oft Saladin seine Verbundenheit zu Nur ed-Din beteuerte – es war nicht mehr zu verheimlichen: Der ehemalige Günstling besaß nun beinahe ebensoviel Macht wie sein alter Meister, und dazu großen Reichtum. Dies war nichts, was Nur ed-Din erfreut haben könnte.

Einigen Berichten zufolge ging Saladins unabhängiges Handeln Nur ed-Din auf die Nerven. Der Chronist Abu Shama berichtet, daß Nur ed-Din von der Art, in der Saladin Geld ausgab, ohne ihn zu fragen, sehr befremdet war; der einzige Sinn des angestrebten Sieges über Ägypten war gewesen, daß das Land reich war – und Nur ed-Din konnte sein Geld gut gebrauchen.

Auch ärgerte er sich über Saladin, weil er das schiitische Kalifat noch nicht abgeschafft hatte. Doch Saladin wußte, daß er nicht zu schnell vorgehen konnte, ohne einen allgemeinen Aufruhr zu riskieren. Im Mai 1170 entließ er alle schiitischen Richter und ersetzte sie durch orthodoxe *qadis*, doch die Umsicht seiner Anstrengungen in dieser Richtung und seine Weigerung, mit dem fatimidischen Kalifat selbst zu verhandeln, veranlaßten Nur ed-Din dazu, ihm *»zu mißtrauen und ihn zu schmähen«*.

Schließlich, im Juni 1171, schrieb Nur ed-Din an Saladin und befahl ihm, den Kalifen zu beseitigen. Saladin zögerte, doch da dies ein direkter Befehl war, mußte er gehorchen, oder er würde seine Gefolgschaft gegenüber Nur ed-Din öffentlich in Frage stellen. An diesem Punkt kam Saladin sein erstaunliches Glück zur Hilfe. Der Kalif starb. Das zeitliche Zusammentreffen war so perfekt, daß man kaum glauben kann, Gift solle nicht im Spiel

»Saladin, König von Ägypten«, wurde zu einer Standardfigur in Europas Sammlung sagenhafter Helden. Aus einer italienischen Handschrift (15. Jahrhundert).

gewesen sein, und doch erwähnt nur eine Quelle diese Möglichkeit. Vielleicht ist es leichter zu glauben, daß es einfach Saladins Glück war.

Der Kalif von Bagdad wurde nun in Ägypten offiziell anerkannt. Die sunnitische Orthodoxie hatte gesiegt. Doch dies verbesserte die Beziehungen zwischen Kairo und Damaskus nicht. Im Gegenteil: Die Abschaffung des fatimidischen Kalifats bedeutete nur, daß Saladin unabhängiger wurde. Er war nun der absolute Herrscher eines Staates, der genauso groß wie und reicher als Syrien war. Die Spannungen mit Nur ed-Din mußten sich zwangsläufig vergrößern. In den folgenden Jahren war Saladin genötigt, einen sprichwörtlichen Eiertanz hinzulegen, um eine offene Konfrontation mit seinem »Herrn« zu vermeiden.

Ägypten und Syrien waren durch das fränkisch beherrschte Transjordanien getrennt. Kurz nach dem Tod Al-Adids erfüllte Saladin pflichtbewußt sein Versprechen, das er Nur ed-Din gegeben hatte, nämlich dieses lebenswichtige Bindeglied zu erobern. Er marschierte tapfer ins südliche Jordanland ein und belagerte die Festung Kerak. Nach einigen Tagen jedoch, *»überzeugt davon, daß sie uneinnehmbar sei, gab Saladin den Befehl zum Rückzug und kehrte durch die Wüste nach Ägypten zurück«.*

Ibn al-Athir sagt jedoch, daß die Festung tatsächlich kurz vor der Aufgabe stand, und daß der wahre Grund für Saladins plötzlichen Aufbruch die bevorstehende Ankunft Nur ed-Dins war. Das letzte, was Saladin wollte, war ein persönliches Treffen mit seinem Herrn, bei dem er unausweichlich den Unterlegenen darstellen mußte. Wenn Nur ed-Din ihn nun zurück nach Damaskus beorderte? Es war besser, etwas Abstand zu halten und die vermeintliche Demut zu pflegen, während er seine Politik der Unabhängigkeit weiterverfolgte.

Ein anderer Grund war Ibn al-Athir zufolge, daß Saladin nicht die Absicht hatte, die Franken aus Palästina zu vertreiben. Ein vereinter Angriff der Syrer aus dem Osten und der Ägypter aus dem Westen hätte zwar das fränkische Königreich vernichten können, doch dies hätte Nur ed-Dins Macht gestärkt und, was noch schlimmer war, den Puffer zwischen Kairo und Damaskus beseitigt. Und so gab Saladin vor, daß er nach Ägypten habe zurückeilen müssen, um eine fatimidische Revolte niederzuschlagen. *»Nur ed-Din nahm diese Ausflucht nicht hin.«*

Tatsächlich war Nur ed-Din wütend und drohte, in Ägypten einzumarschieren. Saladin trommelte eilig einen Familienrat zusammen. Sein Neffe Taki ed-Din war für den Krieg, doch sein Vater Ayub soll Saladin gesagt haben: *»Ich bin dein Vater, und wenn es hier irgend jemanden gibt, der dir Gutes wünscht, dann bin ich es. Doch dies weiß ich: Wenn Nur ed-Din käme, könnte mich nichts davon abhalten, mich vor ihm zu verbeugen und den Boden zu seinen Füßen zu küssen. Wenn er mir befehlen würde, dir den Kopf mit meinem Säbel abzuschlagen, würde ich es tun. Denn dieses Land gehört ihm.«*

Doch man erzählt sich, daß Ayub seinem Sohn nach der Sitzung unter vier Augen erklärte, daß man Nur ed-Din, falls er denn käme, nicht erlauben würde, auch nur ein einziges Zuckerrohr anzutasten. Doch wozu eine Konfrontation herausfordern? Wenn Saladin weiterhin gegenüber Nur ed-Din Unterwerfung und Respekt zeigen würde, hätte sein alter Herr keinen Grund zum Einmarsch. Saladin nahm diesen Rat an und nannte sich in seinem Schriftwechsel mit Nur ed-Din weiterhin »den Diener« und Nur ed-Din »den Herrn«. Er hielt das Trugbild aufrecht, daß alles, was er tat, in Nur ed-Dins Namen geschehe – ob er nun Ägypten regierte oder den Jemen besetzte.

Nur ed-Din erwartete auf der anderen Seite jedoch Handfesteres: *»Seit der Zeit, als Ägypten eingenommen worden war, wartete Nur ed-Din auf einen vereinbarten Geldbetrag, der ihm helfen sollte, die Kosten des Heiligen Krieges zu bestreiten... Er wartete darauf, daß Saladin dies von sich aus vorschlug, und bat ihn nicht darum.«* Schließlich schickte Saladin ihm ein Geschenk, das aus Teilen der fatimidischen Familienschätze bestand, die nach dem Tode Al-Adids beschlagnahmt worden waren: 60.000 Dinare, einige *»handgemachte Waren«*, ein Esel und ein Elefant. Nur ed-Din scheint dieses Geschenk als wohlbedachte Beleidigung aufgefaßt zu haben. Er erwartete den Ertrag, den sein neuer Staat Ägypten abwarf, und statt dessen war alles, was man ihm anbot, ein *»Geschenk«* des Neffens seines ehemaligen Stellvertreters, der sich nun offensichtlich als gleichrangig betrachtete. *»Wir brauchten dieses Geld nicht...«*, antwortete er stolz, *»Er* (Saladin) *weiß, daß wir das Geld für die Eroberung Ägyptens nicht wegen* (mehr) *Geldes ausgaben.«*

Doch natürlich brauchte er das Geld dringend. Um sich seine Rechte zu sichern, forderte Nur ed-Din Rechenschaft über seine neu erworbene Provinz. Tatsächlich war sein Zwist mit Saladin so erbittert geworden, daß es keiner an seinem Hof mehr wagte, Saladins Namen zu erwähnen. Er nannte ihn nur noch »den Emporkömmling«, »den Untreuen«, »den Undankbaren« oder »den Unverschämten«.

Bevor der Prüfer, den er nach Ägypten entsandt hatte, seinen Bericht in Damaskus abliefern konnte, starb Nur ed-Din – wahrscheinlich an einem Herzinfarkt. Saladins Glück war unfehlbar. Der große Herrscher war mit einem seiner Emire ausgeritten, der sagte: *»Gott weiß, ob wir uns hier alle in einem Jahr wiedertreffen?«*, worauf Nur ed-Din antwortete: *»Wer weiß, ob wir uns in einem Monat wiedertreffen?«* Ibn al-Athir zufolge befand sich Nur ed-Din tatsächlich mitten in den Vorbereitungen, Ägypten zu überfallen und es Saladin wegzunehmen, als *»er einen Befehl von Gott erhielt, dem er folgen mußte«*.

Der Herr von Damaskus

Nur ed-Din hinterließ einen zehnjährigen Sohn namens Al-Salih als Erben, mit der unausweichlichen Folge, daß ein heftiger Kampf um die Macht – und die Kontrolle des Jungen – unter den Emiren entbrannte. Der Statthalter von Aleppo erklärte sich selbst

وَيُحِلُّ القنصَ والحبالةَ والقبسَ والذُبالةَ انها لضغثٌ على ابالةٍ فانصاعت تقتصُّ مدرجها
وتنشدُ مُدرجها فلمّا دانتني قرنتُ بالرقعةِ درهمًا وقطعةً وقلتُ لها ان رغبتِ في المشوفِ المعلمِ
واشرتُ الى الدرهم فبوحي بالسرِّ المبهمِ وان ابيتِ ان تشرحي فخذي القطعةَ وابرحي

فمالتْ الى استخلاصِ البدرِ التمِّ والأبلجِ الهمِّ وقالتْ دعْ جدالكَ وسلْ عمّا بدا لكَ فاستطلعتُ
طلعَ الشيخِ وبلدتهِ والشعرِ وناسجِ بردتهِ فقالتْ انّ الشيخَ من اهلِ سروجٍ وهو الذي وشّى

zum Regenten für den Jungen, doch weder er noch irgendein anderer Türke fand Unterstützung bei den Emiren von Damaskus. Eingedenk ihrer Verwundbarkeit gegenüber den Franken entschieden sie, daß der einzige Mann, der sie erfolgreich verteidigen konnte – ob sie es nun wollten oder nicht –, der Emporkömmling war. In einer der großen Kehrtwendungen der Geschichte wurde Saladin *»heimlich von den wichtigen Männern von Damaskus zu Hilfe gerufen«*.

Ende Oktober reiste Saladin durch die »Wüsten von Syrien« und kam mit einer kleinen Armee in Damaskus an; die Tore wurden ihm geöffnet. Saladin erinnerte sich an diesen Augenblick in rosarotem Glanz: *»Wir näherten uns den Menschen wie ein Licht in der Dunkelheit«*, schrieb er. *»Die Menschen eilten vor Freude über unsere* (zukünftige) *Herrschaft von vorn und von hinten zu uns, nachdem wir die Stadt betreten hatten.«* Tatsächlich war er außerhalb der Tore von einem nicht geringen Teil der Armee von Damaskus empfangen worden, über den die Emire die Kontrolle verloren hatten, doch sie hatten keinen ernsthaften Widerstand gezeigt und waren verschwunden, ohne zu kämpfen. *»Sie wußten, daß Spreu vom Wind weggeblasen wird«*, wie es einer seiner *qadis* ausdrückte.

Die Übernahme war ohne Blutvergießen geschehen, und Saladin versicherte den Menschen sofort seine guten Absichten. Er war darauf bedacht, daß die Bevölkerung, die sich Nur ed-Din verschrieben hatte, seine Handlungen als rechtmäßig ansah. Er kürzte die Steuern und behauptete, daß er die Stadt als Meilenstein auf dem Weg zur Eroberung Jerusalems eingenommen habe. Alles, was er tue, tue er ausschließlich für den Kalifen in Bagdad und für die Sache des *jihad*. Er stellte sich als den einzig möglichen Anführer des *jihad* dar – den einzig wahren *mujahid*. Die Vereinigung Syriens unter ihm sei schlicht eine Notwendigkeit, wenn die Franken vertrieben werden sollten.

»Dieser Saladin... ein Mann aus einfachen Verhältnissen und von niederem Rang, hält nun all diese Königreiche unter seiner Herrschaft, denn das Schicksal hat ihm gar zu freundlich gelächelt.« Es ist kaum überraschend, daß Nur ed-Din Saladin als Emporkömmling betrachtet hat, aber es ist seltsam, daß der fränkische Historiker William von Tyros ihn in genau demselben Licht sah. William fährt fort: *»Saladin hatte sich, ungeachtet der Gesetze der Menschlichkeit, ohne Rücksicht auf seine niedere Herkunft und undankbar gegenüber den Wohltaten, die ihm vom Vater jenes jungen Königs erwiesen worden waren, gegen seinen rechtmäßigen Herrn erhoben.«*

Einige hundert Jahre später wurde Saladins niedere Geburt als ein Pluspunkt gewertet.

Dieses Bild der Standartenträger
des Kalifen von Bagdad unterstreicht seine
rein zeremonielle Funktion.
Der Kalif hatte keine militärischen Aufgaben.

»Saladin war... ein Mann von sehr niederer Geburt«, schrieb Boccaccio, *»doch von großem und hochfliegendem Geist und in der Kriegskunst sehr erfahren. Er war großzügig im Geben, und über seine Herrlichkeit kann man nicht genug sagen. Er war ein gläubiger Mann und liebte und ehrte gute Männer.«*

Und doch: Als er im Oktober 1174 in Damaskus seine Herrschaft antrat, betrachteten seine Feinde in Aleppo Nur ed-Dins Sohn als dessen wahren Nachfolger und Saladin lediglich als einen ehrgeizigen Abenteurer, der seinen Herrn betrogen hatte. *»Ihr geht zu weit, Yusuf, Ihr überschreitet alle Grenzen. Ihr seid bloß ein Diener Nur ed-Dins, und nun trachtet Ihr, allein die Macht zu erlangen? Aber macht keinen Fehler, denn wir, die wir Euch aus dem Nichts gehoben haben, können Euch auch wieder dorthin zurückschicken.«*

Die Menschen von Damaskus andererseits waren für einen neuen Anführer bereit. Die Kombination von Nur ed-Dins Propaganda für den Heiligen Krieg und der ständige Flüchtlingsstrom aus den Ländern der Franken hatte den religiösen Eifer derart angeheizt, daß er auf gewisse Art jener Energie ähnelte, die achtzig Jahre zuvor in Europa die Kreuzzüge ausgelöst hatte.

Jihad-Fieber in Damaskus

Das Zentrum der religiösen Energie von Damaskus war ein Vorort, der von Flüchtlingen gegründet worden war, die der christlichen Besetzung Palästinas gewichen waren. In der Region Nablus war es dem fränkischen Oberherrn Balduin von Mirabel durch sein Tun gelungen, eine islamisch-fundamentalistische Bewegung aus dem Boden schießen zu lassen.

Balduin war knapp bei Kasse gewesen. Ein Machtkampf in Jerusalem zwischen der willensstarken Königinmutter Melisende und ihrem Sohn, dem minderjährigen König Balduin III., hatte dazu geführt, daß just auf Balduin von Mirabels Kosten ein luxuriöser, aber machtloser Schattenhof eingerichtet worden war. Er sollte mittels der Einkünfte aus den königlichen Ländereien bezahlt werden. Balduin fand sich plötzlich in der Situation wieder, für die Mutter des Königs gewaltige Beträge aus eigener Tasche aufbringen zu müssen, weil sein Besitztum Teil dieser königlichen Ländereien war.

Verzweifelt vervierfachte er die Kopfsteuer seiner zumeist moslemischen Bauern. Als dies zu vermehrten Verbrechen führte, griff er zu drakonischen Strafen: Wenn jemand etwa versuchte davonzulaufen, sollte er einen Fuß verlieren. Die Bauern protestierten, indem sie Gottesdienste besuchten, anstatt zu arbeiten. Aus diesem Gebiet waren weniger Moslems abgewandert als aus anderen, und so bestand die Bevölkerung überwiegend aus ebensolchen. Jeder Freitag wurde zum Streiktag; die Felder leerten sich, wenn die Bauern in das Dorf Jama'il strömten, um der mittäglichen Freitagspredigt eines Religionsgelehrten namens Ahmad ibn Muhammad ibn Qudama zu lauschen.

Ibn Qudama war ein streng orthodoxer Aufwiegler, der gegen die herrschende Unterdrückung tobte. Im Jahre 1156 beschloß Balduin, etwas gegen ihn zu unternehmen. Der betreffende Herr erfuhr jedoch, was ihm drohte, und organisierte eine Massenflucht von über einhundertdreißig Familien aus Jama'il und den umgebenden Dörfern unter dem Vorwand einer angeblichen Zwiebelpflanzungsreise. Es gelang ihnen, unbeschadet über den Jordan nach Damaskus zu gelangen, wo sie sich vor den Mauern niederließen. Dort gründeten die Flüchtlinge eine Gemeinde, die sich der extremen orthodoxen Religion verschrieb sowie den leidenschaftlichen Lehren des *jihad*. Moscheen und Madrassas (Schulen) wurden gegründet, und der Vorort, der entstand, heißt bis heute Al-Salihiyya – »Reinheit«.

Saladin gegen seine moslemischen Landsleute

Saladins Reden mögen voller Zustimmung zum *jihad* gewesen sein, doch in Wirklichkeit verbrachte er den Großteil der nächsten zehn Jahre eher damit, Moslems anstatt der Franken zu bekämpfen. Sein erstes Ziel war Aleppo, wo – dem Titel nach – sein Herr und Nur Ed-Dins rechtmäßiger Erbe Al-Salih von den Emiren unter strenger Bewachung gehalten wurde. Saladin war zunächst recht selbstbewußt. Als er seinem Neffen schrieb, erlaubte er sich ein Wortspiel mit dem arabischen Namen für Aleppo, Halab, was Milch bedeutet: »*Wir brauchen nur das Melken zu übernehmen, und Aleppo wird uns gehören.*« Doch so einfach war es nicht.

Als Saladin seine Armee vor die Mauern Aleppos führte, zeigte sich der dreizehnjährige Al-Salih auf dem Marktplatz und rief den Aleppanern leidenschaftlich zu: »*Seid vor diesem ungerechten und undankbaren Mann auf der Hut, der mir ohne Rücksicht auf Gott oder die Menschen mein Land wegnehmen will! Ich bin ein Waise, und ich verlasse mich darauf, daß ihr mich im Angedenken an meinen Vater, der euch so geliebt hat, verteidigen werdet.*«

Laßt euch nie mit Hunden oder Kindern ein, sagt W.C. Fields, und das galt auch in der mittelalterlichen Politik. Nach Al-Salihs bühnenreifem Auftritt hatte Saladin es schwer, das Bild des treuen Dieners, der pflichtschuldig zur Rettung des Sohnes seines Herrn kam,

Umseitig: Karawanen waren das Herzstück der Zivilisation des Nahen Ostens. Sie bestanden oft aus Tausenden von Lasttieren – vor allem natürlich aus Kamelen – und bildeten quasi reisende Städte. Die Zerstörung einer Karawane war eine soziale und wirtschaftliche Katastrophe.

aufrechtzuerhalten. Die Aleppaner glaubten ihm nicht und beschlossen, der ganzen Aufführung einen Riegel vorzuschieben, indem sie die Dienste der Assassinen in Anspruch nahmen. Noch während Saladin vor Aleppo lagerte, verübten die Assassinen einen Anschlag auf sein Leben. Einer seiner Emire wurde dabei getötet.

Im Jahr darauf besiegte Saladin eine vereinigte Armee der Städte Aleppo und Mossul vor den Toren Aleppos. Er schenkte das Zelt des Lehnsherrn von Mossul seinem Neffen, und sein Inhalt wurde von einem der Chronisten beschrieben. Es ist ziemlich erstaunlich, was ein syrischer Kriegsherr im zwölften Jahrhundert mit in den Krieg nahm: Schatztruhen, Wein, Musikinstrumente, Sängerinnen und eine Vogelsammlung aus Tauben, Nachtigallen und Papageien. Saladin gab die letzteren dem Lehnsherrn von Mossul mit der Bemerkung zurück: *»Sagt ihm, er soll lieber wieder mit diesen Vögeln spielen, denn sie sind harmlos und werden ihn nicht in gefährliche Situationen bringen.«*

Dann machte sich Saladin wieder daran, Aleppo zu belagern, und wieder schlugen die Assassinen zu. Diesmal gelang es tatsächlich vier von ihnen, bis zu seinem Zelt vorzudringen. Es gab einen heftigen Kampf, bei dem Saladins Wange aufgeschlitzt wurde. Vielleicht rettete ihm der Umstand das Leben, daß er wie gewöhnlich einen Kettenschutz unter seiner Kopfbedeckung trug. Die Assassinen wurden getötet, und auch zwei von Saladins Leuten starben.

Saladin war erschüttert, das Blut strömte ihm aus dem Gesicht. Von diesem Zeitpunkt an litt er verständlicherweise unter Verfolgungsangst. Sein Zelt war fortan von einer Palisade umgeben, und er sprach mit keinem, den er nicht kannte. Manche sagen, er schlief nur noch voll bewaffnet in einem Käfig. Die Angst breitete sich in seiner ganzen Armee aus, und jeder fürchtete sich vor jedem. So konnte es nicht bleiben. Saladin ging der Sache auf den Grund. Im August 1176 belagerte er Masyaf – die syrische Hochburg der Assassinen-Sekte, das bis heute ein Zentrum der Ismailiten bildet. Doch schon nach wenigen Tagen brach er die Belagerung ab. Der Grund blieb rätselhaft.

Die Erklärung der Assassinen lautete, daß Raschid ed-Din Sinan, »der Alte Mann aus den Bergen«, zu seiner Burg zurückkehrte, als Saladins Agenten ihn gefangennehmen wollten. Als sie sich ihm jedoch näherten, lähmte eine geheimnisvolle Macht ihre Gliedmaßen, und der Alte Mann befahl ihnen, Saladin auszurichten, daß er ihn treffen wolle. Die Agenten eilten zurück und berichteten Saladin davon, der solche Angst bekam, daß er kaum schlafen konnte. Trotzdem wachte er mitten in der Nacht auf, um einige heiße Kuchen jener Sorte auf seinem Kissen zu finden, wie ihn die Assassinen backen, sowie einen vergifteten Dolch, an dem ein Droh- und Schmähgedicht befestigt war. Saladin zog die Belagerung am nächsten Tag zurück.

Die wahrscheinlichere Version ist freilich, daß Raschid ed-Din Sinan einen Brief an Saladins Onkel geschickt hatte und drohte, Mitglieder der Ayub-Familie zu töten, und daß es dies war, was Saladin veranlaßte, die Belagerung aufzuheben. Auf jeden Fall bedrohte er Masyaf niemals wieder.

1181 starb Nur ed-Dins Erbe Al-Salih. Es war nur ein weiteres erstaunliches Beispiel von Saladins sprichwörtlichem Glück, daß Al-Salih in so jungen Jahren erkrankte und starb – er war erst neunzehn Jahre alt, *»einer der hübschesten Männer«* und sehr beliebt in Aleppo. Natürlich sprach man von Gift, doch niemand konnte etwas beweisen. An dieser Stelle muß man kurz bemerken, daß einer der Verdächtigen später in Saladins Diensten sehr gut vorankam. Saladin hatte natürlich seine Armee für den Marsch auf Aleppo in Bereitschaft, doch der Lehnsherr von Mossul kam als Erster dort an. Saladin verdoppelte daher seine Propaganda und behauptete, daß der vorherige Kalif ihm Aleppo übergeben habe und er Al-Salih nur aus Respekt vor seinem Vater ins Amt gesetzt habe – was natürlich ganz und gar Augenwischerei war.

Im folgenden Jahr verschärfte Saladin seine Angriffe östlich des Euphrat und führte einen erfolglosen Angriff auf Mossul. Er beanspruchte immer noch, im Namen des Kalifen von Bagdad zu handeln, obwohl der Kalif sich weigerte, diese Behauptung zu bestätigen. Saladin machte einige nützliche Geländegewinne in diesem Gebiet, was die Macht der Stadt Mossul wirkungsvoll schmälerte. Als er sich im Juni 1183 Aleppo zuwandte, um jene alte Rechnung zu begleichen, erkannte dessen Statthalter, daß das Spiel aus war, und gab auf.

Saladin stellte sicher, daß die Übernahme ohne Blutvergießen stattfand; er brauchte die Unterstützung der Aleppaner. Für Saladin stellte Aleppo *»das Auge Syriens und seine Zitadelle die Pupille«* dar. Die Bedeutung der Tatsache, daß die Stadt in Saladins Hände fiel, entging auch William von Tyros nicht:

> *»Doppelte Angst ergriff bei dieser Nachricht von unseren Leuten Besitz, denn das von ihnen am meisten Gefürchtete war eingetreten. Vom ersten Augenblick war es den Christen klar gewesen, daß, wenn es Saladin gelingen sollte, Aleppo seinem Herrschaftsbereich hinzuzufügen, unser Territorium so vollständig von seiner Macht umgeben sein würde, als wäre es belagert.«*

Und so waren Saladins Behauptungen, daß seine anti-moslemischen Feldzüge alle Teil des *jihad* seien, vielleicht doch nicht ganz so unglaubwürdig, wie seine Feinde uns glauben machen wollen. Seine Propagandamaschinerie unterstrich natürlich die Verbindung zwischen der Übernahme Aleppos und dem *jihad*. In einem Brief nach dem anderen betonte er, daß die Eroberung Aleppos nur ein Meilenstein auf dem Weg zum Sieg im Heiligen Krieg sei. Da er nun Aleppo, Damaskus und Ägypten beherrschte, konnte er die Franken aufs beste in einen Schraubstock einzwängen und sie angreifen, wie es keiner vor ihm je getan hatte.

Und – um ihm Gerechtigkeit widerfahren zu lassen – er tat es.

Der Fall Jerusalems

Als Saladin seine Armee in Vorbereitung für den Angriff auf das Königreich Jerusalem nach Damaskus führte, befanden sich der Franken-König und seine Freiherren *»in einem Zustand der ständigen Sorge und Angst«*, und sie versuchten herauszufinden, von woher und wann Saladin angreifen werde. Denn sie waren nun ganz sicher, daß er das tun würde.

Es war Pech für das Königreich, daß der einundzwanzigjährige König Balduin IV. an Lepra erkrankt war. In den vorangegangenen Jahren war diese schreckliche Krankheit so schlimm geworden, daß er gezwungen war, die Zügel des Königreiches an den Ehemann seiner Schwester Sibylla, Guy de Lusignan, weiterzureichen – ein Mann, der in den Augen des eher verbitterten William von Tyros *»der Last weder durch Stärke noch durch Weisheit gewachsen war«*. Als Saladin die fränkische Armee schließlich in der Nähe der Goliath-Seen angriff, hatte Guy das Sagen. Saladin versuchte, die Franken in die Schlacht zu ziehen, indem er einen Rückzug vortäuschte, doch Guy weigerte sich anzugreifen. Er wartete einfach darauf, daß Saladin wieder nach Hause ging. Dies war militärisch gesehen das Vernünftigste und genau das, was Guys Hauptrivale am Hof – Raimund von Tripolis – ihm riet.

Saladins Armee bestand aus Rittern, die ihr Auskommen durch Ländereien bezogen, die sie selbst zu überwachen hatten. Es waren keine Vollzeit-Berufssoldaten, die das ganze Jahr auf dem Schlachtfeld bleiben konnten. Saladin mußte einen schnellen, entscheidenden Sieg gegen die Franken erringen und sich dann zurückziehen. Der einfachste Weg für die Franken, Saladin zu besiegen, war, die Schlacht zu vermeiden. Denn die Christen besaßen ein stehendes Heer, das immer noch da sein würde, wenn Saladins Armee sich längst wieder aufgelöst hatte.

Zusätzlich zu den Feudalherren, die ihm einen zeitlich begrenzten Ritterdienst schuldeten, konnte der König von Jerusalem die Ritter des Tempelordens und die Johanniterritter anfordern.

Schließlich mußte Saladin den Schwanz einziehen und ohne irgendeinen Erfolg seines kostspieligen Ausfluges nach Damaskus zurückkehren. Dies war ein großer Erfolg für die Franken, doch es war keine sonderlich heroische Art des Sieges. Für Guys Feinde am fränkischen Hof bot dies eine Möglichkeit, Stimmung gegen ihn zu machen, die man nicht auslassen durfte. *»Einfache Menschen, die in der Armee waren und die keinen Anteil an der Boshaftigkeit der christlichen Anführer hatten, fragten sich, warum bei einer solchen Gelegenheit kein Angriff gegen den Feind geführt wurde, noch irgend etwas für einen*

Die Ritterorden

Die Ritterorden – die Templer und die Johanniter – hatten als fromme, religiös geprägte Hilfsorganisationen zur Unterstützung der Pilger angefangen, doch zwanzig Jahre nach der Eroberung Jerusalems wurden sie zu Mönchsritter-Organisationen.

Obwohl beide Orden weiterhin friedliche Unterorganisationen unterhielten – die Johanniter etwa betrieben das große Hospiz von Jerusalem (das Herberge und Krankenhaus für arme Pilger war) –, verschrieben sie sich nun dem Kampf als Ausdruck ihrer Liebe zu Christus. Sie bauten eine Reihe eigener Burgen, bestückt mit Kriegsausrüstung und Pferden, und stellten Söldnertruppen auf, die ihre Ordensuniformen trugen. Sie hatten eigene Einnahmequellen: umfangreiche Stiftungen, große Ländereien in Europa, die Finanzierung der Kreuzzüge. Ihre Festungen, darunter etwa die außergewöhnliche Krak des Chevaliers der Johanniter, bildeten die stärksten Trutzburgen des Königreiches.

Kampf getan worden war«, schrieb William von Tyros, der zu den Anhängern des Grafen Raimund gehörte. Raimunds Seite beschuldigte Guy nun offen der Feigheit, weil er sich geweigert habe zu kämpfen – ohne die Tatsache zu berücksichtigen, daß Guy natürlich Raimunds eigenem Rat gefolgt war! Guys Feinde waren bei der Zerstörung seines Rufes so erfolgreich, daß sie den sterbenden König kurze Zeit später überreden konnten, Guy von der Regentschaft zu entbinden und an seiner Statt Raimund einzusetzen.

Das Königreich war mittlerweile so von Intrigen zersetzt, wie der junge König von Lepra. Es gab so wenig Ritter, es existierte eine solch hohe Sterblichkeit und es kam so wenig frisches Blut nach, daß es zu einem Sudkessel des Parteienkampfes geworden war, in dem sie alle miteinander im eigenen Saft schmorten.

Die beiden großen Parteien scharten sich in gewissem Maße um die beiden Frauen, die der Vater Balduins IV., König Amalric, geheiratet hatte. Er hatte sich gezwungen gesehen, seine Ehe mit seiner ersten Frau, der ausschweifenden Agnes de Courtenay, zu annullieren, doch es war unter der Bedingung geschehen, daß ihre beiden Kinder, der leprakranke Balduin und seine Schwester Sibylla, in der Thronfolge ganz oben rangierten. Dies wurde natürlich von Amalrics zweiter Frau, der wunderschönen Griechin Maria Comnena, abgelehnt, die selbst ein Kind mit ihm hatte – Isabella. Selbstverständlich haßten sich die beiden Frauen.

Maria, nun Königinmutter und eine mächtige Frau, heiratete Balian von Ibelin, der den ehrgeizigen Grafen Raimund von Tripolis unterstützte. Raimund sprach arabisch und verstand die Moslems, doch er begehrte nicht nur die Regierung, sondern auch die Königswürde selbst. Diese Partei wurde von den Johannitern unterstützt.

Agnes Partei, zu der der Kommandant der Tempelritter gehörte, bestand vor allem aus Männern, die sie attraktiv fand, wie Eraclius, der Patriarch von Jerusalem, und Guy de Lusignan, den sie mit ihrer Tochter Sibylla verheiratete, sowie ihren Bruder Joscelin, den mächtigen Seneschall von Jerusalem.

Eine Schlüsselfigur in dieser Partei war eine der bemerkenswertesten Personen des Königreiches: der berühmte, der infame, der gehaßte, der geliebte, der teuflische, der fesselnde, der verrückte, der unerschrockene, der brutale, der ungestüme – der ziemlich außergewöhnliche Reynald de Châtillon.

Reynald de Châtillon – Auftritt des Schurken?

Reynald de Châtillon war der einzige Mann im fränkischen Königreich, bei dem Saladin das Bedürfnis verspürte, ihn mit seinen eigenen Händen umzubringen.

Reynald war mit König Ludwig beim zweiten Kreuzzug in das Königreich Jerusalem gekommen. Er war ein hochgeborener Adliger, jedoch ein jüngerer Sohn. Deshalb war er in den Osten gekommen, um sich ein Vermögen zu suchen, das er zu Hause nicht zu erwarten hatte. Von allen Adligen, die König Balduin bei der Belagerung Ascalons 1153 begleitet hatten, hatten nur zwei gegen Bezahlung gekämpft. Reynald war einer von ihnen. Er hatte etwas von einem Manisch-Aggressiven. Er besaß Charme und kam bei den Frauen eindeutig gut an. Eine der mächtigsten Frauen des lateinischen Ostens hatte er bereits für sich eingenommen, die achtundzwanzigjährige Constance, Prinzessin von Antiochia. *»Lady Constance, Witwe von Prinz Raimund von Antiochia, die nach der Art der Frauen viele wohlangesehene Adlige abgelehnt hatte, erwählte heimlich Reynald de Châtillon zu ihrem Ehemann, einen Ritter im Sold des Königs...«*, hechelte William von Tyros aus der gegnerischen Hofpartei. *»Es gab jedoch viele, die sich wunderten, daß sich eine so bedeutende, so würdige und mächtige Frau, die die Gattin eines sehr erlauchten Mannes gewesen war, herabließ und einen gewöhnlichen Ritter heiratete.«*

Der neue Prinz von Antiochia war jedoch nichts weniger als ein »gewöhnlicher Ritter«. Seine glückliche Heirat mochte von den höfischen Kreisen von Konstantinopel bis Jerusalem abgelehnt werden, doch das interessierte ihn nicht im geringsten.

Selbst Aimery, der Patriarch von Antiochia, lehnte ihn ab – und doch wurde Aimery, als Reynald im Jahre 1156 Zypern angriff, sein Finanzier.

Zypern war wohlhabend, friedlich und den Kreuzfahrern gegenüber ausnehmend freundlich. Natürlich war es kein moslemisches Land – es war christlich-orthodox –, und deshalb war Reynalds Angriff eigentlich kein Kreuzzug. Doch um zu zeigen, daß die Religion seinem Herzen sehr nahestand, lud er den wohlhabenden Aimery ein, seinen Feldzug zu finanzieren. Als der Patriarch ablehnte, merkte Reynald, daß subtilere Überredungskünste vonnöten waren. Er setzte Aimery also fest, schmierte seinen kahlen Kopf mit Honig ein und zwang ihn, als eine Art menschliches Fliegenpapier den ganzen Tag über in der glühenden Sonne zu sitzen.

Nach einem Tag mit dieser Sorte von Argumenten war der ehrwürdige Patriarch vollkommen überzeugt und machte den geforderten Betrag locker. So war es Reynald möglich, aus den Schatullen der Kirche finanziert nach Zypern zu segeln und das Land nach Herzenslust zu verwüsten. William von Tyros schreibt:

> *»Er überrannte die Insel in einem Streich, ohne auf irgendeine Gegenwehr zu treffen, zerstörte Städte und vernichtete Festungen. Er brach in Klöster ein und schändete Nonnen und zarte Jungfrauen. Obwohl die wertvollen Gewänder und die Menge an Gold und Silber, die er davontrug, groß waren, war ihr Verlust doch nichts im Vergleich mit der Gewalt, die er der Keuschheit angetan hatte.«*

Und nur um dem Kaiser von Byzanz, dem Zypern gehörte, zu zeigen, daß er die Priester nicht vergessen hatte, ließ Reynald ihnen die Nasen abschneiden. Es war ein sehr großer Triumph, der die Insel, deren Bewohner jetzt keineswegs mehr freundlich gesinnt waren, den moslemischen Piraten in die Hände spielte. Zypern, das die ersten Kreuzfahrer vor dem Verhungern bewahrt hatte, indem es ihnen Freßpakete zukommen ließ, hatte fürderhin weder Absicht noch Möglichkeit, dem Königreich der Franken zu helfen.

König Balduin war wütend, als er von Reynalds Eskapade hörte, und überschlug sich vor Eifer, die Sache gemeinsam mit dem Kaiser zu bereinigen. Der Kaiser war jedoch durchaus imstande, sich Reynald allein vorzuknöpfen. Drei Jahre später ritt er an der Spitze einer gewaltigen Armee nach Antiochia. Reynald hatte nicht erwartet, daß man die gesamte Macht des Römischen Reiches gegen ihn richten würde. Er war entsetzt. Nach

---

Umseitig: Krak des Chevaliers, die berühmte Burg der Johanniter, ist ein Meisterwerk des Festungsbaus. Dieser war zur Zeit des ersten Kreuzzuges im Osten viel weiter entwickelt als in Europa, aber da sich nur wenige Neuankömmlinge niederließen (es gab nur etwa tausend Lehensritter in Übersee, weit weniger als in England), mußten die Kreuzfahrer die neuen Techniken erlernen, um zu überleben.

einer kurzen Besprechung mit seinen Ratgebern befand er, daß unterwürfigstes Gekrieche der einzige Ausweg war.

Der Kröterich aus »*Der Wind in den Weiden*« hätte es nicht besser gekonnt. Raimund warf sich einen Wollumhang mit kurzen Ärmeln über, legte sich ein Seil um den Hals, trug ein bloßes Schwert an dessen Spitze und erschien barfuß vor dem Kaiser. Er übergab sein Schwert. Dann, nach den Worten von William von Tyros, *»warf er sich dem Kaiser zu Füßen, wo er flach liegen blieb, bis alle angewidert waren und der Ruhm der Lateiner sich in Schande verwandelte; denn er war ein impulsiver Mann, sowohl in der Sünde als auch in der Reue.«*

Im nächsten Jahr war der unbezähmbare Reynald wieder unterwegs, überfiel christliche Bauern, bis der Statthalter von Aleppo ihn dabei erwischte. Reynald verbrachte die nächsten sechzehn Jahre in einem Gefängnis von Aleppo.

Reynalds Entlassung

Bei seiner Entlassung im Jahre 1176 stellte Reynald fest, daß seine Frau Constance schon lange tot und er nicht länger Prinz von Antiochia war. Er begann hastig, nach einer anderen reichen Witwe zu suchen und fand Stephanie, die Transjordanien beherrschte und Herrin des mächtigen Wüstenschlosses Kerak war. Von dort aus begann Reynald das zu tun, was er am liebsten tat: die Moslems zu bekämpfen.

1180 unterzeichnete König Balduin einen Friedensvertrag mit Saladin, der den freien Handel innerhalb der Region garantierte. Doch die reichen Karawanen langsam an Kerak vorbeiziehen zu sehen, war mehr, als Reynald ertragen konnte. Und 1181, Waffenstillstand hin oder her, überfiel er eine davon auf ihrem Weg nach Mekka. Saladin verlangte unter Berufung auf den Vertrag die Rückgabe, doch Balduin ließ Reynald unbehelligt. Es war sehr nützlich, einen gefährlichen Mann in Transjordanien zu haben, und das an dem Weg, der Syrien mit Ägypten verband. Reynald hatte keine Mühe, seinem Ruf bei den Arabern als Mann, den sie haßten, gerecht zu werden. Er verbrachte zwei Jahre damit, Schiffe in Einzelteilen zu bauen, die von Kamelen getragen werden konnten. Anfang 1183 zog Reynald ans Rote Meer und betätigte sich als Pirat, indem er seine zusammengebauten Schiffe bei einer Reihe von Überfällen auf Handelsschiffe, Pilger und Häfen einsetzte. Die moslemische Welt war überrascht und erschreckt – man munkelte, daß er beabsichtige, Mekka selbst anzugreifen und sogar den Leichnam des Propheten zu verschleppen, so daß die Moslems ihre Pilgerreisen in fränkisches Gebiet machen müßten!

Die Plünderer wurden jedoch aufgehalten; Reynald selbst kam sicher nach Kerak zurück, doch seine Begleiter wurden schließlich gefangengenommen. Ein paar wurden nach Mekka gebracht, um öffentlich hingerichtet zu werden, und einige nach Kairo. In Alexandria sah der Reisende und Tagebuchschreiber Ibn Jubayr, wie einige von ihnen, auf dem Rücken liegend auf Esel gezurrt und von Trompeten und Trommeln begleitet, in die Stadt geführt wurden. Saladin war entschlossen, die Gefangenen töten zu lassen, weil sie die geheimen Orte des Islam betreten hatten und es wichtig war, daß kein Franke den Weg kenne, da *»der Feind sonst in das heilige Gebiet strömen würde«*. Es ist wahrscheinlich, daß Saladins besondere Abneigung gegen Reynald auf diesen Raubzug zurückgeht.

Hochzeit in Kerak

Während Jerusalem zwischen den beiden Hofparteien gespalten war und Guy der Unfähigkeit bezichtigt wurde, tauchte Saladin mit einer riesigen Armee vor Kerak auf. Es war der ungeeignetste Augenblick dafür. Eine Hochzeit fand statt.

Reynalds Stiefsohn, der siebzehnjährige Humphrey von Toron, heiratete die Prinzessin Isabella.

Es war eine Hochzeit, die den Riß im Königreich flicken sollte; Isabella war die Tochter von Reynalds Busenfeindin, Königin Maria Comnena. Tatsächlich bot der Anlaß Maria und ihren Anhängern, geführt von Raimund von Tripolis und der Familie Ibelin, die Möglichkeit, Guy zu entmachten.

Während der Vater und die Freunde des Bräutigams sich in Kerak versammelten, war die Familie der Braut nach Jerusalem geeilt und hatte den kranken König gedrängt, Guy seines Amtes zu entheben. Raimund von Tripolis wurde an dessen Statt zum Regenten, und Balian von Ibelin trug das Kind von Guy und Sibylla, das zum künftigen Balduin V. gekrönt werden sollte. Marias Partei hatte gesiegt.

Unterdessen verlief die Hochzeit in Kerak nicht gerade gut. Reynald hatte Schauspieler, Musiker, Köche, Diener und alle Bewohner von Stadt und Land eingeladen. Saladin, der mit Belagerungsmaschinen die Tore einschlug und das Schloß angriff, hatte man nicht erwartet. William von Tyros schreibt:

> *»Große Mengen hilfloser Menschen jeder Beschreibung und beiderlei Geschlechts füllten das Schloß, eher eine Last als eine Hilfe für die Belagerten. Es waren viele Schauspieler sowie Flöten- und Psalteriumspieler und andere Menschen, die zu den Festlichkeiten der Hochzeit aus dem ganzen Land gekommen waren... Außerdem waren viele Syrer mit ihren Frauen und Kindern aus dem umliegenden Land gekommen. Das Gebäude war derart voll, daß diejenigen, die vor- oder zurückgehen wollten, es wegen der dichten Menge nicht vermochten. So wurden auch sie zum Hindernis... für diejenigen, die das Gebäude verteidigen wollten.«*

Links: In dieser eleganten und äußerst formalisierten Version der Schlacht von Hattin wird »der Brunnen«, die Quelle von Sephoria, als echter Brunnen dargestellt. Das Schlachtfeld scheint geflutet, und beide Seiten bekämpfen sich mit Lust. Historisch richtig ist dagegen, daß es im Kampfgebiet kein Wasser gab und daß sich das christliche Fußvolk, fast verdurstet und völlig demoralisiert, kampflos auf die beiden Hügel, die »Hattin-Hörner«, zurückzog.

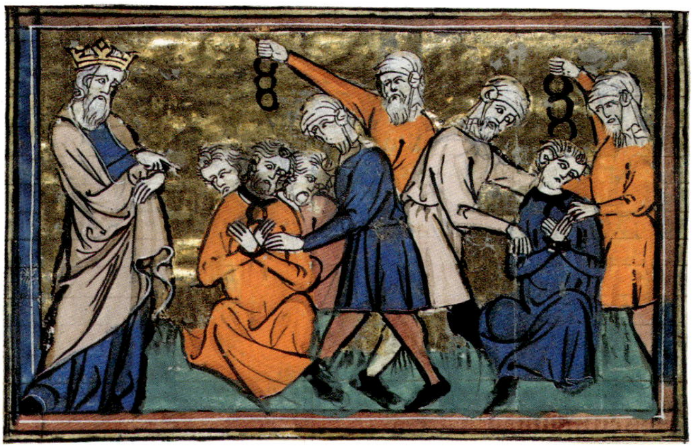

Oben: Saladin befiehlt nach der Schlacht von Hattin, die Gefangenen in Ketten zu legen. Seine Großherzigkeit gegenüber den Gegnern (mit Ausnahme der Ritterorden und Reynalds von Châtillon) wurde von vielen für seinen größten Fehler gehalten. Aus einer französischen Handschrift (14. Jahrhundert).

Doch Lady Stephanie hatte beschlossen, daß ihr später niemand vorwerfen sollte, sie wisse keine Feste zu feiern. Mitten in der Belagerung ließ sie Saladin etwas vom Hochzeitsessen in sein Lager nach draußen bringen. Es dürfte die gefährlichste Art des Servierens gewesen sein, die jemals stattgefunden hat.

Saladin erkundigte sich daraufhin, in welchem Turm das glückliche Paar die Nacht verbringen werde, und befahl dann, diesen Turm nicht zu beschießen. An allen anderen Stellen freilich behielt er ein unaufhörliches Bombardement bei, so daß *»sogar diejenigen, die in die innersten Räume geflohen waren, in die hintersten Zimmer, aus Angst vor dem Krachen und dem Dröhnen der heranfliegenden Geschosse zusammenfuhren. Sie schienen ihnen wie Donner, und da sie befürchteten, das Gebäude könne zerstört werden und über ihnen zusammenfallen, erwarteten sie jeden Moment den Todesstoß.«*

Die Alptraum-Hochzeit dauerte noch einen Monat. König Balduin ließ sich Zeit, ihnen zu Hilfe zu kommen. Als er schließlich über den Jordan setzte, zog sich Saladin nach Syrien zurück.

Ein Coup in Jerusalem

Im März 1185 starb König Balduin IV. im Alter von vierundzwanzig Jahren, hinterließ dem achtjährigen Balduin V. den Thron, und die Spaltung des Königreiches war so groß wie eh. Fürs erste wurde Prinz Raimund von Tripolis Regent, und seine Fraktion bekam die Oberhand. Man vereinbarte mit Saladin einen vierjährigen Waffenstillstand, in dem Palästina wieder aufblühte. Doch nicht für lange. Ende August 1186 starb der Kindkönig.

Agnes Partei reagierte schnell. Ihr Bruder Joscelin führte Truppen nach Beirut und Tyros und ließ Sibylla als Königin ausrufen. Raimund von Tripolis versammelte eilig alle Freiherren am Hof von Nablus, wo Balian von Ibelin, seine Frau Maria und Isabella warteten. Sie waren entschlossen, Isabella und Humphrey auf den Thron zu setzen.

Doch es war zu spät.

In Jerusalem fand bereits eine dramatische Krönung statt. Man war einverstanden, daß Sibylla den Thron übernehmen solle, wenn sie sich von Guy scheiden ließ, und einem Bericht zufolge hatte sie unter der Bedingung zugestimmt, daß sie ihren nächsten Ehemann frei wählen könne. Als sie jedoch gekrönt war, nahm Sibylla – die eine bemerkenswert mutige Frau gewesen sein muß – die Krone, ging zu Guy von Lusignan und sagte:

> *»Ich, Sibylla, wähle zu meinem König und Ehemann meinen Ehemann Guy von Lusignan, der mein Ehemann ist. Ich kenne ihn als tapferen und ehrenhaften Mann, der mit Gottes Hilfe fähig ist, sein Volk zu regieren. Ich weiß auch, daß ich, solange er am Leben ist, keinen anderen Ehemann haben kann, denn wie die Schrift sagt: ›Was Gott zusammengeführt hat, das soll der Mensch nicht scheiden.‹«*

Raimund und seine Partei waren hoffnungslos ausmanövriert worden. Reynald, Guy und Sibylla hatten Aufwind, und das Land befand sich am Rande eines Bürgerkrieges. Das einzige, was es noch zusammenhalten konnte, war ein weiterer Angriff Saladins. Reynald de Châtillon stellte sicher, daß dieser eher früher als später stattfand und das Königreich zur ungewollten Einheit zwang. Nach ein paar Wochen überfiel Reynald eine weitere reich beladene Karawane auf ihrem Weg von Kairo her. *»Er brach den Waffenstillstand, behandelte die Männer übel und hielt sie in engen Gefängnissen gefangen. Als sie ihn an den Waffenstillstand gemahnten, lautete seine Antwort nur: ›Ruft doch euren Mahomet, damit er euch errettet!‹«*

Als dies Saladin berichtet wurde, schwor er, daß er Reynald *»mit seinen eigenen Händen töten werde«*, wenn er jemals die Möglichkeit dazu bekomme. Einstweilen forderte er unter Berufung auf den Waffenstillstand Ersatz. Weder Reynald noch Guy reagierten. Raimund von Tripolis, der erkannte, was kommen würde, schloß seinen eigenen, persönlichen Handel mit Saladin von seinem Schloß in Tiberias aus. König Guy wurde in letzter Minute davon abgehalten, Tiberias anzugreifen!

Die Schlacht von Hattin

Saladin versammelte nun die größte Armee, die er je zusammengestellt hatte. Sie bestand wahrscheinlich aus mindestens dreißigtausend Berufssoldaten sowie einer unbekannten Zahl Freiwilliger. Er protzte in einem Brief an den Kalifen damit, daß die weiteste Ebene zu klein für eine solche Armee sei, und daß der Staub, den sie beim Marsch aufwirbelte, das Antlitz der Sonne verdunkle. Im palästinensischen Al-Salihiyya-Viertel von Damaskus wurden Ibn Qudamas Sohn und Neffe als erste zu *fedayin*, zu Kriegern des *jihad*.

Saladin brauchte dringend einen großen Sieg gegen die Franken, denn es gab immer noch viele, die ihn beschuldigten, lieber Moslems als Christen anzugreifen. Am Mittwoch, den 1. Juli 1187, führte er eine gewaltige Streitmacht über den Jordan und nach Tiberias. Der Widerstand dauerte eine Stunde. Guy rief in Akkon einen Rat zusammen; die meisten Personen legten ihm nahe, nichts zu unternehmen, doch der Großmeister des Tempels und Reynald de Châtillon forderten ihn auf, zu handeln. Guy befahl, daß die Armee nach Tiberias ziehen solle. Sie lagerten in einigen Kilometern Entfernung davon.

Hätten sie nichts weiter getan, wäre Saladin gezwungen gewesen, sich zurückzuziehen, wie schon bei den Goliath-Seen. Doch als sie Nachricht von der Gräfin von Tripolis erhielten, die sie um Rettung bat, verlangte die Ritterlichkeit, daß etwas getan werden müsse, auch wenn ihr Ehemann Raimund beharrte, es sei sinnvoller, sie aufzugeben. Er wolle eher Frau und Stadt verlieren, sagte er, als das Königreich.

Als Guy bei den Goliath-Seen den Rat Raimunds angenommen hatte, hatte er seine Armee zurückgehalten und war ein Feigling genannt worden – man sollte ihn nie wieder einen Feigling nennen.

Er gab bekannt, daß er im Morgengrauen losmarschieren wolle. Sie lagerten am 3. Juli bei einer Quelle unter einem Doppelberg, der »Hörner von Hattin« genannt wurde. Die Quelle war trockengefallen. Raimund verkündete, sie seien alle dem Tode geweiht, und das Königreich sei erledigt.

In dieser Nacht setzte Saladins Armee das Buschwerk um das Lager in Brand und beschoß sie unaufhörlich. Am Morgen war die christliche Armee umzingelt und sehr durstig. Unten am Hang konnte man den See erkennen, doch es war unmöglich, durchzubrechen. Die Moslems griffen immer wieder an; die Julihitze war gnadenlos, und die Ritter trockneten in ihren Rüstungen schier aus. Raimund führte einen Angriff, und die moslemischen Linien öffneten sich einfach und ließen ihn durch. Die Lücke, die er hinterließ, füllte sich sofort mit moslemischen Kämpfern, die das Fußvolk von den Rittern abtrennte. Raimund ritt unbehelligt dreihundert Kilometer bis nach Tripolis, während hinter ihm das Gemetzel weiterging. Das Zelt des Königs wurde auf einen der Gipfel gebracht. Saladins Sohn erinnerte sich später daran, daß er zu seinem Vater sagte: »*Wir haben sie vernichtet*«, und sein Vater antwortete: »*Schweig, Bub. Wir haben sie nicht geschlagen, solange das Zelt dort steht.*« In diesem Moment fiel es. Und mit ihm das Königreich. Die gesamte Armee von Jerusalem wurde an den Hörnern von Hattin an einem einzigen Tag vernichtet.

Nach der Schlacht ließ Saladin König Guy und Reynald in sein Zelt bringen. Beide waren erschöpft, verängstigt und halb verdurstet. Saladin bot Guy gekühltes Rosenwasser an. Als er seinen Durst gestillt hatte, reichte der König den Becher an Reynald weiter, doch Saladin hinderte ihn. Er erklärte, daß Guy Reynald das Getränk gereicht habe, »*nicht ich*«. Denn nach dem Gesetz arabischer Gastfreundschaft steht ein Gast unter dem Schutz des Gastgebers, sobald ihm etwas angeboten wurde.

Saladin ging nach draußen, marschierte eine Weile hin und her, kam zurück und schlug Reynald den Kopf ab. Guy schlotterte vor Angst, doch Saladin beruhigte ihn. Die einzigen anderen Gefangenen, die getötet wurden, waren die Templer und die Johanniter, die die Idee der Kreuzzüge verkörperten. Zur Hinrichtung wurden sie den Sufis übergeben. Sufis waren heilige Wundertäter – von der Art religiöser Personen, die beim einfachen Volk beliebt sind, von ernsthaften religiösen Vordenkern aber abgelehnt werden. Es war ein großer Spaß, ihnen zuzusehen, wie sie Menschen zu töten versuchten.

Die Schar der Gefangenen, die nach Damaskus geschickt wurde, war ungeheuer. Saladin hatte sogar ein Stück des Wahren Kreuzes ergattert, das die Armee von Jerusalem in die Schlacht mitgenommen hatte, als seien die Ritter die Kinder Israels, die mit den Erzengeln in den Krieg zogen.

Saladin erobert Jerusalem zurück

Saladins Armee zog nun durch das Reich, das keinen Widerstand mehr zu leisten vermochte. Akkon, das wirtschaftliche Herz des Königreiches, kapitulierte Anfang August. Seine Einwohner wanderten aus. Galiläa wurde besetzt; Jaffa leistete Widerstand, und seine Bevölkerung wurde versklavt. Tyros leistete Widerstand und wurde eine Weile in Ruhe gelassen; Beirut leistete keinen Widerstand. Ende August war nicht mehr viel übrig. Doch Saladin nahm sich Zeit für seinen Weg nach Jerusalem.

Bevor er angriff, erlaubte er Balian von Ibelin, Jerusalem zu betreten, um seine Frau, die einstige Königin Maria, und ihre Kinder zu befreien. Balian mußte versprechen, nur eine Nacht in der Stadt zu verbringen und keine Waffen zu tragen. Balian jedoch stellte fest, daß die Stadt ihre Verteidigung vorbereitete und ihm nicht *»erlaubt«* wurde zu gehen. Er schrieb an Saladin und erklärte, daß er sein Versprechen brechen müsse. Saladin nahm dies nicht nur hin, sondern schickte sogar eine Eskorte, um Balians Frau und Kinder nach Tyros zu bringen. Seltsamerweise erklärte Saladin, daß – nachdem Balian seinen Schwur gebrochen habe – er, Saladin, von dem seinem befreit sei, die Stadt mit Feuer und Schwert zu überfallen.

Königin Sibylla war in der Stadt, und sie und der Patriarch würden wahrscheinlich eine verzweifelte Verteidigung auf die Beine stellen. Saladin wollte nicht, daß Jerusalem beschä-

Balian von Ibelin übergibt Jerusalem an Saladin.
Aus *Les Passages faits Outremer...* (ca. 1490).

digt würde; heil nützte es ihm mehr. Er hatte vielleicht gehofft, daß Balian einen vernünftigeren Weg einschlug. Bei seiner Ankunft hatte Balian verlangt, daß der Patriarch ihn sofort als Herren von Jerusalem anerkenne, und nachdem ihm diese Ehre zuteil geworden war, hatte er geschwind begonnen, Münzen prägen zu lassen – wahrscheinlich, um für die Verteidigung der Stadt zu zahlen. Die Münzen trugen keinen Königsnamen. Balian versuchte, die Stadt zu verteidigen, doch nicht auf selbstmörderische Weise, und nach einer dreizehntägigen Belagerung gab er auf.

Es gab kein Massaker.

Saladin betrat die Stadt am Jahrestag von Mohammeds Reise in den Himmel. In großem Gegensatz zu der Art, wie die Kreuzritter sie achtundachtzig Jahre zuvor eingenommen hatten, wurde kein Gebäude geplündert und niemand verletzt.

Die Bedingungen waren, daß ein Lösegeld von zehn Dinaren pro Mann, fünf Dinaren pro Frau und einem Dinar pro Kind gezahlt wurde; dreißigtausend Dinare konnten als Summe für siebentausend Arme gezahlt werden. Jeder, der nicht bezahlen konnte, wurde versklavt. Der lateinische Patriarch schockierte die Moslems, indem er seine zehn Dinare zahlte, mit Wagenladungen voller Schätzen davonfuhr und die Armen dem Schicksal der Sklaverei überließ. Saladins Bruder Al-Adil rührte die große Zahl der Gefangenen und er bat, ihm tausend davon zum Geschenk zu machen. Er gab sie alle frei. Der Patriarch, der die Möglichkeit sah, Gutes zu tun, ohne daß es ihn etwas kostete, fragte, ob er auch einige haben könne, und man gab ihm siebenhundert. Balian bekam fünfhundert. Saladin befreite dann alle alten Menschen, alle gefangenen Ehemänner freier Frauen, und gab Witwen und Waisen Geschenke.

Es war ein tiefbewegendes Ereignis. Er machte sich daran, die Stadt zu säubern. Die Al-Aksa-Moschee war das Hauptquartier der Templer gewesen, und der Felsendom war in eine Kirche verwandelt worden. Sie wurden wieder in ihren ursprünglichen Zustand versetzt. Seine Ratgeber legten ihm nahe, die Kirche des Heiligen Grabs zu zerstören, doch sie wurde nur drei Tage geschlossen und dann wieder für Pilger geöffnet – gegen Bezahlung. Jerusalems einzige Einnahmequelle waren die Pilger, und das Geld wurde gebraucht.

Die heiligen Stätten waren nun für Pilger aller Religionen geöffnet, doch das lateinische Königreich Jerusalem gab es nicht mehr. Davon war jedermann überzeugt.

Zu Hilfe

Conrad von Montferrat war ein fähiger und energischer Kämpfer. Er gehörte zu der Sorte Mann, die gern in Schwierigkeiten gerät. Er hatte sich 1185 auf den Weg gemacht, seinem Vater nach Jerusalem zu folgen, doch seine Vorliebe für Ärger hatte ihn in Konstantinopel aufgehalten. Er kam dort jedoch gut zurecht und heiratete sogar die Schwester des Kaisers, der Ärger freilich blieb ihm treu. Als die Verwandten eines Mannes, den er getötet hatte, ankündigten, daß sie ihn zu blenden gedachten, beschloß er, daß es Zeit zum Abschied sei. Er stahl sich in einer Julinacht mit einer Gruppe flämischer Ritter per Schiff davon.

Andere behaupten, daß er den Ärger suchte. Er wußte, daß Saladin damit drohte, auch in die »Länder jenseits des Meeres« einzufallen.

Und er hatte einen guten Riecher für alles, was Ärger bedeutete. Als sein Schiff im Hafen von Akkon einlief, bemerkte er, daß etwas im Gange war. Die Hafenglocke läutete nicht. Anstatt zu vertäuen, ließ das Schiff nur einen Sicherheitsanker hinunter. Als das Boot des Hafeninspektors an der Schiffsseite anlegte, gab sich Conrad als Kaufmann aus und fragte, was geschehen sei. So erfuhr er, daß das Königreich gefallen war und daß Saladin den Hafen vier Tage zuvor eingenommen hatte. Der große Mann sei nun dabei, Tyros zur Kapitulation zu zwingen.

Der Anker wurde eingezogen, und schon war Conrad wieder weg. Als er Tyros erreichte, waren die Kapitulationsbedingungen fast schon unterschrieben. Die Stadt war voller Flüchtlinge aus dem besiegten Königreich, die per Schiff nach Europa reisen wollten, Europa, das die meisten von ihnen nie geschaut hatten. Saladin hatte bereits seine Banner geschickt, die über der Zitadelle wehen sollten. Conrad gab bekannt, daß niemand sich vom Fleck rühren solle; er werde die Sache übernehmen, und Saladin könne sich seine Friedensbedingungen an den Hut stecken. Die Banner flogen in den Burggraben. So war das mit Conrad. Er hatte einfach etwas für einen guten Kampf übrig.

Saladin kreuzte mit Conrads Vater auf, der ein Gefangener von Hattin war, führte ihn außerhalb der Mauern vor und sagte, daß er getötet werde, wenn Conrad nicht seine Sachen packe. Conrad sagte, der alte Mann sei keinen einzigen Stein wert. Saladin, der alte Männer nicht gern tötete, zog sich zurück, um dann eben Ascalon einzunehmen.

Im November war die Säuberung des Landes beinahe abgeschlossen. Saladins Truppen waren müde und wollten nach Hause, und er hatte keinen Grund, diesen Wunsch abzulehnen. Alles, was noch übrig war, waren ein paar Außenposten oben im Norden. Antiochia befand sich mit seinem Hafen Saint Symeon immer noch in lateinischer Hand; eben-

Diese Darstellung des Beladens vielruderiger Boote vermittelt eine Vorstellung von den Vorbereitungen, die für das Verschiffen einer ganzen Armee über das Mittelmeer nötig waren. Aus einer französischen Handschrift (14. Jahrhundert).

so Tripolis, hundertfünfzig Kilometer weiter südlich. Abgesehen davon war das lateinische Königreich Jerusalem auf drei Burgen reduziert worden: Marqab, Tortosa und die isolierte Festung Krak.

Sonst nichts, außer Tyros. Saladin hatte Grund anzunehmen, daß diese Kleinigkeiten ziemlich leicht im Griff zu behalten sein müßten. Er stellte sich vor, daß sein nächster Schritt wahrscheinlich die Eroberung Europas sein werde. Saladin hatte jedoch die Rechnung ohne die Macht des Unternehmungsgeistes gemacht. Der Beweggrund des Profits sollte erreichen, was der religiöse Glaube nicht vermochte.

Das Geschäft mit dem Kreuzzug

Akkon war zu Geld geworden, besonders für die aristokratischen Händler aus Venedig, Pisa und Genua. Diese drei Städte rangen heftig um den Mittelmeerhandel und versuchten, in allen Häfen Monopolrechte zu erlangen.

Zur Zeit des Ersten Kreuzzuges besaß Venedig die Oberhand und hatte ziemlich von oben herab eine Beteiligung abgelehnt; die Sache schien nicht besonders gewinnbringend zu sein. Die Genuesen jedoch hatten bei der Belagerung von Antiochia Nahrung und Ausrüstung geliefert, und sobald die Stadt besiegt war, erhielten sie dort ihren eigenen Markt. Plötzlich wurde das Geld, das in so einem Kreuzzug steckte, offensichtlich. Die Pisaner schickten schnell eigene Schiffe zu Hilfe. Die Venezianer sandten schließlich eine riesige Kreuzzugsflotte hinaus, die sofort in den Krieg zog – um die Flotte Pisas zu versenken und viertausend Gefangene zu nehmen. Sobald die Arbeit erledigt war, kehrte sie nach Hause zurück. Bis zu Saladins Sieg waren diese drei italienischen Städte weitgehend abhängig von ihren Übersee-Einkünften. Sie hatten ihre eigenen Viertel in den Haupthäfen, dazu das

Recht auf ihre eigenen Märkte und die Benutzung ihrer eigenen Gewichte und Maße, und sie hatten das Transportwesen zwischen den Ländern der Christenheit und Syrien vollständig unter Kontrolle.

Conrad wußte, wie wichtig dies alles für die italienischen Handelsländer war und wie dringend sie wieder Zugang zu Akkon haben wollten, das zum Zentrum des Orienthandels geworden war. Conrad schlug als Ritter gänzlich aus der Art – er verstand etwas von Geschäften. Er zweifelte nicht daran, daß die italienischen Händler ihm helfen würden.

Pisa und Genua waren gerade im Krieg miteinander, als Jerusalem fiel, doch sie waren sich darin einig, daß dies ein Notfall war, der einen Waffenstillstand erforderlich machte – besonders als deutlich wurde, daß die Sizilianer Schiffe schickten, um Conrad zu helfen, und daß sie den Lohn dafür kassieren könnten. Conrad hielt Tyros weiterhin mit Hilfe von nur zweihundert Rittern sowie der sizilianischen Flotte. Saladin jedoch hatte gemerkt, daß er da eine harte Nuß zu knacken hatte, und beschloß, sich die den Europäer eigene Begabung für interne Querelen zunutze zu machen. Um die Dinge voranzutreiben, gestattete er den meisten Franken, die sich ihm ergaben, nach Tyros oder Tripolis zu gehen.

Sogar König Guy wurde auf sein Versprechen hin freigelassen, nach Hause zu gehen und niemals wieder die Waffe gegen Saladin zu erheben. Guy muß sich von diesem Schwur sofort durch einen Kirchenmann befreien haben lassen. Saladin konnte gar nichts anderes erwartet haben, und die Kabbelei begann. Guy nahm seine Gefolgsleute aus Tripolis mit und marschierte nach Tyros – wo ihn Conrad, der die Macht nicht abgeben wollte, nicht hineinließ.

So weit, so gut – aus Saladins Sicht.

Eine Flotte aus Pisa traf Anfang 1189 in Tyros ein, und da die Pisaner von Conrad nicht das bekamen, was sie wollten, schlossen sie einen Handel mit Guy ab. Sie unterstützten ihn bei seinem Marsch gen Akkon und statteten ihn mit einer kleinen Armee aus, um es zu belagern. Bald boten Guy und Conrad, die um ihre Unterstützung wetteiferten, den Pisanern und Genuesen immer größere Schätze des Königreiches an, – und die Belagerung Akkons wurde knifflig. Saladin belagerte die Belagerer, konnte sie aber nicht vom Fleck bewegen. Und eine neue Streitmacht kam von Westen, angeführt von den größten Helden ihrer Zeit.

Die Armeen gegen Saladin

Europa hatte sich seit den Tagen des Ersten Kreuzzuges sehr verändert. Das Leben war allgemein geordneter und stabiler geworden; der Handel hatte sehr zugenommen, Straßen wurden gebaut, große Messen und Märkte in Frankreich und Flandern ermöglichten einen sich ständig ausweitenden Handel, vor allem mit Stoffen. Das Zeitalter der ländlichen Straßenräuber neigte sich dem Ende zu; die Messen der Champagne, die Bekleidungsfertigung in Frankreich und Brügge, der englische Wollhandel und die deutsche Hanse wurden zu bedeutend, um damit herumzutändeln. Die neue Klasse wohlhabender Händler war immer bereit, eine Ordnungsmacht zu unterstützen, die einen sicheren, gesetzlich festgeschriebenen Rahmen für ein friedliches Geschäftsleben ermöglichte.

England war, nachdem es von den Normannen vollständig erobert worden war, am schnellsten stabil. Heinrich II., der König von England war, als Jerusalem fiel, regierte einen hochorganisierten Staat – nach den damaligen Maßstäben. Es war ein Zeichen der Bedeutung des Hofes bei der Regierung seines Reiches, daß die Engländer Opfer der höchsten Steuern Europas waren.

Frankreich war zersplitterter: Das gesamte westliche Frankreich, darunter Rouen und Tours, gehörten Heinrich von England, der Großteil des Südens Heinrichs Frau Eleonore von Aquitanien, und alles östlich von Lyon gehörte dem Heiligen Römischen Reich. Doch der junge König Phillip August verfügte über große Reichtümer aus der Champagne, Westflandern, Paris und Burgund, und er hatte sich zum Ziel gesetzt, ein neuer Karl der Große zu werden. Der Heilige Römische Kaiser, Friedrich Barbarossa, war stolz darauf, ein alter Karl der Große zu sein und vom ursprünglichen Geschlecht abzustammen. Als König von Deutschland herrschte er über ein Gebiet, das sich von Brüssel nach Brandenburg und von Dänemark bis nach Tirol erstreckte. Die Kaiserkrone gab ihm die Herrschaft über Böhmen, Schlesien und Norditalien. Obwohl die italienischen Städte heftig ihr Recht auf Selbstverwaltung verteidigten, ermöglichte ihm der Handel dieser Städte einen Reichtum, der dem von Heinrich II. glich.

Und nun wandten diese drei mächtigen Herrscher, Heinrich, Phillip und Friedrich ihr Augenmerk auf Saladin und kündigten an, daß sie ihn zu vernichten gedachten.

Das neue Ziel des Kreuzzuges

Es war für einen europäischen König nicht leicht, auf einen Kreuzzug zu gehen – tatsächlich war es sogar ziemlich lästig, kostete reichlich Zeit und eine atemberaubende Summe Geld. Es bedeutete auch, das eigene Königreich zu verlassen, und dies in einer Zeit, in der Herrschaft eine sehr persönliche Angelegenheit war. Es mußte schon einen guten Grund geben, um sich solchen Ärger aus freien Stücken aufzuladen. Dieser Grund war offenbar nicht ein direkter finanzieller Gewinn – jede Beute würde von den Kosten der eigenen Streitmacht mehr als aufgebraucht werden –, und es konnte sich auch

.FRIDERI C. ROMAN.
.IMPE RATOR.

kein europäischer Führer als von Saladin unmittelbar bedroht betrachten. Noch war es eine Sache persönlicher religiöser Überzeugung. Obwohl alle drei Herrscher ihre religiösen Momente hatten, prägten diese sicherlich nicht ihr politisches Leben.

Es hatte fünfzig Jahre lang nur wenig Begeisterung für einen Kreuzzug gegeben, seit dem schrecklichen Durcheinander des Zweiten Kreuzzuges. Doch der Fall Jerusalems erschütterte Europa. Papst Urban III. war so entsetzt, daß sein Herz zu schlagen aufhörte. Sein Nachfolger, Gregor VIII., veröffentlichte einen Aufruf, der mit den Worten begann: *»Wir und unsere Brüder waren verwirrt und von solch tiefem Schrecken und Jammer ergriffen, daß nicht klar war, was wir tun sollten.«* Doch einige wußten genau, was zu tun war. Freiwillige kamen schiffladungsweise nach Tyros und Tripolis: Ritter aus Flandern, Frankreich, Deutschland, Ungarn, Dänemark – sogar eine Flotte Londoner –, und alle fügten sich in das allgemein herrschende Gefühl ein, welches durch unzählige Gedichte und Lieder bestärkt wurde, die den Verlust des Heiligen Landes beklagten.

Sogar der arabische Chronist Ibn al-Athir, der siebenundzwanzig Jahre alt war, als Saladin Jerusalem einnahm, war von der Wucht dieser Gefühle überwältigt: *»Ein fränkischer Gefangener erzählte mir, daß er der einzige Sohn seiner Mutter sei und daß ihr Haus ihr einziger Besitz gewesen, doch daß sie es verkauft und das Geld dazu verwendet habe, ihn auszustatten, damit er nach Jerusalem gehen und es befreien könne. Dort war er gefangengenommen worden. Solcher Art waren die religiösen und persönlichen Motive, die die Franken antrieben.«*

Die öffentliche Meinung verlangte, daß die Könige von England und Frankreich aufhörten, einander zu bekämpfen, und daß sie Jerusalem befreien sollten. Der Druck war so stark, daß sie ihm nachgeben mußten. Heinrich und Phillip trafen sich, willigten ein, gemeinsam das Kreuz zu nehmen und detaillierte Regeln für ihren Kreuzzug aufzustellen. Man hielt Saladins Erfolg allgemein für eine göttliche Strafe, weshalb dies eine untadelige Unternehmung werden mußte. Flüche, Spiele oder Frauen waren nicht gestattet – *»außer vielleicht eine Wäscherin zu Fuß, um über jeden Verdacht erhaben zu sein«* –, jeder sollte sich ordentlich und einfach kleiden und nur zwei Mahlzeiten pro Tag einnehmen. Die Franzosen sollten rote Kreuze tragen und die Engländer weiße. Sie setzten auch eine neue Steuer fest, den »Saladin-Zehnten«, der für den Feldzug geleistet werden sollte. Doch schon bald stritten sie sich wieder, und Heinrichs Sohn Richard kämpfte mit Phillip gegen den eigenen Vater.

Friedrich Barbarossa, Kaiser des Heiligen Römischen Reiches, der sein Leben damit krönen wollte, daß er der (angeblichen) Reiseroute Karls des Großen nach Jerusalem folgte und versuchte, die Stadt zurückzuerobern. Seine Expedition fand ein plötzliches Ende, als er in der Türkei beim Schwimmen ertrank.

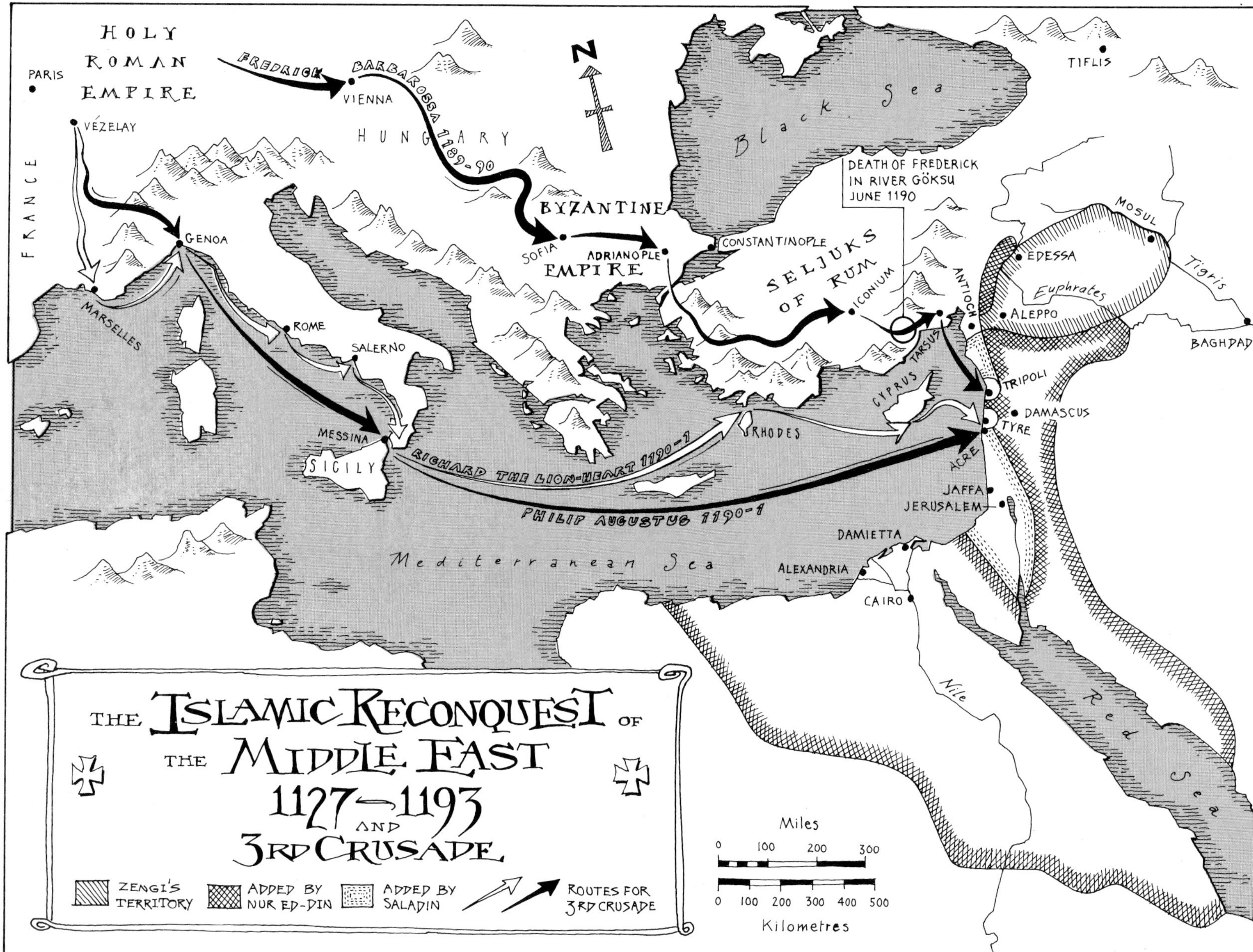
THE ISLAMIC RECONQUEST OF THE MIDDLE EAST 1127—1193 AND 3RD CRUSADE
ZENGI'S TERRITORY
ADDED BY NUR ED-DIN
ADDED BY SALADIN
ROUTES FOR 3RD CRUSADE
Miles
0 100 200 300
0 100 200 300 400 500
Kilometres
HOLY ROMAN EMPIRE
PARIS
VÉZELAY
FRANCE
FREDRICK BARBAROSSA 1189-90
VIENNA
HUNGARY
N
BYZANTINE EMPIRE
SOFIA
ADRIANOPLE
CONSTANTINOPLE
Black Sea
SELJUKS OF RUM
ICONIUM
DEATH OF FREDERICK IN RIVER GÖKSU JUNE 1190
TARSUS
ANTIOCH
TIFLIS
MOSUL
EDESSA
Euphrates
Tigris
ALEPPO
BAGHDAD
TRIPOLI
DAMASCUS
TYRE
ACRE
JAFFA
JERUSALEM
CYPRUS
RHODES
GENOA
MARSELLES
ROME
SALERNO
MESSINA
SICILY
RICHARD THE LION-HEART 1190-1
PHILIP AUGUSTUS 1190-1
Mediterranean Sea
DAMIETTA
ALEXANDRIA
CAIRO
Nile
Red Sea

Friedrich Barbarossas Kreuzzug

Unterdessen hatte sich der Heilige Römische Kaiser, Friedrich Barbarossa, am 11. Mai 1189 bereits in Richtung Heiliges Land aufgemacht. Er war sechzig Jahre alt, und dies sollte die Krönung seiner großen Karriere werden. *»Keiner in ganz Deutschland... wurde für männlich und zuverlässig gehalten, der ohne das Rettungszeichen gesehen wurde und der sich nicht der Gemeinschaft der Kreuzritter anschloß.«*

Es war mit Sicherheit eine der größten Kreuzzugsarmeen, die Europa je verlassen hatte. Es war auch die am besten ausgestattete und die disziplinierteste und die am besten organisierte. Sie muß als unverwundbar erschienen sein. Saladin veranlaßte sie zu fieberhafter Diplomatie, mit der er versuchte, ein umfassendes islamisches Bündnis zusammenzuflicken, um dieser Bedrohung zu begegnen. Friedrichs Armee war so groß, daß es nicht genügend Schiffe gab, um sie zu transportieren, und sie mußte über Land marschieren, und zwar eine Route entlang, die keine Armee seit dem ersten Kreuzzug erfolgreich bewältigt hatte.

Seine Armee war dem byzantinischen Kaiserreich nicht willkommen und hatte eine schwere Zeit. Sie überquerte im März die Dardanellen in Richtung Asien (wobei sie Konstantinopel umging) und fügte den armenischen Türken eine Reihe ernsthafter Niederlagen zu – doch sie litt schrecklich unter Durst, Hunger und Hinterhalten. Die Soldaten waren verzweifelt und kauten auf der Suche nach Feuchtigkeit sogar Pferdeäpfel. Die Männer wurden auf dem Marsch so schwach, daß sie sich einfach zum Sterben hinlegten, und viele gingen von den Fahnen. Die Überlebenden gelangten zum Taurusgebirge und überquerten einen Paß, der sie in das Tal des Gösku führte – einen schnell fließenden Fluß, der sich durch Schluchten windet, welche sich hie und da zu bewaldeten Wiesen öffnen. In der glühenden Julihitze konnte Barbarossa nicht widerstehen, in das kalte, erfrischende Wasser zu springen. Zum ungläubigen Erstaunen seiner Truppen ertrank er.

Das war's dann auch. Friedrichs Kreuzzug endete so am 10. Juni 1190. Mehr als die Hälfte seiner Armee war bereits bei der Anreise dahingeschwunden. Einige der Überlebenden nahmen einfach das nächste Schiff zurück nach Europa. Friedrichs Sohn tat, was er konnte, um den Rest des Feldzuges zusammenzuhalten, aber es hatte keinen Zweck. Er fischte sogar die Leiche seines Vaters aus dem Wasser und ließ ihn in Essig einlegen und ihn dann in einem Faß transportieren, damit wenigstens der Schwur des alten Mannes erfüllt wurde und er Jerusalem erreichte. Doch in Antiochia, wo sie unter einer schrecklichen Epidemie litten, erkannten die Kreuzritter, daß der Essig nichts genützt hatte und der Leichnam verweste. Er mußte schnell verbrannt werden.

Im Oktober kam der klägliche Rest von Friedrichs großer Armee in Akkon an, um die Belagerung zu unterstützen. Die ganze moslemische Welt atmete erleichtert auf. *»Und so ersparte uns Gott die Bösartigkeit der Deutschen.«*

Richard Löwenherz

König Heinrich von England war ebenfalls tot. Er war während des Kampfes gegen Phillip von Frankreich erkrankt. Sein Sohn Richard wurde König von England, während Friedrich und seine mächtige Armee nach Osten zogen. Richard war von König Ludwig von Frankreich zum Ritter geschlagen worden. Als Ludwig starb und Phillip 1180 König von Frankreich wurde, hatte dieser Richard ermutigt, den Familienzwist fortzuführen. Auf diese Weise rechnete er sich die beste Chance aus, Heinrichs Reich in Frankreich zu zerstören. Richard hatte nur so kurz wie möglich in England gelebt. Er haßte das Land, das er naß und langweilig fand, das eine fremde Sprache sprach – Englisch; seine Sprache war natürlich Französisch – und nichts zu bieten hatte, wenn man nicht die Gesellschaft von Schafen besonders schätzte. Abgesehen von Geld. Also besser, man nahm das Geld und machte sich davon. Mit seinen eigenen Worten: *»Ich würde London verkaufen, wenn ich einen Käufer fände.«*

Sein Vater hatte sogar Turniere verboten, weil sie die öffentliche Ruhe störten. England war ein totes Nest. Es gab nicht einmal jemanden, gegen den man kämpfen konnte.

Nun hatte Richard noch einen Grund mehr, England zu hassen. Während seiner Krönung brachen in London die üblichen Pro-Kreuzzug-Anti-Juden-Tumulte aus, verbreiteten sich wie eine Seuche und gipfelten schließlich im März 1190 in York in einem entsetzlichen Massaker. Dabei standen Juden unter dem besonderen Schutz des Königs. Und zwar deshalb, weil sie für ihn eine wichtige Geldquelle waren. Die Engländer waren ebenso dumm wie langweilig. Richard war wütend.

Phillip und Richard mußten zusammen zum Kreuzzug antreten – nicht weil sie so gute Freunde, sondern weil sie nun Feinde waren. Solange der König von England halb Frankreich regierte, mußten sie Feinde sein. Wäre nur einer gegangen, hätte der andere sofort angegriffen. Richard war der Inbegriff eines romantischen Kriegers: groß, kräftig, gutaussehend, mit flammend rotem Haar und den anmutigen Manieren, die er am Hofe seiner Mutter gelernt hatte. Phillip dagegen war schlicht, wenig gebildet, nicht gerade wild auf körperliche Risiken, und sein Anblick war nach dem Verlust eines Auges entstellt. Phillip war kein Held, doch die öffentliche Meinung zwang ihn, am Kreuzzug teilzunehmen.

Einen Monat nach Friedrichs Tod – ein Jahr nach seiner eigenen Thronbesteigung – traf Richard Phillip in Vézelay. Ihre Armeen wurden zusammengeführt. Sie waren bereit, das Heilige Land zu befreien. Ihr Plan sah vor, über Sizilien zu reisen. Es war ein Plan, dem

Richard Löwenherz als kriegerischer König.
Aus einer Chronik der englischen Könige
(14. Jahrhundert).

König William II. von Sizilien zugestimmt hatte. Er war mit Richards Schwester Joan verheiratet und hatte vorgehabt, selbst am Kreuzzug teilzunehmen. Doch auch er war gestorben, vier Monate nach Heinrich. Sizilien wurde nun von Williams illegitimem Cousin regiert, der den berühmten Namen Tankred trug. Tankred hatte Joan eingesperrt, ihre Mitgift genommen und ebenso einen großen Betrag, der an Richard hätte gehen sollen. Er freute sich bestimmt nicht auf Richards Besuch. Phillip ließ seine Armee nach Genua marschieren, wo Schiffe für sie bereitlagen. Richard führte seine Streitmacht nach Marseille, wo sie von einer englischen Flotte aufgenommen werden sollte. Die Flotte verspätete sich, und er ließ seine Armee darauf warten, während er selbst die Küste Italiens hinunterreiste. Er verbrachte fünf Tage in Salerno und besuchte die große medizinische Schule. Von dort zog er nach Süden, um sich nach Sizilien einzuschiffen.

Kurz vor der Überfahrt beschlagnahmte er einen Falken von einem Bauern. Falken dienten der Jagd, und die Jagd war etwas für die Adligen, nicht für Bauern. Es war eine gefährliche Überheblichkeit: Da er nur einen einzigen Begleiter hatte, fand er sich schon bald inmitten eines wütenden Mobs wieder. In der Hitze des Gefechts schlug er einen Mann mit der flachen Seite seines Schwertes. Das Schwert zerbrach. Richard mußte sich seinen Weg bahnen, indem er alles, was ihm unter die Hände kam, auf seine Verfolger warf.

Die Kreuzritter in Sizilien

Süditalien war Schnittpunkt östlicher und westlicher Kultur; das medizinische Zentrum in Salerno soll von einem Lateiner, einem Griechen, einem Juden und einem Araber gegründet worden sein, und das Wissen aller vier Kulturen war dort in der Tat vorhanden. In Sizilien veröffentlichten die normannischen Herrscher ihre Erlasse auf lateinisch, griechisch und arabisch. 1186 war der moslemische Reisende Ibn Jubayr, der Sizilien besuchte, vom orientalischen Gepräge der Insel erstaunt: Der König hielt schwarze Sklaven, und seine Kammerherren waren Eunuchen.

Für Richards Armee, die vor Messina lag, war es schwer, mit der Situation klarzukommen. Die Männer waren immerhin unterwegs, um gegen die Sarazenen zu kämpfen, und nun waren rings um sie herum Sarazenen. Zudem war die Insel voller Griechen, und sie haßten Griechen. Das Verhältnis zwischen den Besuchern und den Einheimischen erreichte bald den Siedepunkt. Ein anglo-normannischer Kreuzritter, Ambroise, schrieb einen Bericht über seine Erfahrungen in Versform:

»Denn der Pöbel und der Abschaum der Stadt,
einige davon waren griechische Bastarde
und einige Sarazenen,

Schwerter und Damaszenerstahl

Schwerter waren die wichtigste Waffe der Kreuzfahrer, und so mag es überraschen, daß ein königliches Schwert im entscheidenden Moment in zwei Teile zerspringen kann. Es war spröde, denn die Waffenschmiede in Europa stellten nicht mehr die hochwertigen Schwerter her, die ihren Vorfahren den Ruf von Zauberern eingetragen hatten. Deren Schwerter waren aus unzählige Male gefalteten Strängen unreinen Eisens hergestellt worden: erhitzt, gehämmert und geflochten, bis sich die Eisenmoleküle zu Stahl verbunden hatten. Die Qualität des Stahls hing von den beigemischten Verunreinigungen ab, und jeder Schmied hatte sein eigenes Verfahren. Das Ergebnis war hart, scharf und elastisch – doch völlig unbrauchbar zum Zerteilen einer Rüstung.

Rüstungen aber waren zu Richards Zeiten groß in Mode gekommen. Zu dem alten Kettenhemd hatten sich metallene Bein- und Armschienen, Panzerhandschuhe und schließlich ein metallener Helm gesellt. Selbst die Pferde trugen einen Panzer. Man konnte daher keine elastische Klinge mehr gebrauchen, die am besten zum Durchtrennen geeignet war. Nun wurde eine unelastische, spitze Metallstange zum Durchstoßen des Panzers gebraucht. Ein Schwert, das sich bog, konnte das nicht. Der Nachteil der neuen Schwerter war, wie Richard herausfand, daß sie sich nicht zum Fechten oder Dreinschlagen eigneten. Versuchte man es trotzdem, zersprangen sie.

Die alte Kunst der Waffenschmiede lebte im Osten weiter, wo kaum Rüstungen getragen wurden. Aus vielfach geflochtenem Metall wurden Schwerter mit wunderbar schimmernden Oberfläche, auf der bis zu einer Million hauchdünner Metallschichten glänzten. Händler, die ihre Ware über Damaskus vertrieben, kauften diese Schwerter, und so kam es zu dem Namen »Damaszenerstahl«. Er war überaus scharf und seine Beschaffenheit bewirkte, daß eine neue Kante entstand, sooft ein Stück Stahl – etwa bei einem Hieb – abbrach: Das islamische Schwert schärfte sich selbst. So erzählt eine Geschichte zweifelhafter Herkunft von Richard, der sein hartes Schwert mit viel Kraft durch eine Tischplatte schlagen konnte, während Saladin die Qualität der islamischen Klinge dadurch bewies, daß er damit ein schwebendes Seidentuch zerteilte.

Umseitig: Der Betrüger Isaak Comnenus nistete sich in der Festung St. Hilarion im Norden Zyperns ein. Diese wurde von Richard in einem blitzschnellen und waghalsigen Feldzug, der zugleich seine Hochzeitsreise war, genommen.

erregten unseren Pilgerzorn.
Sie machten sich mit Grimassen über uns lustig
und nannten uns feige Hunde.
Jeden Tag taten sie uns Übles an;
Manchmal töteten sie unsere Pilger
und warfen die Leichen in die Abtritte,
und dies ist wahr.«

Die Einheimischen wagten es sogar, die Kreuzritter beim Einkaufen zu übervorteilen. Bald entwickelte sich ein bewaffneter Streit zwischen den Soldaten und den Bewohnern der Stadt; Richard legte ihn bei, indem er die Stadt angriff und sie plünderte. Woraufhin Tankred Joan freiließ, ihre Mitgift auszahlte und Richard für seinen Teil des Erbes entschädigte.

Die Kreuzritter überwinterten in Sizilien, was ihnen ausreichend Zeit gab, sich über kleine und große Angelegenheiten zu streiten. Eine der kleinen war ein Zwist wegen William de Barré, einem französischen Ritter, der Richard in einem spontanen Duell mit Stöcken angriff. Richard war so wütend darüber, lächerlich gemacht worden zu sein, daß er darauf bestand, daß William den Kreuzzug verließ. Es bedurfte der gemeinschaftlichen Diplomatie der gesamten Führerschaft, der Kirche und des Adels, um Richard wieder zu beruhigen. Eine der großen Angelegenheiten war, daß Richard mit Phillips Schwester Alice verlobt war, seine Mutter und er aber organisiert hatten, daß er Berengaria, die Tochter des Königs von Navarra, heiraten und auf diese Weise die Grenze zwischen Spanien und Aquitanien stabilisieren würde. Richard erklärte Phillip taktvoll, daß man nicht wirklich von ihm erwarten könne, Alice zu heiraten, da sie als Kind an den englischen Hof geschickt worden sei, wo sein Vater Heinrich mit ihr geschlafen habe. Das Klima zwischen den beiden Königen wurde noch eisiger.

Phillip segelte am 30. März 1191 mit seiner Armee los; einige Stunden, ehe Eleonore mit Berengaria ankam. Er reiste nach Tyros und von dort mit Conrad nach Akkon. Phillip organisierte die Belagerung neu und bereitete die Belagerer auf den letzten Schlag vor. Doch er mußte auf Richard warten, der losgezogen war, um seine zukünftige Frau und seine Mutter wiederzufinden. Sie waren in einen Sturm geraten und an der Südküste Zyperns gestrandet.

Richards ideale Flitterwochen

Zypern befand sich in den Händen eines bizarren Trickbetrügers namens Isaak Ducas Comnenus. Isaak war ein Mitglied der byzantinischen Kaiserfamilie und war Statthalter von Sizilien gewesen, als er 1182 eine Revolte gegen einen neuen Kaiser angezettelt hatte. Er war schließlich Gefangener des türkischen Herrschers von Armenien geworden. Irgendwie hatte er die Templer davon überzeugt, daß sie, wenn sie ihn freikaufen, ihr Geld mit hohen Zinsen wiederbekommen würden – alles, was er tun müsse, sei, es von seinen Freunden in Zypern zu holen. Die Templer hatten nicht den Ruf, leichtgläubig zu sein, doch sie fielen auf die Geschichte herein.

Isaak kreuzte dann mit einem eindrucksvollen Gefolge (und mit besten Empfehlungen seines Schwagers, eines sizilianischen Admirals) in Zypern auf und brachte Dokumente bei, die ihn als den neuen von Konstantinopel abgesandten Statthalter auswiesen. Der verblüffte Statthalter von Zypern übergab ihm die Insel, und Isaak übernahm die Kontrolle über die Festungen. Dann gab er bekannt, daß er Kaiser genannt zu werden gedachte. Er regierte Zypern als Tyrann und schloß einen Waffenstillstand mit Saladin. Die Templer sahen ihr Geld natürlich nie.

Isaak muß der Ankunft der Franken an seiner Küste ungefähr ebenso freudig entgegengesehen haben wie ein Mann, der einem Gangsterboß Geld gestohlen hat, dem Herannahen von Autos mit dunkel getönten Scheiben. Erschrocken ließ er diejenigen, die an Land kamen, einsperren, verweigerte Joans Schiff Trinkwasser und begann, seine Verteidigungsanlagen zu verstärken.

Richard kam seekrank, schlecht gelaunt und verärgert über die Behandlung der Frauen an Land. Er griff Limassol an. Isaak zog sich zurück, und die Einwohner der Stadt hießen Richard als ihren Befreier willkommen. Isaak ließ sich dann freies Geleit zusichern, kam zu Richard und willigte ein, seine Gefangenen freizulassen, Entschädigung für die Waren zu zahlen, die er aus Schiffswracken gestohlen hatte und überhaupt sehr hilfsbereit zu sein. Er war vermutlich höchst angetan davon, daß niemand die Tempelritter erwähnte oder das Geld, das er diesen schuldete.

Dann beging Isaak den Fehler, sich in Sicherheit zu wiegen, und als er in seine Festung im Norden der Insel zurückgekehrt war, forderte er Richard auf zu gehen. Am selben Tag liefen jedoch unglücklicherweise König Guy und seine Kampfgefährten bei der Belagerung von Akkon in Limassol ein, um nachzuforschen, was mit Richard passiert war. Mit ihnen kam zufällig eine größere Anzahl führender Mitglieder der Templer. Nemesis war zu Isaak gekommen. Es war nicht schwer, Richard dazu zu bewegen, vor seiner Abreise mal eben schnell Zypern zu erobern.

Er heiratete Berengaria am 12. Mai, einen Tag nach Guys Ankunft. Dann verbrachte er mit ihr die in der mittelalterlichen Vorstellung eines Prinzen wahrscheinlich idealen Flitterwochen: zwei Wochen Plündern und Erobern. Am Ende gehörte Zypern ihm. Von nun an hing das kränkelnde Königreich Jerusalem nur noch am seidenen Faden.

Die Schlacht der Helden

Richard kam am 8. Juni mit fünfundzwanzig Kriegsgaleeren, Isaac als Gefangenem – er hatte darum gebeten, nicht in Eisen gelegt zu werden, und so ließ Richard silberne Fußfesseln anfertigen – und dem Ruf eines unbesiegbaren Kriegers in Akkon an. »*Kein Stift kann die Freude der Menschen in der Nacht, als der König ankam, hinreichend beschreiben*«, erklärte der Soldaten-Chronist Ambroise.

Die Belagerung von Akkon hatte beinahe zwei Jahre gedauert. Nun war alles bereit, die Sache zu Ende zu bringen. Die Belagerungskatapulte waren fertig und auf Namen wie »Böser Nachbar« und »Gottes Schlinge« getauft worden. Es gab auch eine große Enterleiter mit dem Namen »Die Katze«. Doch zwei Jahre des Nichtstuns hatten die Moral der Belagerer untergraben, und wenn Phillip auch gute Arbeit leistete, hatte er sich nicht gerade als geistreicher Anführer erwiesen. Außerdem war er an *arnaldia* erkrankt, einem Leiden, durch das ihm Haare und Fingernägel ausfielen.

Als schließlich der englische König ankam, schien seine bloße Anwesenheit die Truppen mit jener Energie zu erfüllen, die nötig war. Richard jedoch erkrankte noch heftiger an *arnaldia* als Phillip. Und so gab er seine Anweisungen einfach vom Bett aus. Er verstärkte das Bombardement und forderte ein Treffen mit Saladin; Saladin verweigerte dies, schlug jedoch vor, daß Richard seinen Bruder Al-Adil treffen solle.

Saladins größte Hoffnung bestand immer noch darin, daß sich die Europäer durch innere Streitigkeiten selbst kampfunfähig machen würden, und er hatte guten Grund anzunehmen, daß es dazu auch kommen würde. Zwangsläufig unterstützte Phillip Conrad gegen Guy – Conrad war Phillips Cousin –, und Richard unterstützte Guy gegen Conrad – Guys Bruder war einer von Richards wichtigsten Vasallen.

Es gab genügend Anlaß, sich zu streiten, denn Königin Sibylla und ihre beiden Töchter waren während der Belagerung gestorben. Guy war natürlich nur dank seiner Ehe mit Sibylla König, und so löste ihr Tod einen heftigen Streit darüber aus, ob Sibyllas Halbschwester Isabella nun die rechtmäßige Königin sei oder nicht. Conrad hielt so viel von diesem Streit, daß er Isabellas Ehe mit dem unmännlichen Humphrey von Toron annullieren ließ und sie selbst heiratete. Damit machte er die arme Isabella mit Sicherheit nicht glücklich, sie hatte Humphrey offenbar wegen all seiner sanften Unmännlichkeit geliebt, doch Conrad wurde so ein weiterer Anwärter auf die Krone.

Diese Streitigkeiten brodelten vor sich hin, sicherten Saladin aber nicht Akkon. Er konnte die Stadt nicht länger auf dem Seeweg versorgen. Es war nur noch eine Frage der Zeit, wann die Kreuzritter Akkon angreifen würden.

Die Belagerung von Akkon, in einem Manuskript, das knapp achtzig Jahre danach entstand (1280). Die Belagerungsmaschine hat ein eingebautes Gegengewicht und vermochte daher schwerere Munition, die größeren Schaden anrichtete, zu schleudern als die allein mit Muskelkraft betriebene Artillerie des Ersten Kreuzzuges.

Schließlich, am 11. Juli, kapitulierte die türkische Garnison. Sie willigte nicht nur ein, alles auszuliefern, was sich in der Stadt befand, sondern auch, daß Saladin fünfzehnhundert fränkische Gefangene freilassen, zweihunderttausend Goldstücke zahlen und den Teil des Wahren Kreuzes, das er bei Hattin erobert hatte, zurückgeben solle. Saladin hörte erst von diesem Bedingungen, nachdem sie bereits angenommen waren – und er war verständlicherweise nicht gerade davon erbaut.

Die Stadt wurde von den Kreuzrittern besetzt, und es begann das normale Gezänk darüber, wer genau was bekommen sollte und wer genau wo wohnte und wer genau die Oberhand hatte, Guy oder Conrad. Richard und Phillip stellten beide ihre Standarten auf, da sie vereinbart hatten, daß sie die Beute des Kreuzzuges gerecht teilen wollten. Leopold von Österreich, der den mitleiderregenden Rest von Barbarossas Kreuzzug anführte, stellte ebenfalls seine Standarte auf. Richard war nicht gewillt, mehr als erforderlich zu teilen. Und so handelte er mit seinem gewohnten Gespür für Diplomatie: Er riß Leopolds Standarte fort und warf sie in den Burggraben. Es war eine Tat, die er ein Jahr später bitter bereuen sollte. Doch natürlich war der Hauptstreitpunkt nicht, welcher Kreuzzugsanführer welche Gebäude bekam, sondern welche italienische Stadt welche Handelsrechte erwarb. Besonders für Pisa und Genua ging es beim Kampf um die Herrschaft in Akkon buchstäblich um Leben oder Tod – vor allem jetzt, da die Kirche den Handel mit Ägypten verboten hatte. Die Pisaner waren auf Guys Seite, und die Genuesen auf Conrads.

Man einigte sich schließlich darauf, daß Guy König bleiben sollte, was bedeutete, daß die Pisaner in Akkon sicher waren; Conrad aber sollte Herr über Tyros werden, so daß Tyros zur Hochburg der Genuesen werden würde. Conrad wurde jedoch auch zum Thronerben ernannt. Dies machte die Pisaner nervös. Phillip war krank, müde und hatte die Nase voll von Richard, er packte seine Sachen und ging nach Hause, nachdem er versprochen hatte, Richards Länder in Frankreich nicht anzugreifen, ehe Richard zurückkam. Leopold und andere, die von der Verteilung der Kriegsbeute ausgeschlossen worden waren, gingen ebenfalls. Die zurückbleibenden Kreuzritter, soweit es nicht Richards Männer waren, die ihn vergötterten, mißtrauten ihrem neuen Anführer genauso sehr wie Phillip.

Richard marschiert gen Jerusalem

Richard wollte unbedingt nach Jerusalem und hatte nicht die Absicht, für die sich hinziehende Freilassung der Gefangenen in Akkon zu bleiben. Er hatte beinahe dreitausend Moslems als Gefangene. Saladin hätte in dieser Situation die Gefangenen freigelassen. Tatsächlich war Saladin von seinen eigenen Leuten bereits kritisiert worden, weil er Gefangene freigelassen und damit erlaubt hatte, daß Tyros mit diesen Männer wieder verstärkt wurde.

Richard teilte diese Kritik. Er nahm deshalb die nächstbeste Gelegenheit wahr, das Freilassungsabkommen zu brechen und alle seine Gefangenen abzuschlachten. Ungefähr 2700 Überlebende der moslemischen Garnison mit ungefähr dreihundert ihrer Frauen und Kinder wurden in Ketten vor die Stadtmauern gebracht und vor den Augen von Saladins Armee kaltblütig abgeschlachtet.

Dann, am 22. August, führte Richard seine Männer aus Akkon heraus und zog südwärts nach Jaffa. Die Kämpfer wollten nicht gehen, denn Akkon war eine sehr lebhafte Stadt, wenn nicht sogar eine Stadt der losen Sitten geworden. Saladins Sekretär beschrieb beispielsweise die Ankunft einer Schiffsladung Prostituierter in bester Klatschspalten-Tradition, indem er mit saftigen Details beschrieb, was ihm mißfiel:

> *»Mit näselnden Stimmen und fleischigen Hüften, boten sie ihre Ware zum Vergnügen an, hoben ihre silbernen Fesseln, bis sie ihre goldenen Ohrringe berührten, machten sich zur Zielscheibe männlicher Pfeile, boten sich selbst den Lanzenstichen dar, brachten die Speere dazu, sich bis zu den Schilden aufzurichten. Sie verflochten Bein mit Bein, fingen eine Eidechse nach der anderen in ihren Löchern, führten Federn zu Tintenfässern, Sturzbäche in die Tiefen des Tals, Schwerter in ihre Schwertscheiden, Feuerholz zu ihren Öfen, und sie behaupteten, daß dies ein Akt der Frömmigkeit ohnegleichen sei, besonders gegenüber denjenigen, die weit von Heimat und Ehefrauen entfernt waren.«*

Wer wollte dies gegen einen Marsch durch feindliches Gebiet in eine Region mit wenig Nahrungsmitteln und noch weniger Wasser eintauschen, in der vollen Sommerhitze und ohne einen sicheren Hafen am Ende des Marsches? Richard. Es war eine Demonstration der Unbesiegbarkeit. Der Schlüssel zum Marsch war strikte Disziplin. Saladins Biograph Baha' ad-Din beschrieb die marschierende Kolonne, deren Flanken *»wie eine Mauer zusammenhielten«*:

> *»Jeder Fußsoldat trug Kleidung aus sehr dickem Filz und ein so kräftiges Kettenhemd, daß unsere Pfeile sie nicht verletzten... Ich sah Soldaten mit bis zu zehn Pfeilen in ihrem Rücken, die einfach weitermarschierten, ohne wegzubrechen... Man konnte nicht anders als die Geduld dieser Menschen zu bewundern: Sie ertrugen die härtesten Leiden... und gewannen keinen persönlichen Vorteil davon.«*

Vorne und hinten gingen die Templer und die Johanniter. Genau in der Mitte befand sich die königliche Standarte, ein Fahnenmast, der auf einem Wagen befestigt war und von der Reserve, einer Gruppe Adliger, umringt wurde. Die Flotte, die weitere Vorräte und Wasser trug, begleitete ihren Marsch die Küste hinunter. Es gab überhaupt keine Diskussion über irgendwelchen Anhang. Richard verbot ausdrücklich Frauen auf dem Marsch, außer den

Richard Löwenherz befahl, die 2700 Überlebenden der moslemischen Garnison von Akkon hinzuschlachten. Er verfolgt das spektakuläre Ereignis hier von einer Tribüne aus. Interessanterweise tragen die Moslems Märtyrerkleidung, Richards Soldaten dagegen Schwarz. Aus *Les Passages faits Outremer*... (ca. 1490).

Waschfrauen, die dazu da waren, *»die Leinenwäsche der Kreuzritter sauberzuhalten, ihre Haare zu waschen und sie zu entlausen, wobei sie so geschickt wie Affen waren.«* Diese Waschfrauen, die von allen westlichen Anführern als notwendig betrachtet wurden, machten einen tiefen Eindruck auf die Moslems. *»Überall waren alte Frauen... Sie ermahnten und bewegten die Männer dazu, ihren Stolz hervorzukehren, indem sie sagten, daß das Kreuz ihnen die Verpflichtung auferlege, bis zum bitteren Ende durchzuhalten, und daß die Krieger nur das ewige Leben gewinnen könnten, indem sie ihr eigenes Leben opferten, und daß das Grab ihres Gottes in den Händen ihrer Feinde sei.«* Wenn sie gefangengenommen wurden, schickte man sie normalerweise gleich wieder zurück zu den Kreuzrittern.

Die Schlacht von Arsuf

Da Richards Armee nur in den Morgenstunden marschierte, schaffte sie durchschnittlich nur sechs Kilometer pro Tag. Am 7. September, als sie das nur fünfundzwanzig Kilometer von Jaffa entfernte Arsuf erreichten, griff Saladin sie an. Seine einzige Hoffnung war es, die Kreuzritter so sehr durcheinander zu bringen, daß sie ihre Formation aufgeben und in kleine Gruppen auseinanderfallen würden, die man umzingeln und niederschlagen konnte. Er schickte eine Angriffswelle nach der anderen gegen die Nachhut, die rückwärts marschieren mußte, um sich zu verteidigen. Die Johanniter verloren Pferde, die nicht so bedeckt und geschützt werden konnten wie Männer. Für Ritter, deren ganzes Ehrverständnis auf Tapferkeit gründete und deren Pferde Teil ihres Selbst waren, war diese Lage schändlich. Doch die Formation hielt zusammen.

Saladins Streitkräfte waren geschult und geübt, und ein Teil ihrer Ausbildung hatte sich mit dem Erkennen des komplexen Vorganges befaßt, mit dem die Ritter zum Angriff rüsteten. Dies war wesentlich, denn ihre Reaktion sollte es sein, auszuweichen: Gruppen sollten sich nach rechts und links verstreuen, während ein großer Teil sich in einer geraden Linie zurückziehen würde, um die angreifenden Ritter so weit wie möglich von der Hauptarmee wegzuziehen, so daß sie abgeschnitten und niedergemacht werden konnten. Doch als Richards Armee an diesem Tag angriff, waren die Moslems völlig überrascht. Der Angriff war eigentlich vorzeitig ausgelöst worden, doch Richard hatte sofort die Kontrolle wiedererlangt, seine Streitmacht zu einer großen Angriffsmauer formiert und sie zum Stehen gebracht, ehe sie auseinanderbrechen konnte. Die Ritter ordneten sich und führten dann diszipliniert zwei weitere Angriffe durch. Saladins Biograph Baha' ad-Din befand sich im Zentrum des moslemischen Angriffs, der zerschlagen wurde. Er berichtet, wie er zum linken Flügel hinüberritt, der sich rasch zurückzog, dann einige Kilometer zum rechten Flügel ritt, wo die Lage noch schlimmer war. Dann zog er sich zu Saladins Verband zurück, *»da sich dort alles sammeln sollte. Doch ich fand nur siebzehn Männer dort, obwohl die Banner flatterten und die Trommeln immer noch schlugen.«*

Die Moslems waren geschlagen. Saladin hatte es brillant verstanden, einen *jihad* gegen einen christlichen Staat zu organisieren, doch er vermochte nicht mittels öffentlicher Meinung, verbreiteter Wut oder religiösen Eifers eine gut geführte Militärmacht zerstören.

Verhandlungen

Richard nahm Jaffa ein. Doch Jerusalem einzunehmen, bedeutete, ins Binnenland zu marschieren, und seine Armee war von ihren Schiffen entfernt weniger wirkungsvoll. Er begann deshalb, mit Saladin zu verhandeln. Saladin hätte vermutlich nur zu gerne einen Waffenstillstand unterzeichnet, doch seine Position war nun sehr schwach. Er hatte die triumphierende Aura seines Wiedereroberungsfeldzuges verloren und war von ihm untergebenen Emiren umgeben, die sich nicht länger wie Untergebene verhielten. Er weigerte sich, Richard zu treffen, und schickte erneut seinen Bruder Al-Adil an seiner Stelle.

Richard freute sich über Al-Adils Gesellschaft und ließ Saladin durch ihn einen Brief überbringen. *»Die Moslems und Franken verbluten, das Land ist völlig zerstört, und auf beiden Seiten wurden Güter und Leben geopfert. Die Zeit ist gekommen, damit aufzuhören. Das Ziel ist Jerusalem, das Kreuz und das Land.«* Saladin antwortete, daß Jerusalem *»ebenso unser wie Euer«* sei, daß das Land des Königreiches Jerusalem erst vor kurzem in die Hände der Franken gefallen sei und daß sie das Kreuz nur dann übergeben würden, wenn sie etwas Wertvolles dafür bekämen. Dies verschloß einer Einigung zwar nicht die Tür, brachte die Dinge aber keineswegs voran. Richard wußte, daß Saladin heimlich mit Conrad verhandelte und daß er versuchte, die Christen gegeneinander auszuspielen – was kein großes Problem war –, und so machte er Al-Adil ein außergewöhnliches Angebot: Er, Saladins Bruder, solle Richards Schwester Joan heiraten. Sie würden Palästina gemeinsam von Jerusalem aus regieren, Richard solle Akkon und Jaffa an Joan abtreten und Saladin den Rest Palästinas an Al-Adil. Conrad und Guy wären damit beide aus dem Rennen, Al-Adil hätte ein Königreich, und Richard könnte nach Hause gehen.

Dies war so weit von der Idee eines Kreuzzuges entfernt, wie es nur sein konnte.

Saladin stimmte den Bedingungen zu, *»da er sehr wohl wußte, daß es ein Witz war«*, wie Baha' ad-Din erklärt. Als jedoch Joan davon erfuhr, war sie wütend und schwor, daß sie niemals einen Moslem heiraten werde, nein danke! Und so fragte Richard Al-Adil, ob es ihm etwas ausmachen würde, zum Christentum überzutreten. Saladins Bruder lehnte höflich ab, und die ganze Angelegenheit endete mit einem großen Bankett und Freundschaftsbeteuerungen, aber nicht mit einem Bündnis.

Richards Dilemma

Im Winter dann, als Saladin den Großteil seiner Armee aufgelöst hatte, nahm Richard seine Streitmacht mit auf eine Expedition in die Berge. Sie näherten sich Jerusalem bis auf zwanzig Kilometer. Doch es war klar, daß die Stadt nicht zu halten war, sobald Richard und seine Armee abgezogen waren. Es gab nicht genügend christliche Ritter, die ihr Leben im Heiligen Land verbringen wollten.

Richard zog sich nach Ascalon zurück, das Saladin hatte schleifen lassen, und beschäftigte seine Männer damit, es wieder zu einer mächtigen Festung auszubauen. Conrad weigerte sich, zu Hilfe zu kommen, und der Herzog von Burgund, dem Phillip die Aufsicht über die Truppen übertragen hatte, führte eine große französische Armee nach Akkon. Da

Richard stößt Saladin aus dem Sattel. Saladins Helm löst sich, die fremdländischen Züge des sarazenischen Teufelskönigs kommen zum Vorschein. Die Personalisierung des Konfliktes in einem Kampf zwischen zwei Männern, die sich nie trafen, begründete das sagenhaften Ansehen der beiden.

die Franzosen Conrad stets unterstützt hatten und Conrad ein Werkzeug der Genuesen war, empfanden die Pisaner dies als Bedrohung.

Sie besetzten die Stadt in dem Moment, als die Franzosen ankamen, vertrieben dieselben und hielten die Stadt drei Tage lang, wobei sie Richard baten, ihnen zu helfen und die Ordnung wiederherzustellen. Richard zog nach Norden, flickte, was zu flicken war, ohne irgendein Problem zu lösen, und kehrte nach Ascalon zurück.

Die Franzosen bauten ein sehr hübsches Lager um Tyros herum und betrübten den englischen Soldaten und Chronisten, der sie in weichen, engen Kleidern mit goldenen Ketten an den Ärmeln, verzierten Gürteln, geschmückten Krägen und Blumenkränzen im Haar herumspazieren sah. Die Franzosen waren offensichtlich entartet.

Soweit es nach Richard ging, mußte es einen Waffenstillstand mit Saladin gegeben. Saladin konnte theoretisch einfach dasitzen und darauf warten, daß Richard verschwand, doch er brauchte den Waffenstillstand genauso wie Richard. Al-Adil war jetzt ehrgeizig und schien auf eigene Rechnung mit Richard und Conrad zu verhandeln. Wenn Saladin keine Einigung erzielen konnte, konnte es vielleicht Al-Adil – und er hätte vielleicht die Unterstützung von Saladins murrenden Emiren.

Ende März scheint man zu einer Einigung gekommen zu sein. Die Christen sollten behalten, was sie erobert hatten, sie sollten das Recht zur Pilgerfahrt bekommen und Priester in Jerusalem lassen dürfen. Das Heilige Kreuz sollte ihnen zurückgegeben werden. Sie konnten auch Beirut haben, sobald seine Befestigungsanlagen geschleift waren.

Richard gab bekannt, daß er abziehe. Sein Bruder John machte in England Ärger, und Phillip bedrohte die Normandie. Außerdem konnte sein Erfolg als Diplomat die Tatsache nicht verdecken, daß ihm nun die absolute Sinnlosigkeit der Eroberung Jerusalems klargeworden war, die doch der ganze Zweck der Reise gewesen war. Es war definitiv Zeit, nach Hause zu gehen. Irgendwie mußte aber der Streit zwischen Guy und Conrad noch beigelegt werden. Richard berief einen Rat ein, um die Ritter und Freiherren zu bitten, sich zwischen Guy und Conrad zu entscheiden.

Die Ermordung Conrads

Conrad hatte sich nun vollständig den Genuesen verschrieben, und Genua investierte viel in ihn; dies mag den Umstand erklären, daß der Rat ungewöhnliche Einigkeit zeigte, ihn zum König zu wählen. Guy hatte verloren, und Richard traf Vorbereitungen, ihm das Königreich Zypern als Trostpreis zu übergeben. Bedeutender noch war vielleicht, daß die Pisaner verloren hatten. Sobald Conrad König würde, mußten sie davon ausgehen, daß Genua das Monopol in Akkon erhalten würde.

Als die Vorbereitungen zur Krönungsfeier liefen, wurde Conrad auf der Straße von zwei Assassinen niedergeschlagen und getötet. Niemand wußte warum; viele dachten, der Mord sei von Richard organisiert worden. Es gab genauso viele Theorien über diesen eigenartigen Mord, wie über die Ermordung John F. Kennedys. Ein seltsamer Punkt war die Rolle Isabellas. Conrad wurde getötet, weil er ausgegangen war, um jemanden zu suchen, mit dem er essen konnte, nachdem sie sich geweigert hatte, das Bad zu verlassen, um mit ihm zu speisen. Die Assassinen warteten auf dem Rückweg auf ihn: Jemand hatte ihnen einen Tip gegeben.

Am offensichtlichsten profitierte Heinrich von Champagne davon: Er tauchte, sobald er von dem Anschlag erfuhr, in Tyros auf – um sofort von der Bevölkerung zum neuen Herrn und Mann der verwitweten (und schwangeren) Isabella erkoren zu werden. Er war jung, beliebt und der Neffe von Richard und Phillip. Er und Isabella wurden innerhalb von achtundvierzig Stunden nach dem Mord verheiratet. Richard war einverstanden. Doch obwohl Heinrich als König regierte, wurde er niemals gekrönt. Keiner weiß warum.

Die Chronisten widmen Händlern und Matrosen nicht viele Zeilen. Sie sind von ritterlicher Ehre und religiösem Eifer beeindruckt, nicht von Buchhaltung und Streitereien um Geld. Doch es ist klar, daß eine weitere Partei, die von Conrads Tod profitierte, die Pisaner waren. Richard und Heinrich gewährten ihnen nun Privilegien, die ihnen die Kontrolle über das gesamte wirtschaftlich wichtige Gebiet von Akkon sicherten. Damit gaben sie sich jedoch nicht zufrieden, und im folgenden Jahr wurde ein Plan der Pisaner aufgedeckt, demzufolge sie Tyros mit einer Armee besetzen wollten und Guy de Lusignan aus Zypern zurückkommen sollte, um dort zu regieren. Heinrich verbannte alle Pisaner.

Zwei Jahre nach dem Mordanschlag, als der Alte Mann aus den Bergen starb, lud sein Nachfolger Heinrich von Champagne ein, ihn auf seiner Burg zu besuchen. Er entschuldigte sich für den Mord an Conrad und bat Heinrich dann, einer Demonstration beizuwohnen. Männer in weißen Roben standen paarweise auf den Zinnen. Der Assassinen-Anführer erklärte, daß diese Männer ihm besser gehorchen würden, als irgendeiner von Heinrichs Soldaten Heinrich gehorche. Er gab einen Befehl, und ein Paar sprang von den Zinnen in den Tod. Wollte Heinrich diese Demonstration vielleicht noch einmal sehen? Heinrich lehnte tief erschüttert ab. Er wurde höflich gefragt, ob es vielleicht irgend jemanden gebe, den die Assassinen für ihn töten könnten? Kurz danach erhielten die Pisaner ihre Länder und Privilegien wieder. Der Vorfall erhielt eine tragische Note, als Heinrich wenig später selbst in den Tod stürzte, als er versehentlich rückwärts aus einem Fenster seiner Burg trat.

Nachdem Conrad tot und der Kampf der rivalisierenden Parteien offenbar beigelegt war, konnte sich Richard darauf konzentrieren, seine Verhandlungen mit Saladin zu einem Ende zu bringen. Er beschloß, den Druck zu verstärken, nahm Daron, Saladins letzte Festung an der Küste, ein und ließ seine Armee noch einmal gen Jerusalem marschieren. Er wartete dort einen Monat lang, wirkte bedrohlich, war aber eigentlich machtlos.

Richards letzte große Schlacht

Richard hatte geschworen, daß er nur als ihr Eroberer seinen Blick auf die Heilige Stadt richten wollte, und so bedeckte er traurig seine Augen mit seinem Schild, als er vom Gebirge aus in der Ferne die Stadtmauern erblickte. Schließlich befahl Richard den Rückzug zur Küste. Die französischen Soldaten, die Richards Zögern, die Stadt einzunehmen, nicht verstanden und die Bewunderung seiner eigenen Truppen nicht teilten, begannen, ein Schmählied auf ihn zu singen. Richard schrieb sein eigenes auf sie. Leider ist keines der beiden überliefert.

Die Verhandlungen neigten sich, wie es schien, dem Ende zu, und Richard ging nach Akkon, wo er seine Abreise vorbereitete. Dann tauchte Saladins Armee plötzlich vor Jaffa auf, und die Stadt ergab sich. Saladins Streitmacht hatte jedoch ihre Kriegslust verloren; das einzige, was sie noch zusammenhielt, war die Aussicht auf Plünderung. Saladin hatte zugestanden, daß die Christen Jaffas mit ihren Gütern abziehen können sollten, doch seine Truppen stellten sich das ganz anders vor und begannen zu plündern. Saladin postierte wütend Wachen an den Toren und beschlagnahmte jegliches Beutegut. Richard erfuhr von dem Angriff und segelte sofort mit der kleinen Armee, die er zur Verfügung hatte, nach Jaffa. Als er eintraf, flatterte Saladins Banner bereits über der Stadt, doch ein Schwimmer brachte ihm die Nachricht, daß die Garnison sich noch nicht zurückgezogen habe. Richard brachte seine Schiffe an Land, sprang, nur mit dem oberen Teil der Rüstung geschützt, in die Brandung und begann zu kämpfen. Seine Begleiter folgten seinem Beispiel.

Richard war ein vorsichtiger Anführer, aber ein maßlos unvorsichtiger Kämpfer. Drei Jahre zuvor, als er gegen seinen Vater gekämpft hatte, hatte er eine zurückweichende Armee mit derartiger Begeisterung mitgerissen, daß er sich nicht einmal darum geschert hatte, ob er Rüstung getragen hatte. Der Krieger, der sich ihm dann entgegenstellte, war William Marshal gewesen, ein in vielen Kämpfen siegreicher Soldat, und Richard hatte plötzlich bemerkt, daß er sich in Lebensgefahr befand. *»Bei den Beinen Gottes, Marshal«*, rief er, *»töte mich nicht! Ich trage keine Rüstung!«* Marshal hatte geantwortet, das werde er nicht, *»aber ich hoffe, der Teufel tut es«*, und er hatte Richards Pferd getötet. Jetzt hatte Richard es wieder getan. An Land zu waten und mit der Brandung im Rücken zu kämpfen, wäre Selbstmord gewesen, wenn die Moslems einen ernsthaften Versuch gemacht hätten, sich ihm entgegenzustellen. Sie taten es nicht. Sie liefen einfach davon.

Jaffa war zu stark beschädigt, und der Gestank der Leichen war zu arg, als daß man sie hätte besetzen können. Richard und seine kleine Armee (vierundfünfzig kampffähige Ritter mit nur fünfzehn Pferden und ein paar Mann Fußvolk) lagerten vor den Mauern. Ein paar Tage später befahl Saladin einen vollen Angriff seiner Reiterei auf diese kleine Truppe.

Richards Chronisten beschrieben das, was folgte, als eine heroische Schlacht, ein herrliches Bild von Richard, dem Inbegriff eines Kriegers im Getümmel, der über erdrückenden Widerstand triumphierte:

> *»Der König war ein Riese in der Schlacht – jetzt hier, nun dort, wo immer die Angriffe der Türken am heftigsten tobten. Er tötete viele mit seinem Schwert, das wie ein Blitz zuckte; manche von ihnen wurden von ihren Helmen bis zu ihren Zähnen entzwei geschlagen, während andere ihre Köpfe, Arme und anderen Glieder verloren, die mit einem einzigen Schlag abgetrennt wurden.«*

Tatsächlich war es nicht ganz so. Obwohl die Mamelucken (Sklavenkrieger aus Ägypten) angegriffen hatten und von den Bogenschützen der Kreuzträger vertrieben worden waren, hatte der Rest von Saladins Truppe gemeutert. Saladin wurde erklärt, daß er, da er ihre Beute konfisziert habe – wahrscheinlich für seine eigene Familie –, doch gehen und alleine kämpfen solle. Sie jedenfalls hätten genug.

Als Al-Adil in der Schlacht sah, daß Richards Pferd unter ihm gefallen war, schickte er ihm zwei Ersatzpferde und bat darum, daß Richard ihn später entschädigen möge. Ein Chronist, der bei seiner Geschichte einer dramatischen Begegnung der beiden Helden blieb, erklärte, daß Al-Adil von Saladin den Befehl dazu erhalten hätte, und daß die Pferde ausgebildet waren zu flüchten. Eine wahrscheinlichere Erklärung ist, daß Al-Adil mehr Nutzen als Saladin darin sah, Richard zu helfen.

Die Energie des *jihad* hatte sich mit der Eroberung Jerusalems verflüchtigt, und Saladins Zeit in der Geschichte war vorbei. Im Jahre 1098 waren den Kreuzfahrern in Antiochia Siege unter ähnlich schwierigen Umständen gelungen, als die Türken sich geweigert hatten, für ihren Herrn zu kämpfen. Damals war der Sieg der göttlichen Fügung zugeschrieben worden; nun, beinahe hundert Jahre später, wurde er dem Helden zugesprochen. Gott wurde nicht länger gebraucht. Die Energie des Heiligen Krieges hatte sich auf der christlichen Seite ebenso verflüchtigt wie auf der moslemischen.

Jerusalem sollte nie wieder von Kreuzrittern erobert werden. Die Teile des Königreiches, die bestehenblieben, waren diejenigen, die den italienischen Händlern nützten. Jerusalem hatte keinen Hafen.

Nach der Schlacht wurden sowohl Richard als auch Saladin krank. Beide waren erschöpft und hatten versagt. Saladin schickte Richard Früchte und Schnee sowie einen Arzt. Am 2. September 1192 unterschrieben sie das Abkommen über einen dreijährigen Waffenstillstand. Die Christen durften die Küste behalten (mußten aber das Fort in Ascalon aufgeben), und christliche Pilger durften Jerusalem besuchen. Viele Ritter taten es, aber nicht Richard. Am 9. Oktober segelte er davon.

Doch es war nicht das Ende seiner Leiden.

Richard erlitt auf dem Heimweg Schiffbruch und war gezwungen, über Land durch das Gebiet von Leopold von Österreich zu reisen, dessen Banner er in Akkon in den Graben geworfen hatte. Er verkleidete sich als Tempelritter, wurde aber dennoch erkannt, als er in der Wachau in einem Gasthof einkehrte. Leopold ließ ihn wegen Mordes an Conrad gefangennehmen und dann an Kaiser Heinrich VI. übergeben, der ihn ein Jahr lang gefangenhielt. Nach Zahlung eines enormen Lösegeldes wurde Richard schließlich wieder freigelassen.

Saladin, der Idealchrist?

Saladin starb vollkommen ausgelaugt fünf Monate, nachdem Richard Akkon verlassen hatte. Für einige seiner Landsleute war er der »Emporkömmling« geblieben; ein Mann, der eher bereit war, seine moslemischen Landsleute zu bekämpfen als die Franken und der den Wortschatz des *jihad* nur benutzte, um seinen eigenen Ehrgeiz zu befriedigen. Er brachte Nur ed-Dins Werk durch die Rückeroberung Jerusalems zum logischen Abschluß, wurde jedoch von seinen Zeitgenossen dafür kritisiert, die Franken nicht rücksichtslos genug behandelt und sie nicht endgültig aus Palästina vertrieben zu haben. Im Westen wurde Saladin jedoch ein Idol der Ritterlichkeit. Er wurde ob seines Sinnes für Humor gerühmt, für seine Großzügigkeit und für seinen Abscheu vor unnötigem Blutvergießen.

Jedenfalls war er ein Mann, dessen Wort galt, wenngleich er auch scheinheilig sein konnte. Als Amalric starb, schrieb Saladin zum Beispiel an dessen Sohn, den unglücklichen zehnjährigen, leprakranken Balduin: *»Der König soll wissen, daß wir eine tiefe Zuneigung für ihn empfinden, genau wie für seinen Vater... Er kann sich auf uns verlassen.«* Doch seinem eigenen Neffen gegenüber witzelte Saladin über den Namen des toten Königs, der auf arabisch Maury lautete: *»Gott soll ihn verfluchen und ihn verstoßen und ihn so bitter (murr) bestrafen, wie es sein Name sagt«.*

Saladins Großzügigkeit ist unbestreitbar. Sie brachte seine Schatzmeister oft zur Verzweiflung. *»Er war arm genauso großzügig wie reich«*, erinnerte sich ein Mitglied seines Hofes, *»und seine Schatzmeister hielten gewisse Reserven vor ihm versteckt, aus Angst, daß eine finanzielle Notlage eintreten könne.«* Als der Herrscher über so viele Länder starb, war seine Schatzkiste praktisch leer, bis auf siebenundvierzig Silberdrachmen und ein Goldstück.

Saladin war großzügig – bis zur Übertreibung –, aber seine Großzügigkeit war Teil seiner politischen Methode. Und während selbst seine Feinde diese Art außerordentlich anziehend fanden, merkten die klügeren nach den Worten von William von Tyros, daß solche Großzügigkeit eigentlich eine von Saladins Hauptwaffen darstellte: *»Er war ein Mann weise im Rat, kühn im Krieg und über alle Maßen großzügig... genau aus diesem Grund mißtrauten ihm die Adligen, die vorausschauender waren... es gibt keine bessere Methode, mit der Prinzen die Herzen ihrer Untertanen gewinnen können... als sich ihnen gegenüber großzügig zu zeigen.«*

Saladin schätzte Geld mit Sicherheit nicht als solches, aber er brauchte es, und zwar in großer Menge. Seine Macht basierte auf Stärke – auf seiner Armee –, und ohne Geld konnte er nichts ausrichten. Er verbrachte fünfmal so viel Zeit mit seinem Militär wie mit irgend etwas anderem. Das war das Problem eines »Emporkömmlings«. Er war in einem Kreis der Eroberung und Expansion gefangen. Er benutzte den Reichtum Ägyptens, um Damaskus zu erobern, er benutzte den Reichtum von Damaskus, um Aleppo zu erobern, er benutzte den Reichtum Aleppos, um die Küste zu erobern – doch, wie der Chronist al-Fadil bemerkte, kamen in einem solchen System *»die Hoffnungen auf Expansion niemals zu einem Ende.«*

Saladins Menschlichkeit ist vielleicht sein bestechendstes Charaktermerkmal. Seine humane Behandlung der Zivilisten nach der Eroberung Jerusalems ist bemerkenswert, und doch wäre es ein Fehler, ihn im modernen Sinne als Humanisten zu sehen. Daß er in Mossul und Aleppo ein sinnloses Blutvergießen vermied, hatte nur politische Gründe: Er wollte die Menschen, die er retten sollte, nicht befremden, und er brauchte auch die Arbeitskraft, die sie zu bieten hatten.

Zu anderen Gelegenheiten, etwa beim Massaker des Schwarzen Regiments in Kairo, oder als er fatimidische und schiitische Rebellen kreuzigte, handelte er mit all der Brutalität, die von einem Herrscher seiner Zeit erwartet wurde. Am irritierendsten war vielleicht seine Gepflogenheit, aus der Hinrichtung von Gefangenen ein amüsantes Spektakel zu machen. Bei mehr als einer Gelegenheit befahl er, daß eine Gruppe von Gefangenen durch »Männer der Frömmigkeit« getötet werden solle. Wahrscheinlich war die Angst derer, die sterben sollten, ebenso groß, wie die Angst der »Männer der Frömmigkeit«, die das Töten übernehmen sollten. Dies – zusammen mit der Unerfahrenheit der *Sufis* beim Führen eines Schwertes sowie die unnötigen Leiden der Opfer, wenn die ungeübten Henker herumpfuschten – muß für die abgestumpften soldatischen Zuschauer eine rasend komische Unterhaltung gewesen sein.

Saladins Biograph Imad ed-Din erinnert sich, wie er selbst einmal zu einer solchen Begebenheit befohlen wurde. Zu seinem Entsetzen stellte er fest, daß der Gefangene, den er töten sollte, ein Junge war. Dies war wahrscheinlich für Saladin und seine »rauhen Kumpane« ein doppelt guter Witz, da Imad ed-Din allgemein als homosexuell beschrieben wird. Jedenfalls weigerte er sich, die Hinrichtung durchzuführen und fragte statt dessen, ob er den Jungen als Sklaven behalten dürfe. Doch er machte deutlich, daß er dies nicht aus Mitgefühl tat, sondern um sich nicht lächerlich zu machen: *»Ich wandte mich von dieser Tat ab, damit die Gesellschaft nicht über mich lachte wie über die anderen.«*

Saladin bleibt ein Geheimnis, eine anziehende und doch zwiespältige Person. Sogar sein Mausoleum in Damaskus enthält nicht ein Grab, sondern deren zwei: ein einfaches aus Holz, das von seinen Landsleuten kurz nach seinem Tod errichtet wurde, und ein prachtvolles aus Marmor, das vom deutschen Kaiser im letzten Jahrhundert errichtet wurde, um damit Saladin als den großen romantischen Helden, den der Westen in ihm sah, zu ehren.

In vielerlei Hinsicht ist er eher ein Held des Westens als des Ostens.

Saladins Tod war der Tod seines Reiches. Sein Bruder Al-Adil brauchte zehn Jahre, um die Teile wieder zu vereinigen. In der Zwischenzeit hatte die Logik, die Richard bewegt hatte, Jerusalem nicht anzugreifen, ihre Überzeugungskraft verloren. Wäre er noch sechs Monate länger geblieben, bis nach Saladins Tod und nach der Auflösung seiner Armee, so hätte Richard der Eroberer der Heiligen Stadt werden können. Richard selbst starb 1199 an einer entzündeten Pfeilwunde, die ihm zugefügt worden war, als er unvorsichtig die Verteidigungsanlagen einer kleinen Burg untersuchte, die er anzugreifen gedachte. Doch es gab andere, die sich für Jerusalem zu interessieren begannen.

Der Vierte Kreuzzug

In dem langen Kampf zwischen Papst und Kaiser, der von Gregor VII. begonnen wurde, gab es kaum Zeiten, in denen sich ein Papst nicht einem mächtigen Kaiser gegenübersah. Nicht einmal dann, wenn der Papst wirklich an eine historische Mission wie den Kreuzzug glaubte und alle weltlichen Monarchen zu Lehnsherren der Kirche machen konnte.

Doch der Tag kam, an dem sich dies ändern sollte.

1198 wurde Lothario dei Conti de Segni mit nur siebenunddreißig Jahren zum Papst gewählt – in einer Welt, in der kein anderer Herrscher so viel Macht besaß wie er. Der deutsche Kaiser war tot und hatte ein Kind als Erben hinterlassen; Frankreich und England hatten sich in einem Krieg festgefahren, der beide Herrscher schwächte. Der junge Lothario nahm den Namen Innozenz III. an und setzte sofort seine eigenen Männer auf Schlüsselpositionen der Kirche und der Verwaltung Roms. Er war aus dem Nichts an die Macht gekommen und bloß ein Diakon gewesen, und so mußte er bei seiner Wahl zum Papst erst einmal zum Priester geweiht werden.

Er kam nicht wie Stalin an die Macht, und er hatte auch in der Politik keinen Namen. Aber er wußte, wie man eine Verwaltung in den Griff bekam und alle Einzelheiten organisierte. Allerdings entwickelte er sich, ähnlich wie Stalin, kurz nach seinem Amtsantritt in ein Monster. Ein Monster, dem es nur um unbegrenzte Macht ging und das jeden rücksichtslos zerstörte, der sich nicht unterwarf.

Sein Ehrgeiz war grenzenlos. Er war der Erbe einer Revolution, die von Gregor VII. losgetreten worden war; er hatte für sich beschlossen, daß der Papst als Vertreter des absoluten Monarchen im Himmel der absolute Monarch auf der Erde sein müsse. Und dieses Programm verlangte die absolute Ergebenheit der Könige, die Unterwerfung der Ostkirche, das Auslöschen aller Deutungen der christlichen Botschaft außer seiner eigenen und die Rückeroberung Jerusalems unter seinem Befehl.

1199 bat er den Patriarchen von Jerusalem schriftlich um Informationen, die ihm helfen konnten, seinen geplanten Kreuzzug durchzuführen. Der Patriarch schrieb zurück, daß kein Kreuzzug nötig sei, aber trotzdem vielen Dank; seiner Ansicht nach würden sich die Sarazenen nur zu gerne aus dem Heiligen Land zurückziehen, wenn man ihnen ihre anderen Besitztümer garantierte. Die Freiherren wollten in Frieden mit Al-Adil leben; das letzte, was sie wollten, war ein weiterer Haufen Ritter, der herüberkam, Ärger machte, sich dann verzog und sie mit dem Ergebnis zurückließ. Diese Information war es aber nicht, die Innozenz hören wollte. Er ignorierte sie.

Papst Innozenz III., der vielleicht mächtigste Papst in der Geschichte der katholischen Kirche. Fresko in einem Kloster in Subiaco (Italien).

Aufruf zum Kreuzzug

Ein Priester namens Fulk aus der Nähe von Paris war in Frankreich herumgezogen und hatte die Notwendigkeit eines neuen Kreuzzuges gepredigt. Fulk war kein zerlumpter Wanderprediger wie Peter der Eremit. Er war von respektabler Figur, gut gekleidet und besaß großes Rednergeschick – ein idealer Vertreter der päpstlichen Absichten. Innozenz III. gab Fulks Predigten nun die volle päpstliche Autorität. Zusätzlich schickte er Briefe an die Kirche und den Adel in ganz Frankreich und Norditalien und drängte sie, das Kreuz zu nehmen. Doch er schickte keinem König einen Brief – nicht daß er sie aufhalten würde, wenn sie denn gehen wollten, doch wozu sollte man sie ermutigen, da er doch selbst der höchste Befehlshaber war?

Die Begeisterung für einen Kreuzzug wie zur Zeit Urbans II. ließ jedoch zu wünschen übrig, und so griff Innozenz zu außergewöhnlichen – wenn nicht verzweifelten – Mitteln. Zum ersten Mal erlegte er Klerikern Steuern auf, damit sie für den Kreuzzug bezahlten. Natürlich gab es einen Aufschrei. Die Zisterzienser bewaffneten sich sofort und weigerten sich zu zahlen. Doch die Tatsache, daß der Papst bereit war, sich anderer Leute Börsen zu bemächtigen, veränderte die gesamte Basis des Kreuzzuges. Von jetzt an war es eine geringere finanzielle Belastung, auf einen Kreuzzug zu gehen; und die angehenden Kreuzzuganführer, die diese Steuern erhielten, konnten richtiggehend Gewinn machen – besonders, wenn sie am Ende gar nicht gingen.

Obwohl der Papst selbst Rechtsgelehrter war, beschloß er, das kanonische Recht aus dem Fenster zu werfen, indem er bekanntgab, daß Männer nicht länger die Zustimmung ihrer Frauen brauchten, wenn sie auf den Kreuzzug ins Heilige Land gehen wollten. Innozenz glaubte fest daran, daß der Zweck die Mittel heiligt. Im Namen des göttlichen Gesetzes und der christlichen Moral war er entschlossen, jedes Gesetz zu brechen, das er brechen mußte – und jeden Knochen.

Im November 1199 kam das erste Kontingent der Kreuzritter zu einem großen Turnier in der Burg Ércy in der Champagne zusammen (heute heißt sie Asfeld-la-Ville). Mitten unter den flatternden Bannern, den kriegerischen Wettkämpfen und Festessen nahmen der zweiundzwanzigjährige Graf Theobald von Champagne und der siebenundzwanzigjährige Graf Ludwig von Blois das Kreuz. Ihnen folgten andere Herren und Vasallen, auch Graf Balduin VIII. von Flandern. Diese drei Grafen wurden die militärischen Anführer des erneuten Feldzuges, doch sie schufen diplomatische Geschichte, als sie ihre Macht sofort sechs Abgesandten übertrugen, die mit bereits versiegelten und von den Grafen unterschriebenen Freibriefen ausgestattet wurden. Dies ist das erste Mal in der Geschichte, daß Bevollmächtigten eine solche Handlungsfreiheit zugestanden wurde.

Das Geschäft mit Venedig

Die sechs Abgesandten (von denen einer der Chronist Geoffrey de Villehardouin war) wandten sich an die größte Seemacht ihrer Zeit, Venedig, auf daß sie ihnen helfe, die Armeen über das Meer ins Heilige Land zu befördern. 1201 langten sie mitten im Winter am Hofe des alten, blinden Dogen Enrico Dandolo an.

Venedig war an gewaltige Seeverträge gewöhnt. 1187 hatte es zum Beispiel den Auftrag erhalten, die gesamte byzantinische Flotte zu bauen und zu bemannen. Doch sein

Hauptinteresse galt Konstantinopel. Die Reisespezialisten für das Heilige Land waren Genua und Pisa, doch sie lagen gerade im Krieg miteinander, und jede Flotte, die man von der einen Seite anheuerte, wurde höchstwahrscheinlich von der anderen Seite angegriffen. Die Abgesandten schätzten, daß die Zahl der Kreuzritter bei 33.500 liegen würde. Dies war eine absurde Zahl, die siebenmal so groß war wie die Zahl der Kreuzfahrer, die König Phillip 1190 angeführt hatte. Es ist klar, daß große Herren und Chronisten nur die vagesten Vorstellungen von der Größe einer Armee hatten.

Der Große Rat von Venedig bat um eine Woche Frist (wahrscheinlich mußten die Herren irgendwohin gehen, wo sie sich in Ruhe vor Lachen kringeln konnten); als sie sich wieder im Griff hatten, boten sie an, genügend Schiffe zu bauen, daß sie viereinhalbtausend Ritter mit je einem Pferd, neuntausend Edelleute und zwanzigtausend Fußsoldaten tragen konnten sowie Vorräte für neun Monate. Die Kosten wären fünf Mark für jedes Pferd und zwei Mark für jeden Mann, das macht 89.500 Mark, doch man konnte ihnen fünf Prozent Freundschaftsrabatt anbieten, also dann 85.025 – sagen wir 85.000 Mark.

Die Armee sollte also siebenmal so groß sein wie die Phillips – und die Transportkosten fünfzehnmal so hoch! Der Rat erwartete außerdem die Hälfte von allem, was zu Land oder zur See erobert wurde, üblich war ein Drittel. Vielleicht wollten die Venezianer nicht, daß das Geschäft wirklich abgeschlossen würde. Obwohl der Anführer des Kreuzzuges öffentlich erklärt hatte, daß ihr Ziel Palästina war, hatten sie sich heimlich darauf geeinigt, daß sie den Moslems in Palästina am besten schaden konnten, wenn sie erst Ägypten angriffen, und Venedig hatte kein Interesse daran, seine große Handelskolonie in Alexandria zu zerstören.

Doch die Venezianer hielten einen weiteren Plan bereit, der sie fünfzig bewaffnete Galeeren auf eigene Kosten anbieten ließ. Fünfzig Galeeren waren eine riesige Dreingabe – so groß wie die gesamte byzantinische Flotte –, die siebentausend Besatzungsmitglieder haben mußte. Doch vielleicht war es die gesamte byzantinische Kriegsflotte! Schließlich war diese Flotte von den Venezianern gebaut und bemannt worden, und sie waren mit ihrem neuen Kaiser nicht zufrieden. Er bot den Pisanern und Genuesen bessere Geschäfte an, er bezahlte seine hohen Schulden nicht und er forderte von den venezianischen Schiffen in Konstantinopel Gebühren, womit er Abkommen brach.

Die Abgesandten nahmen die Bedingungen an. Eine wunderbare Pantomime wurde in der Kirche von San Marco zum besten gegeben, als die hohen Herren vor die Bevölkerung der Stadt traten und Geoffrey de Villehardouin erklärte, daß ihm und den anderen Abgesandten befohlen worden war, zu Füßen der Venezianer niederzuknien und sich nicht eher zu erheben, bis diese edlen Menschen einwilligten, *»Mitleid mit dem Heiligen Land an den Gestaden jenseits des Meeres zu haben«*. Woraufhin die Abgesandten sich weinend auf die Knie fallen ließen. Der Doge, der weit über achtzig war, praktisch blind, aber sonst im vollen Besitz seiner Kräfte, weinte auch. Ebenso wie alle Venezianer, die dort versammelt waren, und geschlossen erhoben sie ihre Hände zum Himmel und riefen: »*Wir sind einverstanden! Wir sind einverstanden!*« Und in dem Krach und dem Gejubel, das darauf folgte, hätte man glauben können, die ganze Welt würde zusammenfallen, jedenfalls laut Geoffrey.

Die Abgesandten borgten sich fünftausend Mark von den venezianischen Banken, auf daß mit den Schiffsbauten angefangen werden konnte, und kehrten in der Überzeugung nach Frankreich zurück, gute Arbeit geleistet zu haben.

Das Debakel von Venedig

Bald nachdem die Abgesandten wieder nach Frankreich zurückgekehrt waren, starb der inoffizielle Anführer des Kreuzzuges, der junge Graf Theobald. Ohne ihn lief die Sache Gefahr zu kippen, und es war keineswegs leicht, Ersatz zu finden. Schließlich schlug Geoffrey de Villehardouin vor, daß sie dem Marquis Bonifazius von Montferrat, dem Bruder des ermordeten Conrad, das Kommando über die Armee übertragen sollten.

So, wie Geoffrey es darstellt, klingt es, als hätte der Marquis bereits angedeutet gehabt, daß er dazu bereit sei. Bonifazius Hauptinteresse galt jedoch nicht Jerusalem, sondern dem byzantinischen Thessaloniki. Er war der Auffassung, er habe ein Recht darauf, daß eine Kreuzzugsarmee ihn dort ins Amt bringen würde. Da man ihn nun zufälligerweise just gebeten hatte, einen Herrscher in Byzanz zu stürzen, schien sich alles in seinem Sinne zu regeln. Er nahm den Auftrag an.

Anfang Juni begannen die Kreuzritter, nach Venedig zu strömen, wo man ihnen Quartiere auf der Insel San Niccolo di Lido gab. Die Venezianer eröffneten für sie einen Markt mit jeder Art von Waren, die man sich nur wünschen konnte, und alles schien nach Plan zu verlaufen. Doch mit der Zeit erkannten die Freiherren, daß sie ein Problem hatten. Die Kreuzritter kamen nicht annähernd in der Menge, die sie brauchten.

Tatsächlich war die Zahl, die kam, enorm: elftausend. Doch dies war viel weniger als die geschätzten 33.500. Und die schreckliche Wahrheit begann ihnen zu dämmern, daß jeder Mann dreimal so viel bezahlen mußte wie erwartet, um die Rechnungen der Venezianer zu bezahlen: sechs Pfund Silber pro Mann, fünfzehn pro Pferd! Viele konnten es sich nicht leisten; die Freiherren sammelten alles ein, was sie kriegen konnten. Doch auch als sie ihre Tischgedecke aus goldenen und silbernen Tellern drauflegten und zusehen mußten, wie diese in den Palast des Dogen gekarrt wurden, fehlten immer noch 34.000 Mark.

Die Kreuzritter saßen fest. Der Winter kam; bis zur nächsten Schiffahrtssaison konnten sie ihre Armee nicht unterhalten, und nun drohten die Venezianer damit, ihnen die Versorgung abzuschneiden. An diesem Punkt kam der blinde Doge mit einem Angebot, das sie nicht ablehnen konnten. Er erklärte es seinen eigenen Leuten so:

»Der König von Ungarn hat uns unsere Stadt Zara in Slawonien weggenommen, einen der mächtigsten Orte der Welt; und wir werden ihn niemals wiederbekommen, auch nicht mit all unseren Armeen – außer mit Hilfe der Franken. Und so wollen wir sie fragen, ob sie uns dabei helfen, ihn zurückzuerobern, und wir werden ihnen erlauben, die Zahlung der 34.000 Silbermark, die sie uns noch schulden, bis zu dem Zeitpunkt aufzuschieben, da Gott unseren vereinten Armeen gestattet, dieses Geld durch Eroberung einzunehmen.«

Dieses Angebot wurde dann den Freiherren unterbreitet, und eine heftige Debatte brach aus. Diejenigen, die dagegen waren, wandten ein, daß sie ihren Kreuzzug mit dem Angriff auf eine christliche Stadt zu beginnen hätten – und nicht nur das, sondern auch noch auf eine Stadt, die einem ihrer Kreuzzugsgefährten gehörte, denn König Emerich von Ungarn hatte gerade selbst das Kreuz genommen! Angesichts dieses Arguments mußte der Doge seine eigene Verbundenheit mit dem Kreuzzug demonstrieren. Zara war immerhin sehr wichtig, da es den Zugang zu den Wäldern Dalmatiens gestattete, die wiederum Holz für den Schiffsbau lieferten. Und so kletterte der blinde Doge eines Sonntags die Stufen der Kanzel in der Kirche von San Marco hinauf und sprach zu einer riesigen Menge von Venezianern und Kreuzrittern.

»Ihr hohen Herren«, sagte er, *»ich bin ein alter Mann, schwach und ruhebedürftig, und meine Gesundheit wird schwächer. Gleichzeitig weiß ich jedoch, daß keiner Euch wie ich, Euer Herr, anführen und leiten kann. Wenn Ihr gestattet, werde ich das Kreuz nehmen, damit ich Euch beschützen und führen kann. Ich werde auf Leben oder Tod mit den Pilgern ziehen!«* Die Venezianer riefen aus: *»Wir bitten Euch in Gottes Namen, das Kreuz zu nehmen und mit uns zu gehen!«* Dann kniete er vor dem Altar, und sie nähten ein Kreuz auf die Vorderseite seiner Baumwollmütze, damit jeder es sehen konnte. Und plötzlich gab es eine Menge venezianischer Kreuzritter. Der Kreuzzug wandte sich Zara zu.

Der Kreuzzug greift Zara an

Die große Flotte segelte im November 1202 los. Schilder wurden an die Schanzkleider und Schiffstürme gehängt, und Banner und Wimpel gehißt. Die Schiffe trugen mehr als dreihundert Belagerungsmaschinen und alles, was sie brauchten, um eine Stadt zu erobern.

Doch als der Angriff auf Zara beginnen sollte, trat der Abt von Vaux mit einem Brief des Papstes vor: *»Meine Herren, im Namen des Papstes von Rom verbiete ich Euch, diese Stadt anzugreifen; denn die Menschen dort sind Christen, und Ihr tragt das Zeichen des Kreuzes.«* Der Doge wandte sich sofort an die Grafen und Freiherren und sagte: *»Ihr habt mir Euer Versprechen gegeben, mir bei der Eroberung dieser Stadt zu helfen, und ich fordere Euch auf, Euer Wort zu halten.«* Das taten sie, und das Bombardement begann. Nach fünf Tagen kapitulierte die Stadt und wurde pflichtgemäß geplündert. Der Doge und die Kreuzritter übernahmen alle schönen Häuser und teilten die Stadt untereinander auf. Sie beschlossen, hier zu überwintern, ehe sie den Kreuzzug fortführten.

Und nun kommen wir zum Kern der Angelegenheit.

In Byzanz war Kaiser Isaak Angelus jetzt Ex-Kaiser – und sogar noch blinder als der Doge von Venedig. Als sein Bruder Alexius von den Türken gefangengenommen worden war, hatte Isaak das Lösegeld bezahlt und Alexius zurück nach Konstantinopel bringen lassen. Alexius bewies seine ewige Dankbarkeit damit, sich gegen seinen Bruder und Retter zu wenden, ihm die Augen herauszureißen und ihn ins Gefängnis zu werfen, zusammen mit seinem Sohn, der ebenfalls Alexius hieß. Alexius, der Herrscher, war der Mann, der die Venezianer so verärgert hatte, weil er mit den Pisanern und Genuesen Geschäfte machte.

Dem jungen Prinzen Alexius war es gelungen, gen Westen zu fliehen, und er war es, der Bonifazius gebeten hatte, den Herrscher zu stürzen. Bonifazius, der es für klüger hielt, nach Rom zu gehen, als am Angriff auf Zara teilzunehmen, schloß sich nun dem Kreuzzug wieder an, gefolgt von mehreren Abgesandten des Prinzen Alexius. Die Abgesandten brachten den Kreuzrittern ein verlockendes Angebot mit: Gebt dem Kronprinzen seinen rechtmäßigen Thron zurück, und er gibt euch dafür… die Welt!

> *»Er wird sein gesamtes Reich unter die Herrschaft Roms stellen, von dem es lange getrennt war. Zweitens, da ihm bekannt ist, daß Ihr all Euer Geld ausgegeben habt und nun nichts mehr besitzt, wird er Euch 200.000 Silbermark geben und Proviant für jeden Mann Eurer Armee, ob Offizier oder Soldat. Außerdem wird er Euch selbst mit 10.000 Männern nach Ägypten begleiten, oder, wenn Ihr das vorzieht, einfach 10.000 Männer mit Euch schicken; und… er wird auf eigene Kosten 500 Ritter zur Bewachung des Heiligen Landes einsetzen.«*

Der Abt von Vaux sagte, er werde niemals seine Einwilligung geben, da der Angriff auf Konstantinopel bedeute, wiederum christliche Glaubensbrüder anzugreifen. Es gab viele, die dem Abt zustimmten – sie wollten weiter nach Syrien. Doch der Marquis von Montferrat und der Doge beharrten darauf, der einzige Weg, das Heilige Land in die Hand zu bekommen, sei, das Angebot anzunehmen und danach nach Ägypten zu segeln.

Wenn Venedig ein außenpolitisches Ziel hatte, dann war es die Kontrolle über die Handelsabkommen von Konstantinopel. Ein zweites war die Kontrolle über Konstantinopel. Ein drittes ... für Dandolo war Konstantinopel und nicht Jerusalem das Zentrum der Welt. Dies war die legendäre Stadt, die Quelle des Wohlstands und der Macht – hier lagen auch die wichtigsten heiligen Reliquien. Seine eigene Kirche San Marco war eine Nachahmung der Hagia Sophia in Konstantinopel. Und Konstantinopel hatte sich selbst in seine Hände gegeben: Er besaß seine Kriegsschiffe, er hatte die Kreuzritter. Alles, was er tun mußte, war, es sich zu nehmen.

Das größte Problem bestand nun darin, die Armee in Zara über den Winter zusammenzuhalten. Es gab viele Adlige und Männer niederen Ranges, die von den Fahnen gingen. Sie flüchteten oft an Bord von Handelsschiffen – einmal verschwanden fünfhundert mit einem Schiff. Andere liefen über Land davon, wo sie bei den Slawen ein schlimmes Ende erlitten. Es ist schwer zu sagen, welche von ihnen sich absetzten, weil sie mit der Richtung, die der Kreuzzug nahm, unzufrieden waren, welche nach Syrien gehen wollten und welche sich einfach die ganze Sache anders vorgestellt hatten. Unterdessen steigerte sich die Wut des Papstes wegen der Eroberung Zaras. Die Kreuzritter hatten seine präzisen Anweisungen ignoriert. Er exkommunizierte die gesamte Armee – Kreuzritter und Venezianer! Sie durften an keiner Messe mehr teilnehmen und nicht mehr beichten, sie würden in Sünde sterben und von den Feuern der ewigen Hölle verschlungen werden.

Die Bischöfe der Armee erteilten den Kreuzrittern hastig eine Absolution auf Zeit, während Abgesandte zum Papst eilten, um ihm die unmögliche Wahl zu erklären, der sich die Kreuzritter gegenüber gesehen hätten: zu tun, was die Venezianer wollten, oder den ganzen Kreuzzug abzublasen. Nachdem er sie dergestalt auf Vordermann gebracht hatte, hob der Papst den Bann über die Kreuzritter wieder auf. Nicht aber den Bann über die Venezianer, die ganz offensichtlich keine Angst vor ihm hatten; sie blieben eben weiterhin exkommuniziert. Es beunruhigte die Venezianer einfach deshalb nicht, weil der Marquis de Montferrat sie gar nicht wissen ließ, daß sie immer noch exkommuniziert waren! Wie er dem Papst später erklärte, hätte es keinen Sinn gehabt, sie zu verärgern und den ganzen Kreuzzug aufs neue in Gefahr zu bringen.

Und so beluden die Kreuzritter am Ostermontag 1203 in Zara ihre Schiffe, während die Venezianer einstweilen die Stadt dem Erdboden gleichmachten. Unterwegs trafen sie auf zwei Schiffe voller Ritter und Pilger, die aus Syrien zurückkehrten. Als der Marquis ein kleines Boot ausschickte, um nach ihrem Woher und Wohin zu fragen, sprang ein Offizier über die Reling und schloß sich den Kreuzrittern an. Er rief denjenigen, die er an Deck zurückgelassen hatte, zu: *»Ihr könnt mit allem, was ich zurückgelassen habe, machen, was ihr wollt. Ich gehe mit diesen Leuten, denn es scheint mir klar, daß sie Land für sich gewinnen werden.«*

Der Kreuzzug zieht nach Konstantinopel

Die Kreuzritter waren vom Anblick »*dieser Stadt, die alle anderen beherrscht*« überwältigt. Geoffrey de Villehardouin berichtet, daß diejenigen, die sie vorher noch nicht gesehen hatten, »*niemals gedacht hatten, daß es auf der Welt einen so schönen Ort geben könne*«. Alexius III., der Herrscher, versuchte sie mit Verpflegung und Geld loszuwerden, doch die Kreuzritter weigerten sich, von ihrer ehrenwerten Mission, den Thron dem rechtmäßigen Erben zurückzugeben, abzulassen. Sie segelten sogar dicht an die Mauern von Konstantinopel heran, zeigten den jungen Prinzen an Deck und riefen den Griechen zu: »*Hier ist euer natürlicher Herr... der Mann, dem ihr nun als eurem Herrn gehorcht, regiert ohne rechtmäßigen Anspruch, euer Kaiser zu sein, wider Gott und das Recht.*«

Am festgesetzten Tag griffen die Franken und die Hauptarmee vom Land aus an, während es die Venezianer vom Meer aus taten. An diesem Punkt zeigte der Doge nach den Worten Geoffrey de Villehardouins bemerkenswerten Mut. Der blinde alte Mann stand mit dem Banner des heiligen Markus am Bug der Galeere und verlangte, daß seine Männer ihn und das Banner an Land brächten, worauf seine Männer ans Ufer sprangen – und die Belagerung begann.

In dieser Nacht überdachte der Herrscher Alexius III. sachlich seine Lage. Sein Volk liebte ihn nicht besonders. Was von der kaiserlichen Armee übriggeblieben war, bestand nur aus Söldnern, und wenn sich die Dinge gegen sie wandten, konnte man von Soldaten nie erwarten, daß sie für ein bißchen Sold den Kopf riskierten. Und da der Großteil der Kreuzritter Franken waren, konnte er auch nicht auf die fränkischen Regimenter zählen, die bei ihm im Sold standen. Vielleicht konnte er sich noch auf die Varangian-Wache verlassen, doch auch diese bestand hauptsächlich aus Dänen und Engländern. Nachdem er seine Betrachtungen abgeschlossen hatte, schlug Alexius III. den weisesten Weg ein – er verduftete.

Die byzantinischen Beamten wachten am nächsten Tag ohne ihren Kaiser auf. Sie hatten jedoch eine brillante Lösung parat: Sie holten den erblindeten Ex-Kaiser Isaak Angelus aus dem Gefängnis, setzten ihn wieder auf den Thron und erklärten den Kreuzrittern, daß der rechtmäßige Herrscher wieder in Amt und Würden sei, so wie sie es gewünscht hatten, und daß sie folglich ihre freundliche Unterstützung nicht mehr brauchten.

Flotte und Lager der Kreuzfahrer vor Konstantinopel.
Aus *Les Passages faits Outremer...* (ca. 1490).

Affin quil ne seble
que par envie
ennuy ou faulte
davoir assez veu
listoire doultre mer je naye de
laisse la conqueste de consta
tinople faicte par les fracois
je la toucheray mais en tres
brief en ces plus passaiges aus
quelz elle nappartiet directemt
par ce qlle fut faicte par xpi
ens sur xpiens. En la cite de
Jadres alleguee ou prochain
precedent article arriverēt
mahieu de mont morency
et plusieurs autres seigneȝ
et pelerins francois. Et en
celle mesmes cite vint par
devers les pelerins Alexis
filz de kirsac jadis empeur

Ob sie deshalb bitteschön mit dem Angriff aufhören könnten? Doch die Kreuzritter wollten sich den Lohn all der Mühe nicht entgehen lassen. Bei einer Privataudienz erklärte Geoffrey de Villehardouin dem wieder auf seinem Thron sitzenden Kaiser den Vertrag mit seinem Sohn:

> *»Ihr wißt, welchen Dienst wir Eurem Sohn erwiesen haben, und Euch ist klar, daß wir unseren Teil der Abmachung eingehalten haben. Wir können ihm jedoch nicht erlauben, hierherzukommen, solange wir keine Garantie für die Übereinkunft haben, die er mit uns getroffen hat. Er bittet Euch deshalb als Euer Sohn, dieser Übereinkunft unter denselben Bedingungen und in demselben Sinne zuzustimmen, wie er selbst es getan hat.«*

Isaak Angelus brummelte, daß dies wahrhaftig harte Bedingungen seien, doch er unterzeichnete die Übereinkunft, und der Handel wurde mit großem Jubel und mit Festen gefeiert. Am 1. August 1203 wurde der Prinz neben seinem Vater in der Kirche Hagia Sophia zu Alexius IV. gekrönt.

Die Bezahlung, die nie erfolgte

Die Kreuzritter erwarteten nun ihre 200.000 Mark und die Unterordnung des griechischen Reiches unter den Papst in Rom. Während sich der blinde Vater mit seinem Lieblingsastrologen einschloß, kam der junge Alexius IV. auf die Idee, daß es eine Sache war, als Thronanwärter große Versprechungen zu machen, und eine andere, sie als Kaiser zu erfüllen. Sein Versuch, die Unterordnung unter Rom zu vollziehen, traf natürlich auf immensen Widerstand bei der Kirche und den Menschen des Landes. Was das versprochene Geld betraf – es existierte schlicht und ergreifend nicht. Byzanz war pleite.

Schließlich lud er den Dogen und die Freiherren zu einem Treffen. Hier machte er seinen Geldgebern in der altehrwürdigen Art von Schuldnern aller Länder einen Gegenvorschlag. *»Ihr wollt bald gehen«*, sagte er. *»Ich kann nicht hoffen, alles, was ich Euch versprochen habe, in so kurzer Zeit einzulösen. Die Griechen, so muß ich Euch sagen, hassen mich Euretwegen. Wenn Ihr geht, werde ich mein Reich verlieren und sie werden mich töten.«* Daher bat er sie, bis Ostern zu warten, weil er seine Position bis dahin gesichert und das versprochene Geld hoffentlich beisammen habe.

Dieser Vorschlag brachte die Kreuzritter auf. Die Vorstellung einer neuen Verzögerung schien untragbar... doch was blieb ihnen sonst? Sie hatten sich selbst in eine Zwickmühle gebracht. Ohne Geld konnten sie nicht weiter, ein weiteres Jahr bleiben wollten sie wiederum auch nicht... Am Ende konnten sie eben doch nichts tun, als zu warten.

Alexius reiste in seinem Reich herum und forderte von seinen keineswegs willigen Untertanen Unterwerfung – und wohl auch Bargeld. Bei diesem Feldzug wurde er von vielen der Freiherren des Kreuzzuges begleitet, was seine eigenen Leute noch weiter befremdete.

Währenddessen schlenderte der Rest der Kreuzritter durch Konstantinopel und machte sich bei der griechischen Bevölkerung unbeliebt. Schlägereien unter Betrunkenen waren häufig, und bei einer davon setzte ein Franzose die Stadt in Brand. Ein schreckliches Feuer tobte eine Woche lang jenseits jeglicher Kontrolle, und kein Lateiner wagte fortan mehr, sich in Konstantinopel selbst aufzuhalten. Im Januar entlud sich das antilateinische Gefühl in der Stadt in einem Aufstand, bei dem die wundervolle Statue der Göttin Athene, die Phidias, der Athener, eintausendfünfhundert Jahre zuvor auf Bitten von Perikles angefertigt hatte, vollkommen zerstört wurde, da sie die Eindringlinge angeblich anzog.

Schließlich war der Doge der Meinung, daß man die Angelegenheit zu einem Ende bringen müsse. Eine Delegation, unter ihr Geoffrey de Villehardouin, erhielt den äußerst gefährlichen Auftrag, dem jungen und immer hochmütiger werdenden Kaiser bei einer großen Versammlung ein Ultimatum zu überbringen. *»Die Griechen waren von dieser unverhüllt feindseligen Nachricht sehr erstaunt und schockiert, und sie erklärten, daß niemand bisher so kühn gewesen sei, einem Kaiser von Konstantinopel in seiner eigenen Halle eine solche Drohung vorzutragen«*, berichtete Geoffrey. Ärgerliche Stimmen füllten den Saal. Der Kaiser sah sehr verdrießlich drein, und die Franken zogen sich aus Angst, in Stücke gerissen zu werden, hastig zurück.

Es folgte eine Palastrevolution. Eine Person namens Murzuphlus, ein Berater, dem Alexius besonders vertraut hatte, überfiel den jungen Kaiser im Schlaf, warf ihn ins Gefängnis und ließ ihn erwürgen. Alexius Vater, der blinde alte Kaiser, starb einige Tage später. Murzuphlus ließ sich, dem vorherrschenden Wunsch in der griechischen Bevölkerung entsprechend, selbst zum Kaiser krönen. *»Hat man je von Menschen gehört, die eines solch scheußlichen Verrats schuldig sind?«* ruft Geoffrey de Villehardouin.

Die Plünderung Konstantinopels

Diese Wendung der Ereignisse machte es den Venezianern leicht, die Kreuzritter davon zu überzeugen, daß ihnen nun natürlich jede Handlung erlaubt sei: Sie müßten dem alten Oströmischen Reich ein Ende setzen. Ihre Kirchenmänner boten moralische Rechtfertigungen an: Die Griechen hatten eine Sünde begangen, indem sie den Mord an ihrem Kaiser unterstützten. Und außerdem waren sie alle Kinder der Kirchenspaltung, die in den Schoß Roms zurückgebracht werden mußten. Die Männer der Kirche erklärten den Soldaten sogar, daß alle, die bei dem Feldzug stürben, *»in den Genuß des Ablasses kämen,*

Venedig nach dem Fall Konstantinopels. Die vier Bronzepferde des Hippodroms zieren die Fassade von St. Markus (*oben links*). Aus einer Handschrift (14. Jahrhundert).

wie ihn der Papst garantiert habe, gerade so, als hätten sie den Kreuzzug vollendet«. Mit diesem Versprechen gaben die Kleriker dem Kreuzzug natürlich den Todesstoß.

Der Papst verbat den geplanten Angriff nicht; er sagte nur, daß Christen nur dann angegriffen werden sollten, wenn sie den Heiligen Krieg wirklich behinderten. Da man im ganzen Westen wußte, daß Byzanz niemals etwas anderes getan hatte, als den Heiligen Krieg zu behindern, kam dies einem päpstlichen Segen gleich.

Im März trafen sich die Anführer der Kreuzritter und der Venezianer, um schon einmal die zu erwartende Beute aufzuteilen. Ein Viertel von allem sollte an denjenigen gehen, der nach der Eroberung zum Kaiser gewählt werden würde. Der Rest sollte halbe halbe zwischen den Kreuzrittern und den Venezianern aufgeteilt werden.

Kreuzzug ins Heilige Land? Was für ein Kreuzzug ins Heilige Land?

Am 6. April 1203 begannen die Kreuzritter den Angriff. Am 12. wurden zwei der venezianischen Schiffe, die *Pilger* und die *Paradies* vom Wind so nah an einen Turm geweht, daß sie eine Leiter dort befestigen konnten. Dann strömten die Truppen auf den Turm, legten Leitern an andere Türme und waren innerhalb kurzer Zeit in die Stadt eingefallen. Murzuphlus floh samt Frau und Familie, und am nächsten Morgen zogen der Doge und die Freiherren im Großen Palast ein.

Den Soldaten wurde gesagt, sie hätten drei Tage, um die Stadt zu plündern. Jedes Haus stand für Vergewaltigung und Mord offen. In der Hagia Sophia rissen betrunkene Soldaten die Seidenbehänge herunter. Die Ikonostasis, die Bilderwand zwischen Gemeinde- und Altarraum, war aus solidem Silber. Sie brachen sie in Stücke. Eine Prostituierte saß auf dem Thron des Patriarchen und sang zotige Lieder. Nonnen wurden in ihren Konventen geschändet. Kinder und Frauen starben auf der Straße. Das Blutvergießen ging immer weiter. Sogar die Sarazenen wären gnädiger gewesen, rief der Historiker Nicetas Choniates.

Doch die Beute – ach ja, die Beute! Geoffrey de Villehardouin erklärt hier, daß seines Wissens *»seit der Erschaffung der Welt in keiner Stadt so viel Beute gemacht wurde«*. Niemand konnte die Schätze ermessen, die in diesen drei Tagen geplündert wurden – Gold und Silber, Tafelservice, Juwelen, Satin, Seide und die feinsten Pelze. Beim Anblick so vieler Schätze nach all den Verzögerungen und Leiden wurden die Kreuzfahrer schier verrückt. Auch die Herren der heiligen Ränge waren von der Hysterie nicht ausgenommen.

Abt Martin aus Paris drohte einem älteren Griechen aus der Kirche des Pantocrators offen mit dem Tod, wenn er nicht sofort den Aufbewahrungsort des wertvollsten Reliktes der Heiligen bekanntgäbe. Der alte Mann öffnete eine Eisentruhe, und Abt Martin fuhr gierig mit beiden Händen hinein. Dann füllten er und sein Kaplan, *»indem sie ihre Röcke schürzten, die Falten mit heiligem Kirchenraubgut... Als er zu den Schiffen eilte, wurde er von Männern gesehen, die ihn kannten. Sie fragten ihn freudig, ob er irgend etwas mit sich trage. Er antwortete mit lächelndem Gesicht: ›Wir haben es gut gemacht.‹ Worauf sie ant-*

worteten: ›Gott sei Dank.‹« Einige Stücke jener Beute sind noch heute in Venedig ausgestellt, auch das berühmteste Stück: die Quadriga aus dem sechsten Jahrhundert, die vier Pferde des Hippodroms, die immer noch die Kirche von San Marco schmückt.

Die Kreuzritter feierten den Palmsonntag mit freudigen Herzen. Niemand erwähnte mehr ihr Begehren, das Heilige Land zu retten oder *»das Verbrechen, unter dem Unser Herr litt«*, zu sühnen. Bonifazius besaß nun Makedonien. Balduin, der Graf von Flandern und Hainault, wurde zum Kaiser gewählt, und das byzantinische Reich wurde zwischen ihm, dem Marquis und dem Dogen von Venedig aufgeteilt.

Der Vierte Kreuzzug hatte nichts gegen die Moslems bewirkt. Doch er hatte etwas anderes vollendet, was von Anfang an Teil der Kreuzzugsbewegung gewesen war. Urban hatte gewollt, daß die Ostkirche sich der Westkirche unterwarf; dies war nun geschehen. Bohemond hatte von einem europäischen Sieg über Byzanz geträumt; nun war es besiegt. Die Tauben, die 1095 vom Kaiser ausgesandt worden waren, waren nun endlich nach Hause gekommen. Das Römische Reich war zerstört.

Eine neue Art des Kreuzzuges

Obwohl Papst Innozenz vom Gemetzel in Konstantinopel entsetzt war, hatte er sich doch sehr über die Zerstörung der östlichen Kirche und die Durchsetzung der lateinischen gefreut. Er wies die Kreuzritter und die Kleriker an, *»das Reich von Konstantinopel zu verteidigen und zu halten«*, mit Hilfe dessen das Heilige Land leichter aus den heidnischen Händen zu befreien war. Der gesamte Westen feierte, als die Reichtümer aus Byzanz die Kirchen Europas zu füllen begannen. Wer ein zartes Gewissen hatte, konnte diesen Raub so vieler heiliger Relikte mit den tröstenden Worten *furta sacra* oder »geheiligter Diebstahl« entschuldigen. Diese Kirchenlehre besagte, schon allein der erfolgreiche Diebstahl der Knochen eines Heiligen belege, daß der fragliche Heilige dem Dieb die Erlaubnis dazu gegeben habe und eindeutig wünsche, daß seine Knochen fortgenommen und an genau jenen Ort gebracht werden sollten, an den der Dieb sie zu bringen gedachte!

Doch langsam sickerte das gewaltige Ausmaß dessen durch, was geschehen war. Papst Innozenz erhielt detaillierte Berichte und war von der brutalen, barbarischen und gotteslästerlichen Plünderung Konstantinopels entsetzt. Seine Briefe an die Anführer des Kreuzzuges beschuldigten diese wegen des blutrünstigen Vorgehens mit bitteren Worten. Besonders wütend war er angesichts der Erkenntnis, daß die Eroberer die Beute aufgeteilt und, ohne ihn zu fragen, eine neue Kirchenorganisation gegründet hatten.

Der Sieg über die Ostkirche hatte Teil des Prozesses sein sollen, der eine einzige, weltweite päpstliche Monarchie schaffen sollte, was Innozenz Ziel war. Statt dessen war der neue lateinische Patriarch in Konstantinopel von Venedig eingesetzt worden, nicht von Rom. Die Venezianer hatten die Hagia Sophia übernommen und die Mannschaft für den Betrieb der Kathedrale aus eigenen Leuten zusammengestellt – von denen vier nicht einmal schreiben konnten! Der Kreuzzug des Papstes war entführt worden.

Als Krönung erfuhr Innozenz, daß sein Vertreter die Kreuzritter von ihrem Schwur, ins Heilige Land weiterzuziehen, entbunden hatte. Der Kreuzzug hatte ein Werkzeug der päpstlichen Oberherrschaft sein sollen. Niemand als der Papst hatte sie davon entbinden dürfen.

Der Kreuzzug gegen Christen

Einhundert Jahre zuvor hatte Urban II. den Rittern von Europa erklärt, daß es ein Verbrechen sei, Christen zu töten, und es ihre Aufgabe sei, die bedrohten Kirchen des Ostens zu retten. Innozenz III. hatte keine Gewissensbisse bei der Ermordung von

Katharer werden aus der Stadt Carcassonne vertrieben. Der Künstler stellt sie nackt und verschämt dar, doch soll man ihnen offenkundig einen zweifelhaften Charakter zuschreiben, während die Angreifer gewaltlos scheinen.

Christen, die seine Ziele »aktiv behinderten«. Sein Kreuzzug zerstörte die Kirchen des Ostens.

Diese Veränderung wurde vier Jahre nach der Plünderung Konstantinopels noch deutlicher, als Innozenz einen Kreuzzug gegen die Katharer führte – eine Gemeinschaft von Christen in Südfrankreich, die die Hoheit des Papstes nicht anerkannten. Seine Worte klangen seitdem bei vielen brutalen Demagogen Europas nach:

> *»Die tiefverwurzelte Verderbtheit der abscheulichen Ketzerei wächst beständig in der Gegend von Toulouse und hört nicht auf, scheußliche Ableger hervorzubringen... Laßt uns unverzüglich und mit Hilfe vieler beginnen, diese böse Menschenbrut zu bestrafen... Geschwüre, die nicht auf Behandlung mit Salbe reagieren, müssen mit dem Messer herausgeschnitten werden. Diejenigen, die die Bestrafung der Kirche nicht ernst nehmen, müssen mit dem Arm der weltlichen Macht zermalmt werden.«*

Diese abscheulichen Ketzer glaubten, daß die materielle Welt sündig und das ideale Leben eines der Keuschheit, Schlichtheit und Armut sei. Und sie waren Pazifisten. Sie glaubten, daß Gewalt schlecht sei. Kein Wunder also, daß ein christlicher Papst verlangte, man solle sie *»mit dem Messer herausschneiden«*!

Cathari bedeutet »Die Reinen«. Die Vorstellung, die man einst mit den Tafuren verbunden hatte, nämlich daß die Armen und Reinen die wahren Nachfolger Christi seien, hing mit der altchristlichen Vorstellung der Gnostiker zusammen, daß die körperliche Welt das Reich Satans sei. Die Katharer bauten eine eigene Kirche auf, in der ausgewählte Gläubige ein Sakrament empfingen, das sie von dieser bösen körperlichen Welt trennte. Sie reisten als Bettler im Land herum und lebten ihr Leben in Keuschheit und Armut.

Im Jahre 1208 war Innozenz von der Verbreitung ihres Glaubens derartig aufgebracht, daß er einen öffentlichen Brief schrieb und erklärte, daß die pazifistischen Ketzer *»nicht nur ihre Zungen schärfen, um unsere Seelen zu zerstören, sondern in Wirklichkeit ihre Hände ausstrecken, um unsere Körper zu töten«*. Er rief das Christentum gegen sie zu den Waffen und versicherte allen Rittern, daß sie sich den Besitz der Ketzer aneignen dürften. Die Katharer anzugreifen wäre ein Akt der Frömmigkeit, der die Vergebung aller Sünden garantiere, die die Mörder begangen hatten – wie ein Kreuzzug ins Heilige Land; er bot ihnen sogar einen größeren Nachlaß als bei einem Kreuzzug gegen die Moslems. Anstelle einer kompletten Pilgerreise nach Jerusalem benötigte ein Krieger zur Vergebung aller Sünden nun nur noch einen vierzigtägigen Dienst gegen die Ketzer – die normale Zeit feudaler Militärpflicht!

Päpstliche Herrschaft stand immer im Mittelpunkt der Kreuzzüge. Der Kreuzzug war ein Krieg im Namen Roms. Roms Macht, Männer zu bewegen, war unmittelbar mit der vermeintlichen Macht des Papstes verbunden, die Himmelstore aufzuschließen. Unter Innozenz erreichte der Kreuzzug seine natürliche Blüte. Die Kreuzritter waren die Assassinen des Papstes – keine Einzelpersonen, sondern ganze Armeen, die gegen jeden Feind seiner Wahl ins Feld geschickt werden konnten und die als Gegenleistung nicht einfach weltlichen Lohn, sondern das Paradies erhielten.

Die päpstliche Vorstellung von der Welt war eine ganz und gar totalitäre; die Menschen sollten untereinander keine Bande haben, sondern nur ein Band zur Kirche. Ketzerei ist ein Ausdruck für geteiltes Anderssein. In einer Kultur, in der die Religion jeden Aspekt des Lebens bestimmt, werden kulturelle Unterschiede als religiöse Unterschiede betrachtet. Ein Krieg gegen die Ketzerei war ein Krieg gegen das Anderssein.

Die Provence, Languedoc und Katalonien, wo der katharische Glaube weit verbreitet und auf jeder gesellschaftlichen Ebene hoch angesehen war, waren auch Gebiete der Troubadore und der Bildung. Das südliche Frankreich lehnte die wirtschaftliche und politische Vorherrschaft des nördlichen Frankreich ab, das man für roh und unkultiviert hielt. Im Süden verbreitete sich der Katharismus unter Adligen und gebildeten Stadtbewohnern ebenso wie unter den Armen. Als Innozenz die Grafen von Toulouse und Béziers – von denen keiner selbst Katharer war – anwies, den »Feind« in ihrer Mitte zu tilgen, weigerten sie sich einfach, und ein päpstlicher Abgesandter wurde getötet. Als der Papst daraufhin die Gläubigen zu einem Kreuzzug ins Land der Ketzer aufrief, befahl er tatsächlich den Nordfranzosen, einen Krieg gegen die Südfranzosen zu führen und sich ihren Besitz anzueignen. Diese reagierten mit Begeisterung.

Die Katharer wandten sich auch gegen die Macht des Papstes. Sie glaubten nicht, daß die Sakramente irgendeine Wirkung hätten; sie glaubten nicht, daß Priester oder Messen eine besondere Macht besäßen. Was ihrer Meinung nach zählte, war einfach, wie man sich verhielt. Was bedeutete, daß der Papst überflüssig war und sein Anspruch auf die Macht, die Tore des Himmel zu öffnen, schlicht und einfach dünkelhafte Protzerei.

Rom hatte Prediger losgeschickt, um sie von ihrer Fehlern zu überzeugen, doch die Arroganz dieser Prediger, die den Reichtum einer sehr weltlichen Kirche zur Schau trugen, verkehrte ihre Absichten ins Gegenteil. Innozenz wies seine Prediger an, sich wie die Ketzer zu verhalten, sich in Lumpen zu kleiden und auf Reisen Predigten zu halten und Streitgespräche zu führen. Auf diese Weise, nämlich aus einem Versuch, die Katharer nach Rom zu »konvertieren«, wurden die Dominikaner geboren. Die Katharer freilich waren nicht überzeugt. Aus diesem Grund mußte der Papst sie alle töten.

Man setzte dieselbe Maschinerie wie bei allen Kreuzzügen in Gang: der Befehl des obersten Monarchen an seine Lehnsherren; die Garantie persönlicher Gnade durch einen Waffengang, und diesmal gar nicht nur die bloße Aussicht, sondern die Gewißheit, plündern zu dürfen. Im Frühling 1209 begann die Kreuzzugsarmee, angeführt vom Abt von Cîteaux, den Angriff auf die kleineren Städte, in denen die pazifistischen Ketzer lebten. Es war einfach. Vorherige päpstliche Aufrufe zum Kreuzzug hatten immer zum Ziel gehabt, die Herrschaft über das Heilige Land zu erlangen. Das Töten ergab sich eher zufällig. Doch dieser Kreuzzug war kein Krieg um Land; diejenigen, die sich nicht bekehren ließen, sollten ausgeschaltet werden. Der Massenmord war das einzig mögliche Ziel. Ketzerei war Verrat an Gott, und der Papst war Gottes Stellvertreter auf Erden. »*Papa est Deus*«, und die Strafe dafür, die Macht des Papstes im Himmel abzustreiten, waren Tod, Beraubung und die Bestrafung der ketzerischen Nachkommen.

Am 22. Juli 1208 wurde Béziers angegriffen. »*Unsere Armeen verschonten weder Rang noch Geschlecht noch Alter ...*«, jubelte der Abt von Cîteaux in einem Brief an den Papst. »*Und so ließ die göttliche Rache ihrer wundersamen Wut ihren Lauf.*« Ein Einwohner von Toulouse, das 1229 von antikatharischen Kreuzrittern belagert wurde, sah es etwas anders. »*Rom, du hast den Sarazenen wenig angetan, aber du hast Griechen und Lateiner massakriert. Im Höllenfeuer und im Ruin hast du deinen Sitz, Rom.*« Jeder einzelne Einwohner von Béziers wurde getötet. Es heißt, daß der Abt auf die Frage der Soldaten, wie sie es vermeiden könnten, Menschen des rechten Glaubens zu töten, antwortete: »*Tötet sie alle. Gott wird es schon selbst wissen.*« Die Strafe hieß nicht immer Tod. Als der Bischof von Toulouse eine Predigt hielt, in der er die Orthodoxen als Schafe und die Ketzer als Wölfe beschrieb, wurde er von einem einstigen Ketzer unterbrochen, dem die Nase abgeschnitten und die Augen ausgestochen worden waren. »*Habt Ihr jemals einen Wolf gesehen, der von einem Schaf so gebissen wurde?*« fragte er.

Der Süden wurde in den bewaffneten Widerstand getrieben, und der Kreuzzug wurde ein schier endloser Schrecken, der schließlich zwanzig Jahre andauerte. »*In welchem Buch, Rom, findest du, daß man Christen töten soll?*«

Der Kinderkreuzzug

Der Glaube an heilige Armut war nicht auf die Katharer beschränkt. Als der Handel besonders in Nordfrankreich und Westdeutschland zunahm, entstand eine neue Klasse der Landarmen. Überbevölkerung, die Abholzung von Wäldern und Ebenen zur Bepflanzung, der Wechsel von leibeigener Knechtschaft zur bezahlten Arbeit und die steigenden Steuern der Armen – all dies schuf eine Masse von Nichtsbesitzenden.

In dieser Situation konnte es geschehen, daß sich Menschen gegen den Reichtum der Kirche wandten und auch gegen den Glauben, daß Armut und Seligkeit miteinander verknüpft seien. Und der alte Glaube der Tafuren, daß es die Armen seien, die das Heilige Grab dereinst retten würden, trat immer wieder zutage. Es bestand jedoch ein großer Unterschied zwischen dieser Auffassung von Armut und der der Tafuren; die neue Auffassung schloß die Vorstellung ein, daß ein wahrer Kreuzzug friedlich sein müsse. Die

Macht Gottes würde ihr Schwert sein, und ein anderes brauche man nicht. Ein Christentum des Volkes kümmere sich im Gegensatz zur päpstlichen Tyrannei um die Niederen und Unschuldigen. Das ist der Grund, warum Mitte des dreizehnten Jahrhunderts die Legende des Kinderkreuzzuges entstand.

Tatsächlich wurde eine Anzahl einzelner Berichte von armen Leuten und »Straßenkindern« vom Land, die wie frühe Hippies durch Europa zogen, zu einer herzerweichenden Geschichte von Kindern zusammengefügt, die in der Hoffnung, Jerusalem zu erobern, losmarschierten und schließlich starben oder als Sklaven verkauft wurden, bevor sie dort

Sklavenmärkte waren ein wichtiger Teil des islamischen Lebens. Selbst die Christen kauften und verkauften jenseits des Mittelmeers Sklaven – wenn sie nicht gerade selbst als Gefangene ge- oder verkauft wurden. Man erzählte sich, viele Kinder, die am Kinderkreuzzug teilgenommen hätten, seien auf einem arabischen Sklavenmarkt geendet. Aus einer arabischen Handschrift.

ankamen. Die meisten derartigen Gruppen lösten sich einfach auf oder gerieten in den Kreuzzug gegen die Katharer; einige als Pilger Verkleidete zogen bis nach Genua und hofften, dort ein Schiff zu finden, das sie umsonst ins Heilige Land bringen würden. Sie fanden keines. Es gibt eine Geschichte, derzufolge eine Gruppe in Marseille sieben Schiffe fand, von denen jedoch zwei sanken und die anderen fünf nach Nordafrika segelten, wo die Passagiere als Sklaven verkauft wurden. Es ist die Geschichte »von einem Mann, der einen Mann kennt, der sagt...«

Was dieser Geschichte Bedeutung verleiht, ist ihr immenser Appell an die Phantasie Europas, damals wie heute. Das revolutionäre Ziel, das die Kreuzzüge angeregt hatte, brachte die Menschen dazu, die Welt in moralischen Begriffen zu sehen. Es hatte eine neue Form tyrannischer Autorität geschaffen – die neue päpstliche Macht –, hatte aber auch die öffentliche Kritik geschaffen, mit der eben diese Autorität beurteilt wurde.

Der Tod Innozenz

Papst Innozenz, der vom Vierten Kreuzzug im Stich gelassen worden war, erwartete immer noch, daß die Rückgewinnung der Grabeskirche zum krönenden Akt seiner Gründung einer päpstlichen Oberherrschaft über alle Könige des Christentums werden würde. Doch er brauchte einen neuen Kreuzzug noch aus einem anderen Grund. Solange die Menschen auf Kreuzzug gingen, unterstanden sie seiner Herrschaft. Ende 1213 machte sich Innozenz daran, die gesamte Christenheit zu einem Kreuzzug zu bewegen.

In ganz Europa wurden monatliche Prozessionen durchgeführt, um Gott anzurufen, bei der Übernahme des Heiligen Landes zu helfen. Die Prediger gaben das Kreuz nicht nur an kampftüchtige Männer, sondern auch an Alte und Blinde, an Kinder und Leprakranke. Eine Art Informationsministerium wurde in der päpstlichen Kurie eingerichtet, um die Kampagne zu organisieren. Innozenz benutzte nun die Rekrutierung von Kreuzrittern als Mittel, um alle Bande, die die Gesellschaft zusammenhielten, zu durchtrennen und diese durch allein jene Bande zu ersetzen, die von jedem einzelnen zum Papst führten. Er hatte bereits für den Vierten Kreuzzug das Dekret erlassen, daß Ehemänner nicht mehr die Zustimmung ihrer Frauen brauchten, um auf den Kreuzzug zu gehen. Nun erklärte er, daß die Menschen das Kreuz nehmen sollten, ohne erst ihre Feudalherren zu fragen. Gleichzeitig schlug er denjenigen, die die Katharer bekämpften, die Tore des Himmels vor der Nase zu. Ihre Privilegien wurden ausgesetzt, damit sie nicht diesen neuen Anstrengungen entgegenwirkten. 1215 rief er in den Lateranpalast ein Konzil ein. Es war das erste universelle Konzil der lateinischen Kirche – das Machtgefüge des Christentums unter dem Papst, der nun die purpurne Robe eines byzantinischen Kaisers trug. Es waren Vertreter aus jedem Teil der Christenheit, unter anderem achthundert Äbte, Priore und Vertreter klösterlicher Institutionen sowie Gesandte der Könige.

Hier wurden Gesetze verabschiedet, die die diktatorische Herrschaft des Papstes bestätigten. Ketzerei wurde juristisch definiert, und die Macht der Bischöfe, den Glauben der Menschen zu prüfen und diejenigen zu ruinieren, die sich nicht einfügten, wurde neu umrissen. Juden mußten bestimmte Kleider tragen. Neue Steuern wurden erhoben. Und die Regeln eines Kreuzzuges wurden niedergeschrieben. Eine der Regeln bestätigte ein päpstliches Dekret, das zu Beginn von Innozenz Herrschaft erlassen worden war: daß jedermann, der einen Kreuzfahrer ausstattete, dieselbe Absolution erhielt, als würde er selbst am Kreuzzug teilnehmen. Der Papst sah im Kreuzzug an sich keinen besonderen Wert. Was zählte, war die Unterwerfung unter die Kreuzzugsideologie. Um diese zu fördern, war er bereit, die Vergebung der Sünden zu verkaufen.

Doch Innozenz sollte seinen letzten Kreuzzug nicht mehr erleben. Er starb 1216. Die Kreuzzüge, die er angeregt hatte, hatten wahrscheinlich mehr Menschen getötet, als alle vorherigen Kreuzzüge zusammen. Doch nicht ein einziger seiner Kreuzritter hatte moslemisches Gebiet betreten. Ihre Opfer waren allesamt Christen gewesen.

Der Kreuzzug nach Damiette

Innozenz mochte tot sein, doch der Kreuzzug, den er ins Leben gerufen hatte, war bereit, loszuziehen. Die Frage war nur, wohin? Akkon, das Herz der übriggebliebenen christlichen Enklave, die »das Königreich Jerusalem« genannt wurde, war zum wichtigsten Hafen im östlichen Mittelmeer geworden und unterhielt beste Beziehungen zu seinen syrischen Nachbarn. Tatsächlich kamen die Lateiner hier besser mit den Moslems zurecht als mit den syrischen Christen oder untereinander. Es war eine Stadt der Kaufleute, Händler und solcher, die es hierher verschlagen hatte – eingeschlossen viele Verbrecher, die zur Buße auf Pilgerreise ins Heilige Land geschickt worden waren.

Der Herrscher von Ägypten, Al-Kamil, pflegte ebenfalls gute Beziehungen zu den Christen; es gab dreitausend europäische Kaufleute in Ägypten. Doch die italienischen Kaufleute hatten beschlossen, daß die Zeit gekommen sei, die Herrschaft über Alexandria zu übernehmen, so wie Venedig Konstantinopel übernommen hatte; dafür gedachten sie die Kreuzfahrer einzuspannen. Im Jahre 1216 zogen sie aus Alexandria aus, begaben sich nach Akkon und warteten.

Zwei Jahre später kamen die Kreuzritter, die auf Innozenz letzten Aufruf reagiert hatten, in Akkon an. Sie stellten fest, daß ihre Dienste dort nicht wirklich gefragt waren. Doch, so sagte man ihnen, wenn sie Ägypten angriffen, könnten sie die Macht Ayubids brechen und die ägyptische Flotte vom Meer vertreiben. Und dann konnten sie ja Jerusalem einnehmen, oder?

Im Mai segelten die Kreuzritter gehorsam nach Damiette an der Ostseite des Nildeltas; im August gelang es ihnen, den Hafen der Stadt einzunehmen. Saladins Bruder Al-Adil, der sich zum Oberherrn aller Länder, die Saladin beherrscht hatte, gemacht hatte, bekam einen solchen Schreck, daß er starb. Sein Sohn Al-Kamil, der bereits Herr von Ägypten war, wurde zum alles regierenden Sultan, und sein Bruder Al-Mu'azzam wurde Herrscher von Syrien. Etwa um diese Zeit kam Verstärkung aus Frankreich, England, Spanien und Italien, gemeinsam mit dem päpstlichen Vertreter, einem spanischen Kardinal namens Pelagius. Er übernahm den Befehl bei der Belagerung Damiettes.

Sie war von Anfang an schlecht organisiert, schlecht befehligt, und viele Kreuzritter gingen. Noch viel mehr starben an Krankheiten. In der belagerten Stadt sah es nicht viel besser aus, und die Ayubid-Brüder beschlossen, daß dieser Krieg den Ärger nicht wert war. Al-Mu'azzam riß im Vorgriff auf ein Abkommen die Mauern von Jerusalem und die Hauptfestungen Syriens nieder. Dann bot Al-Kamil den Christen die Rückgabe des gesamten einstigen Königreichs Jerusalem außer Transjordanien, für das er eine Entschädigung von 30.000 Bezants zu zahlen bereit war. Der Kreuzzug hatte seinen Zweck erfüllt. Doch Pelagius war gekommen, um zu kämpfen, nicht um zu verhandeln! Die Belagerung ging weiter.

Im August gewann Al-Kamil eine Schlacht und zerstörte die christliche Armee beinahe; danach machte er ein noch besseres Angebot. Er werde nicht nur das ehemalige Königreich zurückgeben, sondern auch die Mauern von Jerusalem wieder aufbauen und ihnen das Wahre Kreuz zurückgeben. Alles, was er wollte, war das Recht, Transjordanien zu behalten, ohne das er von Syrien abgeschnitten war. Wieder sagte Pelagius nein.

Worauf wollte er hinaus? Viele Kreuzritter waren verwirrt. Doch vom Standpunkt eines Geschäftsmannes aus spielte Jerusalem keine Rolle. Es war wirtschaftlich bedeutungslos. Einziges Ziel dieses Krieges war doch, Ägypten zu erobern und die Kontrolle über Alexandria zu erlangen, einen der größten Häfen des Mittelmeers.

Pelagius war Verbündeter der Kaufleute, als er die Friedensbedingungen ablehnte, wenn auch aus ganz anderen Gründen. Für ihn, für Rom und für viele Lateiner konnte es niemals Frieden mit den »Ungläubigen« geben. Jerusalem würde immer in Gefahr sein, solange Ägypten moslemisch war; tatsächlich war überhaupt jeder Moslem eine Bedrohung. Der Kreuzzug war eine Institution und eine Ideologie geworden; ob er sich nun gegen Ketzer oder gegen Ungläubige richtete – er war seiner Natur nach endlos.

In allen anderen Punkten waren sich Pelagius und die Männer aus Akkon uneinig, und er wurde allgemein für starrköpfig und dumm gehalten. Diese Meinung wurde noch bestärkt, als er seine Armee vollends in die Katastrophe führte. Er marschierte gen Kairo und lagerte in einer flutgefährdeten Gegend am Nil. Al-Kamil zerstörte die Flutdämme.

Pelagius selbst fand ein Schiff und entkam den Wassern, die seine Armee einkesselten, wobei er den Großteil ihrer Nahrungsmittel und der medizinischen Güter mitnahm.

Al-Kamil war großzügig. Er erklärte den Resten des Kreuzzuges, daß sie einen fünfjährigen Friedensvertrag, das Wahre Kreuz und ihre gefangenen Kameraden zurückhaben konnten. Sie müßten einfach nur fortgehen und fortbleiben. Doch er konnte die tiefsitzende Feindseligkeit der Christen nicht beseitigen. Und als er nach dem Wahren Kreuz schickte, um es zurückgeben zu können, konnte es niemand finden.

Stupor Mundi

Rom war nun in weniger als zwanzig Jahren zweimal gedemütigt worden; der eine Kreuzzug ins Heilige Land war außer Kontrolle geraten, der nächste war lächerlich gemacht worden. Ein Franzose, Guillaume le Clerc, schrieb, daß *»jeder zu Recht sagt, wir hätten die Stadt wegen der päpstlichen Gesandten, die die Christen regierten und anführten durch Dummheit und Sünde verloren... Rom sollte für den Verlust von Damiette schwer gedemütigt werden.«*

Nicht jeder teilte Roms Begeisterung für den ständigen Kampf gegen die Ungläubigen, und die Tatsache, daß ein Kreuzzugsgelübde Geld kostete (das Geld, um einen Soldaten auszustatten) war für viele auch nicht von Pappe. Menschen, die niemals in der Lage sein würden, auf einen Kreuzzug zu gehen, waren gedrängt worden, das Kreuz zu nehmen – und anschließend dann zur Kasse gebeten worden.

> *»Auf diese Weise ruinieren die weltliche Justiz und das kirchliche Urteil die Alten, die Schwachen und diejenigen, die das Kreuz unter festgelegten Bedingungen nahmen... Dieser Skandal hat die Predigt* (des Kreuzzuges) *in einem Ausmaß beeinflußt, daß, wenn sie* (die Kleriker) *die Absolution durch das Kreuz erneut predigen, ihr Erfolg unsicher ist, wenngleich sicher ist, daß sie reichlich Beleidigungen erhalten werden.«*

Friedrich II., der Heilige Römische Kaiser und Herrscher über Süditalien, war jedoch begeistert von der Idee, auf den Kreuzzug zu gehen. Er hatte die Macht und das Geld dazu und hatte das Kreuz bei seiner Krönung im Jahre 1215 genommen – eine Geste, die seine eigenen Gefolgsleute erstaunt hatte. Innozenz hatte ihn ignoriert: Er wollte keine Könige auf seinen Kreuzzügen; sie waren eine Bedrohung seiner eigenen Autorität. Innozenz Nachfolger Honorius III. jedoch beschloß, daß Friedrich genau der richtige Mann für diese Aufgabe sei. Papst Honorius brauchte einen erfolgreichen Kreuzzug, um die Erinnerung an das, was in Damiette geschehen war, auszulöschen. Honorius war mit bemerkenswerter Zuverlässigkeit Experte darin, andere Menschen falsch einzuschätzen.

Friedrich war wirklich wild auf den Kreuzzug, doch auf seine eigene Art. Er unterstützte sicherlich nicht die Ideologie der Päpste. Er verschwendete keinen Gedanken an den ewigen Krieg und die Vernichtung des Islam. Er wollte in Jerusalem regieren, weil er der Kaiser war, der Herrscher der Christenheit, und Jerusalem war das magische Herz seines Universums. Er würde niemals die Vorstellung übernehmen, daß der Papst sein Herr sei, mit Rechten über ihn und seine Untertanen. Seine Ansprache an neue Gefolgsleute verdeutlicht seine Denkart: *»Denkt daran, wie der Römische Kaiser in alten Zeiten mit Hilfe seiner Soldaten, die ihm bis in den Tod treu ergeben waren, die ganze Welt beherrschte.«*

Friedrich war so wild darauf, daß er Papst Honorius erfolgreich überredete, jeden zu exkommunizieren, der den Schwur geleistet hatte und nicht bis zum 24. Juni 1220 losgezogen sei. Leider war Friedrich selbst einer derjenigen, die nicht bis 1220 losgezogen waren. Tatsächlich war er viel zu beschäftigt, um überhaupt loszuziehen. Honorius übte immer mehr Druck auf ihn aus, als der Kaiser um einen Aufschub nach dem anderen bat. Schließlich willigte Friedrich ein, daß er am 15. August 1227 ganz gewiß und sicher losgehen und das Heilige Land retten wolle und für die ganze Armee allein bezahlen werde, mit der Gewißheit, exkommuniziert zu werden, falls er eben doch nicht ginge. Einstweilen heiratete er die Königin von Jerusalem.

Fünf Monate vor dem Abreisedatum starb Honorius. Sein Nachfolger, Gregor IX., war ein sehr viel umsichtigerer Mann, dem Friedrich allerhand Kopfzerbrechen machte. Der Kaiser schickte seine Flotte Mitte August los und reiste einige Tage später hinterher – krank. Er mußte schwer krank nach Italien zurückkehren. Gregor exkommunizierte ihn prompt und machte die glühende Verdammung eines Kaisers bekannt, den er als äußerst gefährlich ansah. Ein Exkommunizierter konnte natürlich keinen Kreuzzug anführen.

Friedrich wurde bis zum Frühling wieder gesund. Unterdessen war ein Bote von Al-Kamil angekommen, der um Friedrichs Hilfe gegen seinen Bruder Al-Mu'azzam bat, welcher seiner Ansicht nach versuche, ihm das Sultanat wegzunehmen. Al-Kamil bot Friedrich als Gegenleistung für seine Unterstützung die Heilige Stadt an. Friedrich sah die Gelegenheit für einen diplomatischen Coup und machte sich auf den Weg zu seinem Königreich im Osten.

Zum ersten Mal wurde ein Kreuzzug gegen den Willen des Papstes von einem weltlichen Herrscher organisiert. Gregor tobte vor Wut und beschuldigte ihn aufs neue mit glühenden Worten. Friedrich hatte seine Autorität im Kern angegriffen. Doch Friedrich war auch ein sehr ungewöhnlicher Christ.

Es war ungewöhnlich, einen europäischen Herrscher zu treffen, der sechs Sprachen sprach, unter anderem Arabisch, der den Koran gelesen hatte und die Philosophie ebenso wie die Naturwissenschaften liebte. Es war ungewöhnlich, einen Europäer zu treffen, der seine Frau in einen Harem steckte, sich offen erotischen Ausschweifungen hingab und nicht zögerte, unglaubliche Kommentare über Moral und Religion abzugeben. Er war fürwahr ein Produkt Siziliens, jener Kulturmischung, die durch die normannische Eroberung des elften Jahrhunderts entstanden war.

Für die Europäer war er *stupor mundi*, das Erstaunen der Welt.

Islamische Beobachter, die ihn sagen hörten, daß der Kalif ein Nachkomme des Propheten, während der Papst auf einem Misthaufen gefunden worden sei, befanden, daß er ein Atheist sein müsse. Es stimmt, daß er bei seiner Verfolgung der Ketzer ziemlich energisch durchgriff, doch dies tat er wahrscheinlich aus denselben Gründen, aus denen er Gilden und Versammlungen von Stadtbürgern auflöste: Er mochte die Vorstellung nicht, daß Leute aus dem Volk ihre eigenen Regeln aufstellten.

Friedrich und Jerusalem

Als Friedrich in Akkon ankam, stellte er fest, daß sich die Situation geändert hatte. Al-Mu'azzam war gestorben, und Al-Kamil brauchte seine Hilfe nicht mehr. Friedrich mußte Al-Kamil bitten: »*Ich bin Euer Freund. Ihr wart es, der mich zu dieser Reise gedrängt hat. Der Papst und alle Könige des Westens wissen nun von meiner Mission. Wenn ich mit leeren Händen zurückkomme, werde ich viel Ansehen verlieren. Darum gebt mir, um Himmels willen, Jerusalem, damit ich mein Gesicht nicht verliere!*«

Al-Kamil hatte so wenig Interesse am Heiligen Krieg wie Friedrich, doch er befand sich in einer unangenehmen Lage: »*Auch ich muß mich nach der Meinung anderer richten. Wenn ich Euch Jerusalem übergebe, könnte es nicht nur zur Verdammung meiner Handlungen durch den Kalifen führen, sondern auch zu einem religiösen Aufstand, der meinen Thron bedrohen würde.*« Friedrich wurde angedeutet, daß der einzige Ausweg aus dieser Situation eine Machtdemonstration sei. Wenn Al-Kamil gezwungen würde, Jerusalem aufzugeben, um ein Blutvergießen zu vermeiden, könnte er sein Gesicht wahren. Und so marschierte Friedrich im November 1228 an der Spitze seiner Armee von dreitausend Männern los, und Al-Kamil führte daraufhin eine Scharade der Verhandlungen auf.

Am 18. Februar 1229 wurde Jerusalem den Franken zurückgegeben, ohne daß ein Tropfen Blut vergossen worden war. Das Abkommen galt für zehn Jahre und schloß Bethlehem und einige andere Orte zwischen der Heiligen Stadt und der Küste ein. Der Felsendom und die Al-Aksa-Moschee sollten in moslemischen Händen bleiben. Die Grabeskirche gehörte wieder den Christen.

Friedrich ging nach Jerusalem und sah sich die Stadt an. Der *qadi* von Nablus war sein Führer in den moslemischen Schreinen und sah zu, wie Friedrich einen christlichen Priester hinauswarf, der die Al-Aksa-Moschee betreten wollte. Am nächsten Morgen traf der *qadi* den Kaiser wieder.

Friedrich II. in einer Abschrift seiner Abhandlung über die Falknerei (13. Jahrhundert). Friedrich verfügte über einen ungeheuren Wissensdurst und eignete sich ein nahezu enzyklopädisches Wissen an, so daß er den Spitznamen *Stupor Mundi* (Erstaunen der Welt) erhielt. Dieser konnte sich freilich auch auf sein Benehmen beziehen, das seine Zeitgenossen oft schockierte.

»Er sagte: ›O qadi, warum riefen die Muezzine letzte Nacht nicht wie sonst zu den Gebeten?‹ – ›Dieser bescheidene Sklave‹, antwortete ich, ›hielt sie aus Respekt vor Eure Majestät davon ab.‹ – ›Du hast falsch gehandelt‹, sagte er. ›Der Hauptzweck, weswegen ich die Nacht in Jerusalem verbracht habe, war, um den Gebetsruf eines Muezzins zu hören.‹«

Friedrich war entschlossen, in der Grabeskirche neu gekrönt zu werden. Er war zwar exkommuniziert, aber Friedrich brauchte keinen Papst, um seine Handlung zu rechtfertigen. Er erklärte: *»Paßt auf, nun ist der Tag der Rettung!«*, und gab der Welt bekannt, daß er zwischen Gott und den Menschen stehe. Er krönte sich selbst in einem Akt von messianischer Bedeutung. Die Krönung schien den mystischen Prophezeiungen zu entsprechen, die vom Kommen des »Letzten Kaisers« sprachen, der Jerusalem gewinnen und den Osten und Westen unter seiner Herrschaft vereinigen werde.

Am folgenden Tag kam die Nachricht, daß der Patriarch in Akkon ein Interdikt über Jerusalem verhängt, also alle kirchlichen Amtshandlungen untersagt hatte. Alle Gottesdienste in der Stadt waren damit verboten. Man behauptete, daß Friedrich nicht der Letzte Kaiser, sondern der Antichrist sei.

Der Aufstand war auf beiden Seiten heftig. Die Templer und Johanniter stimmten dem Patriarchen und dem Papst zu, daß der Zweck eines Kreuzzuges sei, das Blut der »Ungläubigen« zu vergießen, nicht, mit ihnen Abkommen zu schließen. Der Frieden war nicht der Preis, den man für das Zurückbekommen der Grabeskirche zahlen wollte. Die religiösen Moslems wiederum fühlten sich von Al-Kamil ganz und gar betrogen – und Al-Nisir, Al-Mu'azzams Nachfolger in Damaskus, bestärkte sie noch darin.

Friedrich kehrte nach Hause zurück und mußte feststellen, daß der Papst eine Invasion seines Reiches angezettelt hatte, und er mußte die Armeen, die zu diesem Zweck zusammengetrommelt waren, aus dem Land verjagen. Sobald er weg war, verwandelten die Kaufleute und Freiherren von Akkon die Stadt in eine sich selbst verwaltende Kommune, um sich seiner absolutistischen Herrschaft zu entziehen. Friedrich hatte nichts erreicht, außer die wahre Natur der Kreuzzugsbewegung deutlich zu machen. Es ging um Blutvergießen und um die Macht des Papstes. Jerusalem war nur ein möglicher Zusatzgewinn.

Zehn Jahre später versuchte Friedrich, seine Macht bis über Norditalien hinaus auszudehnen, und Papst Gregor exkommunizierte ihn nicht nur erneut, sondern rief auch zu einem Kreuzzug gegen ihn auf. Den Kriegern, die gegen den Kaiser kämpften, winkten dieselben Ablässe wie denen, die das Heilige Land verteidigten. Der Heilige Krieg wurde damit nicht nur gegen einen Mann ausgerufen, der keineswegs ein »Ungläubiger« war: Er war auch kein Ketzer – Friedrich wurde dieser Vorwurf nie gemacht –, sondern einfach ein politischer Feind des Papstes.

Mongolen und Mamelucken

Die Schwäche der Ayubid-Brüder und ihre konsequente Bereitschaft, Jerusalem kampflos aufzugeben, war nicht einfach eine Folge der üblichen Bruderkämpfe. Aus den asiatischen Steppen kamen neue Eindringlinge, die die islamische Welt bedrängten. Der Zerfall des seldschukischen Reiches, der dem Ersten Kreuzzug eine Tür in den Osten geöffnet hatte, öffnete nun den Menschen der Steppen die Tür zum Westen. Anders als die Seldschuken, die den Islam bei ihrem Zug nach Westen übernommen hatten, waren diese ziehenden Menschen keine Moslems. Es waren Heiden und nomadisierende Buddhisten, die seltsamerweise von Christen begleitet und unterstützt wurden.

Die Gefolgsleute eines »ketzerischen« Patriarchen von Konstantinopel aus dem fünften Jahrhundert namens Nestorius, der aus dem Römischen Reich verjagt worden war, hatten ihre Hochburgen in Mesopotamien aufgebaut und Missionsarbeit in Indien, Turkestan und China geleistet. Sie glaubten, daß Jesus ein göttlich inspirierter Lehrer war und eben eher ein Mensch als ein Gott. In den dreißiger Jahren des zwölften Jahrhunderts kamen Mongolen, die Kara Kitai, aus der Mandschurei, mit einer Streitmacht, die auch aus nestorianischen Christen bestand, nach Westen in das Gebiet des Taschketen und Samarkander. Malik Shahs Sohn Sanjar, der der oberste Seldschuken-Sultan war, versuchte, sie aufzuhalten, doch seine Armee wurde 1141 zerschlagen.

Die Nachricht von dieser Invasion bestürzte Europa, insbesondere da sie praktisch gleichzeitig mit der Nachricht vom Fall Edessas eintraf. Der Anführer der Kara Kitai wurde Gur-Khan genannt, gesprochen Jur-chan, was leicht zu »Johann« wurde. Es entstand eine Geschichte, daß ein orientalischer christlicher Herrscher namens Priester Johann die Macht habe, den Christen in Palästina zu Hilfe zu kommen.

Der Gur-Khan erfüllte ihre Hoffnungen nicht. Statt dessen entwickelte sich in Persien ein neuer Aufstand. Die türkischen Chorasanen, moslemische Bauern einer entlegenen Gegend südlich des Aralsees, wurden abgeschnitten und von Chaos umringt. Ihre Shahs reagierten, indem sie eine mächtige Armee aus heidnischen Türken von den Steppen bildeten. Da ihre einzige Lebensgrundlage die Eroberung war, begannen diese Krieger, in Richtung Zentralpersien vorzudringen. Sultan Sanjar versuchte sie aufzuhalten, wurde jedoch 1153 gefangengenommen. Nach Sanjars Gefangennahme und baldigem Tod war deutlich, daß sich das Reich der Seldschuken niemals von dieser Niederlage erholen würde. In diesem größeren Zusammenhang hatte Nur ed-Din einen neuen syrisch-ägyptischen Staat gegründet, und Saladin hatte seine kurdische Rolle darin gefestigt.

Der Shah der Chorasanen bildete nun die Barriere zwischen den Steppen und dem Mittelmeer – jedoch ein nur sehr schwacher Schild. Seine zum Großteil heidnische Armee besetzte Zentralpersien und lebte von Räuberei, und auch roheste körperliche Gewalt war ihr nicht fremd, was sie bei den Persern nicht gerade beliebt machte. Diejenigen, die unter der Herrschaft der Chorasanen lebten, sehnten sich nach einem Befreier und fanden ihn in der nächsten Macht, die aus den Steppen heranzog. Sie hießen die ankommenden Horden des Dschingis Khan willkommen.

Die goldene Horde

Anders als die vorigen Horden bildeten Dschingis Khans Mongolen eine disziplinierte Einheit unter der Leitung eines einzigen Alleinherrschers nomadischer Herkunft. Er hatte aus der Reiterei der Steppe eine Armee gemacht, deren Kombination aus Geschwindigkeit, Disziplin und Anzahl bis dahin unbekannt und offenbar nicht aufzuhalten war. Denjenigen, die Widerstand zu leisten versuchten, gewährten sie keinerlei Gnade. Sie waren ständig in Bewegung, besaßen schier grenzenlose Ausdauer und verwendeten riesige Bogen mit hohlköpfigen Pfeilen, die im Flug heulten und Angst und Schrecken verbreiteten.

Als die mongolische Armee nach Westen vordrang, wurde das Reich des Chorasanen-Shahs zerstört. Bokhara wurde niedergebrannt, Samarkand entvölkert. Große Städte verschwanden einfach. Verzweifelte chorasanische Banden flohen zu Tausenden nach Syrien, plünderten, brandschatzten und boten ihre Dienste jedem Emir an, der ihnen Beute versprechen konnte.

1240 willigte der ägyptische Sultan, der christliche Verbündete brauchte, ein, alle Länder, die er westlich des Jordans bis nach Gaza von Saladin erobert hatte, dem Königreich Jerusalem wiederzugeben, ausgenommen lediglich Nablus und Transjordanien. Die moslemische Macht im Nahen Osten wurde schwächer, und das Königreich Jerusalem erstand aufs neue, ohne daß ein einziger Schlag geführt worden war! Doch die Franken waren zu zerstritten, um Vorteil aus ihrem Sieg zu ziehen. Die Templer und Johanniter bekämpften sich offen; Tyros und Akkon befanden sich in einem nicht erklärten Krieg. Es herrschte Anarchie.

1243 boten der Herrscher von Damaskus und der von Kairo an, moslemische Beamte aus dem Tempelbezirk von Jerusalem abzuziehen, um die Unterstützung der Franken zu bekommen. Die Franken beschlossen, Damaskus zu unterstützen, taten aber nichts, um Jerusalem zu schützen. Im Juni 1244 stürzten sich zehntausend chorasanische Reiter auf Damaskus, wozu sie der ägyptische Sultan angestiftet hatte. Da die Angreifer merkten, daß sie die Stadt nicht erobern konnten und deshalb keine Beute bekommen würden, zogen sie weiter nach Jerusalem. Sie hatten leichtes Spiel. Die christliche Bevölkerung war klein –

nur ungefähr sechstausend Menschen. Dreihundert Christen schafften es an die Küste. Der Rest wurde getötet. Die Plünderer gruben die Knochen der Könige aus, räumten die Häuser leer und zündeten die Kirchen an, auch die Grabeskirche.

Als alles weg und Jerusalem zerstört war, ritten die Chorasanen weiter, um bei Gaza auf die ägyptische Armee zu treffen. Diese beiden griffen dann vereint die Armeen von Damaskus und von Akkon an und zerschlugen sie. Das Königreich Jerusalem war wieder da, wo es gewesen war, als Friedrich II. ins Heilige Land gekommen war.

Im Dezember dieses Jahres schwor der König von Frankreich, Ludwig IX., der an Malaria erkrankt war, daß er sich zur Rettung des Heiligen Landes aufmachen werde, falls er nicht stürbe. Er starb nicht. Er machte sich auf. Und er versagte völlig.

Soviel zur Spannung.

Der heilige Ludwig

Die völlige Zerstörung Jerusalems machte keinen besonderen Eindruck auf Europa. Es gab kein großes Wutgeschrei, und der Papst dachte nicht einmal daran, einen kleinen Herzinfarkt zu bekommen. Jerusalem hatte seinen Platz in den europäischen Phantasien verloren. Pilgerreisen waren jedoch ein gutes Geschäft und mittlerweile gut organisiert. Es gab jährlich zwei Konvois, die im Frühling und im Herbst von Marseille und den italienischen Städten aus loszogen und den Pilgern eine zweiwöchige Reise von Akkon nach Jerusalem und zurück ermöglichten. Obwohl Ritter diese Reise wie eine Art Kreuzzugstourismus gestalteten, hatte man allgemein das Gefühl, es sei ziemlich gleichgültig, ob Jerusalem nun von Moslems oder Christen kontrolliert werde. Ganz normalen Pilgern schienen die Moslems tatsächlich bessere Beschützer zu sein, als der Abschaum Europas, der in Akkon angeschwemmt wurde: *»Sie zogen Söhne auf, die den Verbrechen ihrer Väter nacheiferten, und von schlechten Eltern kamen noch schlechtere Söhne und von diesen die schlimmsten Enkel, die die heiligen Orte mit verdreckten Füßen betreten.«* Sogar der Patriarch von Jerusalem sprach gut über die Sarazenen, die *»trotz häufiger Besetzung des christlichen Landes die heiligen Orte immer nach bestem Vermögen erhalten haben.«*

Die Moslems wurden nicht länger als die dunkle, böse Macht angesehen wie 1095; Dichter hatten Saladin als noblen Heiden besungen, und der Konflikt zwischen Christen und Sarazenen schien eine gewisse Tragik zu haben. Die Kreuzfahrt hatte auch ihre Gegner. Unter ihnen befanden sich die, die argumentierten, daß Gott – wenn er gewollt hätte, daß die christlichen Armeen die Sarazenen besiegten – auch dafür gesorgt hätte.

Auf der anderen Seite gab es eine Menge europäischer Christen, die glaubten, daß es ihre natürliche Pflicht sei, alle anderen Religionen zu vernichten. König Ludwig nahm das

Kreuz nicht, weil die Türken die Heilige Stadt eingenommen hatten. Er nahm es, weil er es als seine feierliche Pflicht als Christ ansah, den Islam zu zerstören. Er war Mitte dreißig, entschlossen, gerecht und rechtschaffen. Er war ein sorgfältiger Organisator und konnte sich einer Aufgabe ganz und gar hingeben. Um es anders auszudrücken: Er war ein gewaltbereiter religiöser Fanatiker, und er besaß die Macht, das Feuer der alten pelagianischen Kriegspolitik gegen die Ungläubigen neu anzufachen. Wie üblich waren damit Angriffe auf die Juden verbunden – doch diese Angriffe gingen jetzt vom König aus. Er reagierte als einziger unter den christlichen Monarchen mit Begeisterung auf den Aufruf des Papstes, jüdische Bücher zu zerstören und jedes erhältliche Exemplar des Talmuds – das Buch der juristischen Kommentare der Rabbiner – zu verbrennen. Der heilige Ludwig behauptete, daß es eine schlechte Idee sei, Juden zuzuhören, die ihre Religion verteidigten: Man gebe ihnen nur *»einen ordentlichen Stoß in den Bauch, soweit das Schwert reicht«*.

Ludwig brauchte vier Jahre, um seinen Kreuzzug vorzubereiten, der von der Kirche bezahlt wurde. Friedrich II. riet ihm davon ab, und als Ludwig nicht auf ihn hörte, warnte Friedrich den ägyptischen Sultan.

Ägypten kontrollierte nun Syrien, und so griff Ludwig Ägypten an. Wieder einmal wurde Damiette attackiert, und wieder fiel es. Wieder bot der Sultan den Kreuzfahrern

Ludwig IX. greift Damiette an. Er steht an der Spitze des Angriffs (aber wo ist seine Armee?). Aus *Chronicle of St Denis* (14. Jahrhundert).

Jerusalem an, wieder lehnten sie den Frieden ab. Wieder forderte die Siegerarmee ihr Glück zu sehr heraus und wurde zerschlagen – diesmal nicht von den Fluten des Nils, sondern von den leibeigenen Soldaten des Sultans, den Mamelucken, die von Tausenden von Freiwilligen unterstützt wurden. Ludwig selbst wurde gefangengenommen und mußte Damiette zurückgeben, bevor er freigelassen wurde. Er versuchte dann, den Kreuzzug fortzuführen, indem er nach Akkon zog, doch er hatte keine Armee mehr. Egal. Ludwig hatte einen Plan. Um den Islam zu zerstören, würde er das zeitgenössische Gegenstück zur Wasserstoffbombe einsetzen. Er würde um die Unterstützung der Mongolen bitten.

Der Zorn Gottes

Ludwig wußte eine Menge über die Mongolen, die in Polen und Ungarn Verwüstungen angerichtet hatten. Sie hatten sich 1243 aus Europa zurückgezogen, um die Armee der Seldschuken von Rum in Zentralanatolien zu zerschlagen und die Region in mongolisches Hoheitsgebiet zu verwandeln. Sie waren die Zerstörung selbst. Doch das war in Ordnung. Einige von ihnen waren Christen.

Wie Gur-Khan (Priester Johann) und seine Kara Kitai, die von Dschingis Khan vernichtend geschlagen worden waren, benutzte das neue mongolische Reich die nestorianischen Christen. Im Jahre 1245, dem Jahr nach der Zerstörung Jerusalems durch die Chorasanen, schickte der Papst eine Gesandtschaft in die Mongolei, und 1247 schickte er vor deren Rückkehr eine weitere los, um sich mit einem mongolischen Feldherrn in Täbris im nordwestlichen Persien zu treffen.

Es war völlig klar, daß das mongolische Reich nicht christlich war, doch einige Mongolen waren zum Christentum übergetreten, und sie waren auf jeden Fall keine Moslems. Als Dschingis Khan Bokhara eingenommen hatte, sprach er zu den Moslems in ihrer großen Moschee: »*Ich bin der Zorn Gottes. Wenn ihr nicht so schlecht gewesen wärt, wäre ich nicht hier.*« Die Mongolen waren eindeutig mordende Heiden, die von nichts anderem als ranzigem Pferdefleisch und gestockter Stutenmilch lebten und die jeder Frömmigkeit entbehrten, aber sie konnten trotz allem nützlich sein.

Die erste Gesandtschaft kam Ende 1247 mit der Nachricht zurück, daß die Mongolen nur Interesse an Eroberungen hätten, nicht an Bündnissen. Doch die zweite kam mit Abgesandten des mongolischen Feldherrn zurück, der die Idee, die Moslems durch einen Kreuzzug ablenken zu lassen, während er Bagdad zerstörte, gut fand.

1248, als Ludwig in Zypern auf den richtigen Moment wartete, Ägypten anzugreifen, suchten ihn zwei nestorianische Christen mit der Nachricht auf, daß der Große Khan »*bereit sei, unserem König bei der Eroberung des Heiligen Landes zu helfen und Jerusa-*

lem aus den Händen der Sarazenen zu befreien«. Ludwig schickte zwei eigene Botschafter mit Geschenken los, unter anderem einer Zeltkapelle aus wertvollem Stoff voller kleiner Statuen biblischer Figuren, die als Unterrichtsmittel verwendet werden konnten. Dann, 1251, kamen seine Botschafter zurück. Sie waren ein Jahr durch das Land des Khans gereist, um die Mongolei zu erreichen, vorbei an unzähligen zerstörten Städten und Knochenhaufen. Als sie schließlich ihre Geschenke übergaben, nahm der große Khan sie als Tribut an, und der neue Vasall, der König von Frankreich, sollte nun jährlich einen ähnlichen Tribut entrichten.

Die mongolischen Khans übertrafen selbst den Papst oder den Kaiser in ihrem Glauben, daß sie die Herrscher des Universums seien. Jeder, erklärten sie, der ihre Autorität nicht anerkannte, würde überall in der Welt verfolgt und getötet werden. Und sie meinten es so.

Ludwig konnte jetzt keine Illusionen mehr über das mongolische Reich haben. Jeder, der sich mit dem Überleben seiner eigenen Zivilisation beschäftigte, hätte die Mongolen als die wirkliche Bedrohung ansehen müssen. Doch Ludwig sorgte sich nicht ums Überleben; sein Ziel war die Zerstörung des Islam. Im Jahre 1253 hörte er, daß Sataq, der Sohn des Vizekönigs des Khans, zum Christentum gewechselt war. Ludwig schickte sofort Botschafter los und drängte die Mongolen, in Syrien einzufallen. Das taten sie. Sie kamen nämlich sowieso schon. Es war ein gut organisierter Feldzug. Im Jahre 1253 zog eine Vorhut, eine ganze Armee, nach Persien, sicherte die Hauptstädte der Ebene und nahm einige Festungen der Assassinen ein. Die Assassinen hatten einen von Dschingis Khans Söhnen getötet. Sie sollten vernichtet werden. Dann wurden die Straßen durch Turkestan und Persien repariert, es wurden Brücken gebaut, Wagen für die Belagerungsmaschinen und Pulver aus China besorgt. Ganze Herden wurden geschlachtet, um Weiden für die Pferde freizumachen. Tausend chinesische Bogenschützen, die sich auf Feuerpfeile spezialisiert hatten, wurden zur Unterstützung der großen Armee herbeigeholt – ein Fünftel der gesamten Macht des mongolischen Reiches.

Im Januar 1256, als alles bereit war, kam die Armee, angeführt von Hulagu, dem Sohn des Großen Khans. Seine Frau und sein oberster Feldherr waren Christen. Die Armee bewegte sich langsam, methodisch und zerstörend. Die Assassinen von Persien wurden ausgelöscht. Dann kam Bagdad an die Reihe. Im Januar 1258 war seine Armee vernichtet. Im Februar fiel die Stadt selbst. Das Gemetzel dauerte vierzig Tage. Achtzigtausend Menschen wurden abgeschlachtet. Der Kalif wurde getötet, indem man ihn in einem Teppich erstickte, doch die Christen und ihre Kirchen ließ man unbehelligt. Man fand den nestorianischen Patriarchen, der wahrscheinlich ziemlich überrascht war, als man ihm einen königlichen Palast in der Stadt der Leichen als Kirche übergab.

Ludwigs Traum war verwirklicht worden: Die Christen jubelten. Falls die Lateiner je ernsthaft die Absicht gehabt hatten, Jerusalem einzunehmen, war jetzt der Augenblick zu

Der heilige Ludwig – mit
Heiligenschein dargestellt – wird
auf dem Rückzug von Mansurah
nach Damiette gefangengenommen.
Damiette wurde, im Austausch
für den König, den Mamelucken
übergeben.
The Life and Miracles of St Louis.

handeln. Doch die Europäer waren in einen Bürgerkrieg zwischen Venezianern und Genuesen verstrickt, der jeden Streit in der gesamten Gesellschaft ausgrub.

Die Mongolen zogen nach Syrien. Mossul, Aleppo und Damaskus verkündeten ihre Unterwerfung. Das half ihnen nicht. Anfang 1260 kam die mongolische Armee in Aleppo an. Aleppo versuchte, Widerstand zu leisten. Das war ein noch größerer Fehler. Die Moslems wurden getötet, die Christen verschont. Die Armee zog weiter gen Antiochia.

Antiochia war der einzige lateinische Staat, der von Saladin unangetastet geblieben war. Es lebten dort zu keiner Zeit viel europäische Rittern und es fehlte der ständige Fluß von Pilgerkriegern, die die fränkischen Kolonien im Heiligen Land aufrechterhielten. Daher hatte sich Antiochia allmählich an die Umgebung angepaßt, die von den Armeniern geprägt wurde. Sein Prinz war der Schwiegersohn des Königs von Armenien, ein Mann, der Einsicht genug gehabt hatte, die wahre Natur der mongolischen Macht zu erkennen und der persönlich in die Mongolei gezogen war, um sich 1254 als Vasall anzudienen. Damit bewies er gesunden Menschenverstand; er besaß nun ein Dokument von Hulagus Bruder, in dem stand, daß seine Person und sein Königreich nicht angegriffen werden dürften, daß er der christliche Hauptratgeber in westasiatischen Angelegenheiten sei und daß alle christlichen Kirchen und Klöster von den Steuern befreit seien.

Nun unterwarf sich der Prinz von Antiochia demütig. Sein Name war Bohemond. Hulagu, der erkannte, daß die griechisch-orthodoxe Gemeinschaft die größte in Antiochia war, bestand darauf, daß der lateinische Patriarch durch einen Griechen ersetzt wurde. Bohemond gehorchte. Die Franken in Akkon, die offenbar nur wenig begriffen, regten sich über seine Unterwürfigkeit auf. Bohemond wurde exkommuniziert. Langsam dämmerte den Franken, daß die Mongolen nicht hier waren, um ihnen zu helfen.

Als nächstes war Damaskus an der Reihe. Der Anführer der Besatzungsarmee war Feldherr Kitbuqa, der ein nestorianischer Christ war. Mit ihm kam der König von Armenien und Bohemond von Antiochia. Eine heidnische Macht, deren Banner von Christen getragen wurde, führte den Kreuzzugstraum von der Zerstörung des Islam aus. Das moslemische Syrien existierte nicht länger, und das fränkische Königreich war sicher – doch nur so lange, wie es dem Khan unterstand. Das war aber nicht das, was die Freiherren des Königreiches im Sinn hatten.

Die Mamelucken

Die Franken wären schon längst von dem Drachen, den sie gerufen hatten, verschluckt worden, hätten sie nicht Glück gehabt. Der Große Khan starb 1259, und Hulagu hielt es für angemessen, während der unausweichlichen Nachfolgerkrise wieder näher zur

Mongolei zu ziehen. Feldherr Kitbuqa sollte die Dinge mit einem kleinen Teil der Armee für eine Weile übernehmen. Bevor er sich abwandte, schickte Hulagu eine Gesandtschaft nach Ägypten und verlangte, daß der Sultan sein Vasall werde.

Hulagus Botschafter in Kairo geriet in eine völlig unerwartete Situation. Etwas Neues war in Ägypten geschehen. Der mongolische Botschafter traf auf eine neue Macht, die sich vor nichts fürchtete. Die Mamelucken hatten ihre Herren abgeschüttelt und ein neues Land gegründet.

Die Mamelucken waren das militärische Rückgrat Ägyptens gewesen – Männer, deren Leben die Armee war. Es waren türkische Sklaven, die als Kinder in den Steppen gekauft worden waren und nichts als das Nomadenleben kannten. Als sie in Ägypten ankamen, wurden sie in Baracken von einem mameluckischen Ausbilder unterrichtet, der ihnen zum Vater wurde. Man ließ sie sich zum Islam bekennen und gab ihnen Namen. Da sie keine richtigen Väter mehr hatten, trugen sie alle denselben Nachnamen, Ibn Abdullah, »Sohn von Abdullah« (Mohammeds Vater). Sie wurden freigelassen, wenn sie das wehrfähige Alter erreicht hatten, und konnten dann in jeden Rang aufsteigen (auch in leitende). Oftmals sprachen sie kaum arabisch. Sie konnten heiraten, aber ihre Kinder durften keine Mamelucken sein. Ihre Kinder waren Moslems und auf diese Weise nicht versklavbar. Wichtiger noch: Sie waren für den Dienst unbrauchbar, weil sie nicht in den wilden Steppen aufgewachsen waren, fort von allem, was sie kannten. Das System der Mamelucken brauchte ständigen Nachschub neu angekaufter Kinder.

In den vierziger Jahren des dreizehnten Jahrhunderts, als die Chorasanen plünderten, hatte der ägyptische Sultan das System verfeinert und fortentwickelt: Aus Angst vor seinen Verwandten umgab er sich ausschließlich mit Mameluckenwachen. In der Welt moslemischer Politik war die persönliche Treue der Mamelucken gegenüber ihrem Herrn ein wertvoller Schatz. Doch es war eine derart persönliche Loyalität, daß die Mamelucken des Sultans ausgetauscht werden mußten, als er starb.

Das war während eines Feldzuges gegen Ludwig geschehen. Doch bevor der neue Sultan der Tradition folgen und sie auswechseln konnte, hatten die Mamelucken erkannt, daß sie nun zahlreich und mächtig genug waren, um sich nicht mehr auswechseln lassen zu müssen. Sie töteten den neuen Sultan und übernahmen selbst die Macht.

Die Mamelucken bildeten eine Kampfmaschine, die ein Königreich regierte. Und nun hatten sie jemanden, gegen den sie kämpfen konnten. Der mongolische Botschafter wurde getötet, und die Mameluckenarmee zog gen Norden. Sie wurde vom mameluckischen Sultan Kutuz ibn Abdullah angeführt, und hinten marschierte der Mann, der den ersten Schlag gegen den ayubidischen Sultan geführt hatte: Baibars ibn Abdullah. Zwischen diesen beiden marschierten Tausende – alle hießen sie Ibn Abdullah.

Die Franken beschlossen, die Mameluckenarmee ungehindert durch ihr Territorium ziehen zu lassen. Sie wollten es genießen, bei einem Kampf der Riesen die Zuschauer zu sein. Die Mamelucken zogen nach Akkon, und als sie hörten, daß die Mongolen den Jordan überquert hatten, machten sie sich auf, um auf sie zu treffen. Die Mamelucken waren zahlreicher, und die meisten von ihnen zeigten sich nicht, als Baibars angriff. Als er zurückwich, verfolgte ihn die mongolische Armee und ging geradewegs in die Falle. Die Mongolen wurden vernichtet.

Diese Schlacht, die bei Ain Jalut, den Goliath-Seen, stattfand, beendete die mongolische Bedrohung des Islam. Die Mongolen waren niemals zuvor in einer entscheidenden Schlacht besiegt worden, und als die Mamelucken weiterzogen, um Damaskus und Aleppo einzunehmen, wurden sie zu einer Macht, die die Mongolen niemals erfolgreich angreifen konnten. Und schon bald wurden sie von einem Mann angeführt, der mindestens genauso rücksichtslos war wie Dschingis Khan.

Gegenüber: Dschingis Khans Armee stürmt über die Berge nach China. Später wendet sie sich nach Westen.

Unten: Selbst die Mongolen konnten den Mamelucken, den Sklavenkriegern Ägyptens, nichts anhaben. Dieses mameluckische Reiterhandbuch aus dem vierzehnten Jahrhundert ist Teil der umfangreichen islamischen Literatur zur Kriegskunst. Die europäische Reiterei kämpfte ganz anders; auf Sätteln, die den Reiter fixierten, um Stöße abzufangen.

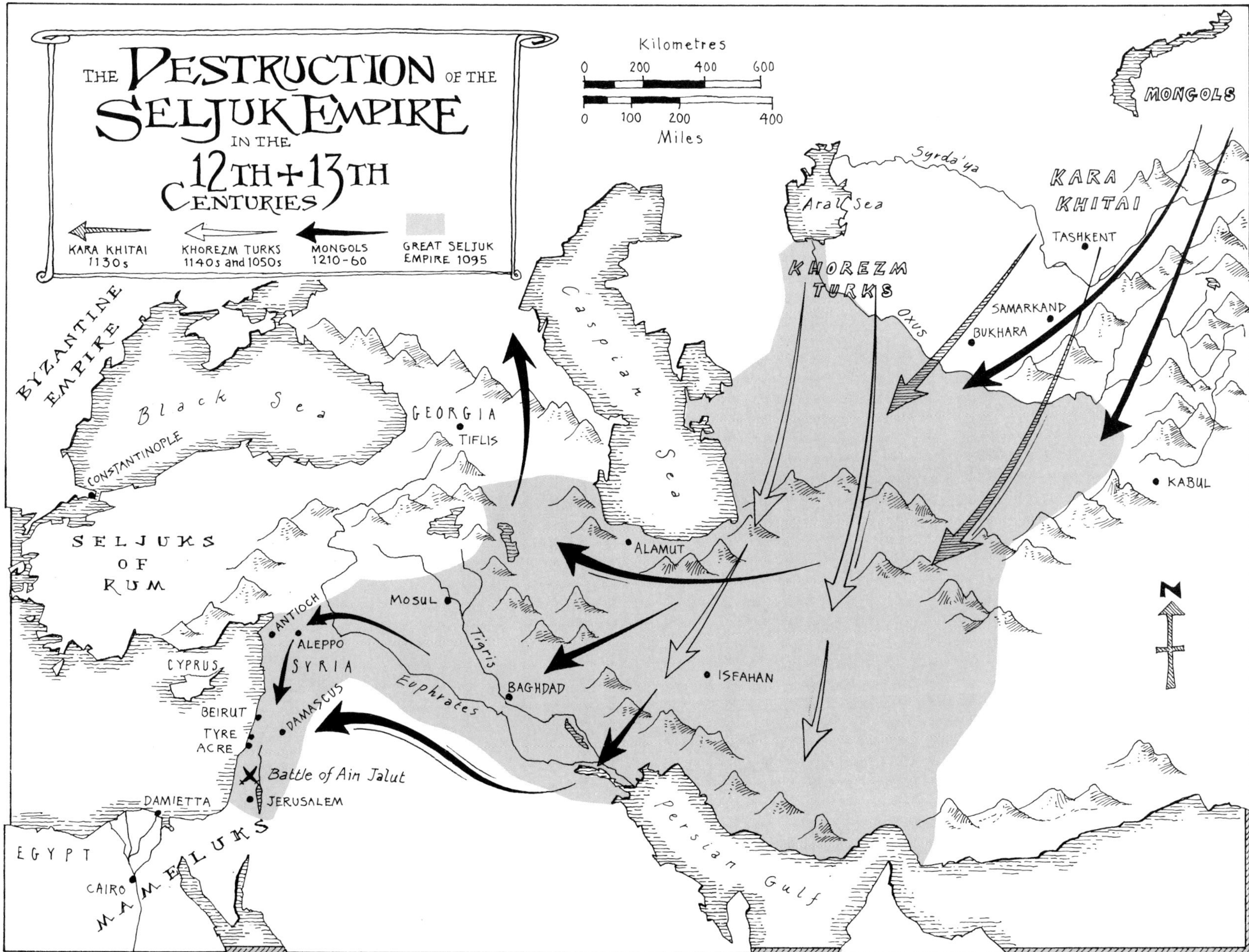
THE DESTRUCTION OF THE SELJUK EMPIRE IN THE 12TH + 13TH CENTURIES
KARA KHITAI 1130s
KHOREZM TURKS 1140s and 1050s
MONGOLS 1210-60
GREAT SELJUK EMPIRE 1095
Kilometres
0 200 400 600
0 100 200 400
Miles
MONGOLS
KARA KHITAI
TASHKENT
SAMARKAND
BUKHARA
Syrda'ya
Aral Sea
KHOREZM TURKS
Oxus
KABUL
N
BYZANTINE EMPIRE
Black Sea
CONSTANTINOPLE
GEORGIA
TIFLIS
Caspian Sea
ALAMUT
SELJUKS OF RUM
MOSUL
Tigris
BAGHDAD
ISFAHAN
Euphrates
ANTIOCH
ALEPPO
SYRIA
CYPRUS
BEIRUT
DAMASCUS
TYRE
ACRE
Battle of Ain Jalut
JERUSALEM
DAMIETTA
EGYPT
CAIRO
MAMELUKS
Persian Gulf

Sultan Baibars

Baibars fragte, ob er Statthalter von Aleppo werden könne, und Sultan Kutuz sagte nein. Daraufhin tötete ihn Baibars. Als die Armee der Mamelucken nach Kairo zurückkehrte, marschierte sie unter Befehl von Sultan Rukn ad-Din Baibars Bundukdari ibn Abdullah. Der Mameluckenstaat war praktisch ein Militärstaat. Nur Mamelucken durften Männer des Schwertes sein. Männer der Feder (die zivile Verwaltung) und Männer des Turbans (die religiösen und juristischen Amtsinhaber) waren keine Mamelucken und wurden regelmäßig überprüft. Das fränkische Königreich war dem Untergang geweiht. Da die Zahl der Männer schwand, hatten die wenigen ihre Hoffnungen auf dicke Mauern gesetzt. Doch die Belagerungsgeräte des dreizehnten Jahrhunderts waren nicht die leichten Geräte des ersten Kreuzzuges. Jetzt war es schwere Artillerie, die Geschosse von einer Vierteltonne abschossen, und sie waren in großer Zahl zu erwerben.

Im Jahre 1265 begann es. Die erste Stadt war Caesarea. Baibars nahm sie und schleifte sie vollständig. Dann Haifa. Diejenigen, die nicht geflohen waren, wurden massakriert, und wieder wurden die Stadt und die Zitadelle auseinandergenommen. Arsuf wurde zerstört; die Kommandanten kapitulierten auf das Versprechen hin, daß die Überlebenden freien Abzug hätten. Das Versprechen war eine Lüge. Die Franken hielten nun nichts mehr südlich von Akkon, ausgenommen Jaffa, das von Johann von Ibelin gehalten wurde, der exzellente Verbindungen zu den Moslems hatte, und einem immens stark bewehrten Fort an der Küste. Baibars kehrte nach Ägypten zurück.

Im nächsten Jahr kam Safed an die Reihe, die große Burg der Templer, die das obere Galiläa beherrschte. Die Templer kapitulierten, als man ihnen sagte, sie könnten sicher nach Akkon zurückkehren. Sie wurden geköpft. Toron an der Küste fiel ohne Widerstand. Dann zog Baibars nach Süden und tötete jeden Christen, den er zu Gesicht bekam. Eine zweite Mameluckenarmee zog unterdessen nach Kilikien. Sie kehrte mit vierzigtausend Gefangenen nach Aleppo zurück, nachdem sie Kilikien von der politischen Landkarte radiert hatten. 1267 zog Baibars nach Akkon, aber er hatte nicht genug Belagerungsgeräte mitgebracht, um die Mauern zu durchbrechen. Nachdem die Franken eine Waffenruhe erbeten hatten, erreichten sie die Burg Safed, um die herum die Schädel christlicher Gefangener verteilt waren. Baibars hatte einen widerlichen Sinn für Humor.

In Europa versuchte Ludwig IX., einen Rettungskreuzzug zusammenzustellen, während die guten Menschen von Akkon darauf zurückkamen, einander in der Hoffnung zu töten, den Handel des Hafens zu kontrollieren. Der Großteil des Handels fand, wie man sich denken kann, mit Baibars statt. Die Venezianer verkauften ihm militärische Geräte und importierten Holz und Eisen aus Nordeuropa für seine Belagerungsmaschinen, während die Genuesen sich dem Sklavenhandel widmeten. All dies geschah mit Erlaubnis des Hofs von Akkon!

Das Ende des Königreiches

Im Jahre 1268 schlug Baibars wieder zu. Johann von Ibelin war gestorben, und die Mamelucken zerlegten Jaffa in seine Bestandteile. Die besseren Stücke der Burg wurden Teil einer neuen Moschee in Kairo. Als nächstes war die Burg Beaufort dran, wo die Templer versklavt wurden. Es war Zeit, sich um Antiochia zu kümmern. Er teilte seine Armee in drei Teile; der erste nahm den Hafen von St. Symeon, der zweite sicherte den Bergpaß nach Kilikien, und der dritte riß die Mauern ein und marschierte in die Stadt hinein. Dann wurden die Tore der Stadt verschlossen und jeder darin entweder getötet oder zum Gefangenen gemacht und weggebracht. Antiochia erholte sich nicht mehr. Bohemond war in Tripoli, und so befahl Baibars seinem Biographen Ibn Abdazzahir, ihm eine Nachricht zu schicken:

»Unsere Absicht ist, Euch Nachricht davon zu geben, was wir gerade getan haben und Euch von der vollkommenen Katastrophe in Kenntnis zu setzen, die über Euch gekommen ist... Ihr hättet sehen können, wie Eure Ritter unter den Pferdehufen zermalmt, Eure Häuser von Plünderern gestürmt und ausgeräumt wurden... Ihr hättet gesehen, wie die Kreuze in Euren Kirchen zerbrochen, die Seiten des falschen Testaments zerrissen, die Gräber der Patriarchen zerstört wurden. Ihr hättet gesehen, wie Euer moslemischer Feind über den Ort trampelte, wo Ihr die Messe abhaltet, während die Kehlen von Mönchen, Priestern und Diakonen auf den Altären durchschnitten wurden... Da kein Überlebender übrig ist, der Euch erzählen könnte, was geschehen ist, haben wir Euch darüber informiert, und da niemand in der Lage ist, Euch die gute Nachricht zu überbringen, daß Ihr Euer Leben durch den Verlust von all dem gerettet habt, übermitteln wir Euch die Kunde.«

Die christlichen Kreuzzüge hatten schließlich dieses Ungeheuer erschaffen: einen moslemischen Staat, der von ehemaligen Sklaven regiert wurde, die gelernt hatten, das Spiegelbild des Feindes zu werden, gegen den sie kämpften, und deren Vergnügen an Zerstörung und Mord das genaue Abbild der Begeisterung war, die die Kreuzritter selbst am Abschlachten der Moslems empfunden hatten.

Saladin war vielleicht der Inbegriff islamischer Bescheidenheit gewesen und hätte dem Westen die Bedeutung von Ritterlichkeit beibringen können. Baibars war der Inbegriff des religiösen Fanatismus, und die Franken waren sein Lehrer gewesen.

Akkon sollte überleben, bis der mameluckische Sultan beschloß, es zu zerstören. Baibars starb 1277, und der letzte Angriff erfolgte erst vierzehn Jahre später. Als er kam, brachte der Sultan mehr Belagerungsmaschinen mit, als jemals zuvor an einem Ort zusammengetragen worden waren. Die Mauern von Akkon waren verstärkt worden. Frauen,

Kinder und alte Männer hatte man nach Zypern geschafft, sofern sie die Überfahrt hatten bezahlen können. Ungefähr tausend berittene Männer, vierzehntausend Fußsoldaten und dreißigtausend Nicht-Kämpfer machten sich bereit, ihrem Schicksal ins Auge zu sehen.

Es heißt, daß für die Zerstörung jedes einzelnen Turms der Stadt eintausend moslemische Soldaten eingeteilt waren. Der letzte Angriff erfolgte sechs Wochen nach Beginn der Belagerung. Akkon wurde kurz und klein gehauen, damit es niemals wieder als fränkische Basis dienen konnte. Mitte August 1291 gab es kein einziges Gebäude mehr in Palästina, das von Franken gehalten wurde. Die gesamte Küste war völlig von Gebäuden und von jeglichem Pflanzenwuchs befreit. Die Franken verschwanden. Und die einheimischen Christen, deren Fall von Papst Urban 1095 so laut hinausposaunt worden war und deren Tragödie seine Zuhörer auf den Kreuzzug geschickt hatte, waren nun die Opfer von moslemischen religiösen Eiferern, die es vorher nicht gegeben hatte.

Sechs Jahre nach dem Fall von Akkon sprach der Papst König Ludwig IX., der auf dem Kreuzzug bei dem Versuch gestorben war, den Islam von der Erde zu fegen, heilig. Zehn Jahre später begann Dante Alighieri, seine »Göttliche Komödie« zu schreiben; er schrieb, daß Friedrich II., bei dessen Kreuzzug Jerusalem kampflos eingenommen worden war, in der Hölle schmorte. In der Mongolei hingegen kehrten die gräßlichen Monster, die Dschingis Khan – der selbsternannte Zorn Gottes – hervorgebracht hatte, dem Westen den Rücken zu und wurden buddhistische Pazifisten. Und diese sind es bis heute geblieben.

Kreuzfahrer, deren Kreuzzeichen abgerissen und in den Staub getreten sind, werden in die Gefangenschaft geführt.

Quellenangaben

Die meisten Angaben werden hier in verkürzter Form gemacht. Einzelheiten können in der Bibliographie nachgelesen werden.

Einleitung

S. 9 »Die Welt ist«, Abu 'l-'Ala al-Maarri, zitiert nach Nicholson, S. 167

Die Welt eines Kreuzritters

S. 11 »über vierzig«, Ibn al-Athir in Gabrieli, S. 11

S. 14 »sich mit einer«, Migne, zitiert nach Norwich, S. 83

S. 18 »Oft brannte er«, Radulph von Caen zitiert nach Riley-Smith, *The First Crusade*, S. 36

S. 21 »Sie haben die Christen«, Robert der Mönch, RHC Occ. III, S. 727–730

S. 21 »Wer auch immer«, R. Somerville, zitiert in ebd.

S. 24 »Bis jetzt«, Guibert von Nogent, RHC Occ. IV, S. 137–140

S. 25 »Jetzt endlich«, Radulph von Caen zitiert nach Riley-Smith, *The First Crusade*, S. 36

S. 25 »Das Land«, Robert der Mönch, RHC Occ. III, S. 727–30

Das grosse Abenteuer

S. 28 »Voller Enthusiasmus«, Anna Comnena, S. 309

S. 29 »Alle Sarazenen«, Fulcher von Chartres, S. 118

S. 38 »Als sie die Reste«, ebd. S. 312

S. 38 »Wisset, Kaiser«, ebd. 313

S. 40 »weiche, unmännliche«, Southern, S. 34

S. 41 »seinen Fuß hob«, Norwich, S. 277

S. 43 »Bohemonds Erscheinung«, Anna Comnena, S. 422

S. 43 »Ich komme aus«, ebd., S. 327

S. 43 »Hätte ich solche«, ebd. S. 328

S. 44 »Dein Vater«, Stefan von Blois, zitiert nach Hallam, S. 72–74

Krieg in Anatolien

S. 46 »ein Franke auf«, Anna Comnena, S. 416

S. 48 »In fünf Wochen«, Stefan von Blois, zitiert nach Hallam, S. 72–74

S. 49 »Diese Türken begannen«, Guibert von Nogent, in *Gesta Francorum*, S. 19

S. 52 »starben viele«, Albert von Aachen, III, 2

S. 57 »Du kannst versichert sein«, Stefan von Blois, zitiert nach Hallam, S. 78–81

S. 57 »Wir haben viele«, ebd.

S. 59 »Wir werden«, Albert von Aachen, III, 59

S. 61 »erschien aus den«, *Gesta Francorum* X, 29

S. 62 »Dann riefen wir«, ebd.

S. 62 »Laßt den gierigen«, Bohemond, zitiert nach Hallam, S. 84

DIE REISE NACH JERUSALEM

S. 64 »ein Zeichen«, Cohn, S. 66
S. 64 »Einige der ärmsten«, Guibert von Nogent, zitiert nach Hallam, S. 85
S. 66 »unsere Truppen«, Radulph von Caen, zitiert nach Hallam, S. 89
S. 66 »Wir alle«, Cohn S. 67
S. 71 »Er hatte die Suche«, Radulph von Caen, zitiert nach Hallam, S. 89
S. 74 »Dieser Friede...«, Payne, S. 98
S. 74 »Unsere Herren«, Fulcher von Chartres, S. 122
S. 74 »unter ihnen eine große Anzahl«, Gabrieli, S. 11
S. 74–75 »Oh Tag, so sehnsüchtig«, Fulcher von Chartres, S. 123
S. 75 »Sie befahlen außerdem«, *Gesta Francorum*, S. 92

DIE ARABISCHE ANTWORT

S. 81 »Dies ist Krieg«, Abu al-Muzaffar al-Abiwardi, Übers. A. Ereira
S. 83 »In früheren Zeiten«, William von Tyros II., S. 407
S. 88 »Ich weiß nicht«, Imad ed-Din, Übers. A. Ereira
S. 90 »Ich komme aus«, Imad ed-Din, Übers. A. Ereira
S. 91 »Sie weinten«, Ibn al-Qalanisi, zitiert nach Gabrieli, S. 29
S. 91 »im Namen des«, ebd. S. 29
S. 91 »Zu dieser Zeit«, Fulcher von Chartres, S. 208
S. 92 »Mawdud verlor nicht«, Ibn al-Qalanisi, zitiert nach Maalouf, S. 87
S. 92 »Der Herr erlaubte«, Fulcher von Chartres, S. 209
S. 94 »um zu sehen«, ebd. S. 215
S. 94 »Als sie uns«, ebd. S. 216
S. 94 »Wir, die wir«, Fulcher von Chartres, S. 271
S. 97 »lagen die Franken«, Ibn al-Qalanisi, zitiert nach Galonelli, S. 39
S. 98 »Nach Gott«, Maalouf, S. 94
S. 99 »Dieser Schlag«, Kemal ad-Din, zitiert nach Maalouf, S. 97
S. 99 »Und wir priesen«, Fulcher von Chartres
S. 99 »Syrien wäre ganz«, Ibn al-Athir, zitiert nach Gabrieli, S. 41

DER VORMARSCH BEGINNT

S. 100 »Bevor er an die«, Kemal ad-Din, zitiert nach Gabrieli, S. 54
S. 100 »zwischen zwei Seilen«, Kemal ad-Din, zitiert ebd. S. 54
S. 100 »Er blickte«, Ibn al-Athir, zitiert in ebd. S. 54
S. 101 »Zenghi, der von«, William von Tyros II., S. 105
S. 101 »diesen grausamen Feind«, ebd. S. 105
S. 101 »Dann hätte man«, ebd.
S. 102 »jeder sich am«, ebd. S. 141
S. 102 »weit weg von«, William von Tyros II., S. 140
S. 102 »hatten keinerlei Ahnung«, ebd. S. 141
S. 102 »Obwohl man sagte«, ebd. S. 143
S. 102 »Mauern, Türme«, ebd. S. 142
S. 103 »Ein unappetitlicher«, ebd. S. 143
S. 103 »Der Emir«, Ibn al-Qalanisi, zitiert nach Maalouf, S. 137
S. 103 »vollgefüllt mit Wein«, William von Tyros II., S. 146
S. 104 »Und doch schlummerte«, Ibn al-Qalanisi, zitiert nach Maalouf, S. 138

S. 104 »Seine Schätze«, ebd. S. 139
S. 104 »Nur ed-Din«, Ibn al-Athir, zitiert nach Gabrieli, S. 70
S. 104 »sich in ihrer«, Ibn al-Athir, zitiert nach Gabrieli, S. 72
S. 104 »das Tambourin«, Ibn al-Athir, zitiert nach Maalouf, S. 145
S. 104 »Ich habe von«, Ibn al-Athir, zitiert nach Gabrieli, S. 70
S. 106 »und so übergab«, ebd., S. 71–72
S. 106 »Nur ed-Din«, Kemal al-Din, zitiert nach Maalouf, S. 145
S. 106 »Oh Gott, gib«, ebd. S. 145
S. 106 »Nureddin ... war«, William von Tyros II., S. 146
S. 107 »ein fauler, untätiger«, ebd. II, S. 201
S. 110 »eine große Menge«, ebd. II, S. 160
S. 110 »Dort konnte man«, ebd. II, S. 160
S. 110 »und unsere Leute«, ebd. II, S. 160

St. Bernhards Hunde

S. 111 »Mütter ihre Söhne«, St. Bernhard von Clairvaux, zitiert nach der *Encyclopedia Britannica*, Bd. 3, 1969, S. 523
S. 114 »diejenigen belohnen«, St. Bernhard von Clairvaux, *Opera*, J. Leclerq und H. Rochais (Hrsg.), zitiert in J. Riley-Smith, *Crusades*, S. 97–98
S. 114 »Wenn du ein«, J. Riley-Smith, Crusades, S. 97
S. 114 »Dies ist ein Vorhaben«, ebd. S. 95
S. 114 »Es wäre eine« St. Bernhard von Clairvaux, zitiert nach der *Encyclopedia Britannica*, Bd. 3, 1969, S. 524
S. 114 »Ich öffnete den Mund«, St. Bernhard von Clairvaux, *Epistolae*, MPL Bd. CLXXXII, zitiert nach Runciman Bd. II, S. 254
S. 114 »Mann, was soll ich«, St. Bernhard von Clairvaux in Otto von Freising, *Gesta Friderici*, zitiert nach Runciman, Bd. II, S. 256
S. 115 »Es kamen immer«, Ibn al-Qalanisi, zitiert nach Maalouf, S. 146
S. 115 »Es wurde allgemein«, William von Tyros II., S. 170
S. 115 »brachen diese«, ebd. II, S. 171
S. 116 »Vielleicht fand er«, ebd. II, S. 174
S. 117 »Tatsächlich starben die«, ebd. II, S. 179
S. 118 »fühlte die lebendige«, ebd. II, S. 180
S. 119 »es ihnen gelingen«, ebd. II, S. 186
S. 121 »die Gärten erstreckten«, ebd. II, S. 187
S. 122 »Ich habe mich«, Ibn al-Athir, zitiert in Gabrieli, S. 60
S. 122 »Mit einem Schwertstreich«, William von Tyros II., S. 190
S. 122 »in bejammernswerter Verwirrung«, Ibn al Qalanisi, zitiert nach Gabrieli, S. 59
S. 122 »die Körper stanken«, ebd. S. 59
S. 122 »oft weise Männer«, William von Tyros II., S. 193
S. 123 »*Es war ihnen lieber*«, ebd. II. S. 194
S. 123 »Pseudo-Propheten, *Monumenta Germaniae Historica Scriptores in Folio et Quarto*, G. H. Perts u. a. (Hrsg.), 1826, zitiert nach J. Riley-Smith, *Crusades*, S. 103
S. 123 »blickten verwundert«, William von Tyros II., S. 192–193

Die arabische Einheit

S. 124 »Ich habe nicht die Absicht«, Abu Shama, zitiert nach Sivan, *L'Islam et la Croisade*, S. 77

S. 126 »Zwischen Euch und uns«, Ibn al Qalanisi, zitiert nach Sivan, S. 78
S. 126 »Güte«, zitiert nach Maalouf, S. 171; auch al-Qalanisi, zitiert nach Sivan op.cit., S. 79
S. 126 »machte dies«, Ibn al-Qalanisi, zitiert in Sivan, S. 78
S. 127 »Denn einem großen«, William von Tyros II., S. 305
S. 127 »war unglaublich fett«, ebd. S. 300
S. 129 »Welch ein Wunder!« Al-Qadi al-Fadil, zitiert nach Sivan, *op.cit.*, S. 81
S. 129 »wie die niedrigsten« William von Tyros II., S. 308
S. 129 »Man warf sie«, ebd. II, S. 308
S. 129 »Mein Onkel Shirkuh«, Maalouf, S. 159
S. 129 »Am Ende«, ebd.
S. 130 »Die Männer wagten«, William von Tyros II., S. 317
S. 130 »Der fränkische Feind«, Maalouf, S. 165
S. 130 »mit eigener Hand«, William von Tyros II., S. 318
S. 130 »Wir verschwenden« ebd. S. 340
S. 131 »Du hast dich«, Imad ed-Din, zitiert nach Lyons & Jackson, S. 20
S. 131 »Ich habe in Alexandria«, Abu Shama, zitiert nach Lyons & Jackson, S. 20
S. 131 »behaupten, daß all«, William von Tyros II., S. 350
S. 134 »So wurde«, ebd. II, S. 357

Saladin, der Emporkömmling

S. 135 »Nach dem Tod«, Ibn al-Athir, zitiert nach Maalouf, S. 170
S. 136 »Sie glaubten«, Imad ed-Din, zitiert nach Lyons & Jackson, S. 34
S. 136 »zu mißtrauen«, Ibn Abi Tayy, zitiert nach Lyons & Jackson, S. 44
S. 138 »überzeugt davon«, William von Tyros II., S. 389
S. 138 »Nur ed-Din«, Ibn al-Athir, zitiert nach Lyons & Jackson, S. 48
S. 138 »Ich bin dein Vater«, Ibn al-Athir, zitiert nach Maalouf, S. 173–174
S. 139 »Seit der Zeit«, Imad ed-Din, zitiert nach Lyons & Jackson, S. 62
S. 139 »Wir brauchten dieses«, ebd. S. 62
S. 139 »Gott weiß«, Ibn al-Athir, zitiert nach Gabrieli, S. 69
S. 139 »er einen Befehl«, ebd. S. 69
S. 141 »heimlich von den« William von Tyros II., S. 404
S. 141 »Wir näherten uns«, Saladins Briefe, zitiert in Lyons & Jackson, S. 83
S. 141 »Sie wußten«, Lyons & Jackson, S. 82–83
S. 141 »Dieser Saladin«, William von Tyros II., S. 408
S. 141 »Saladin hatte sich«, ebd., S. 408
S. 141 »Saladin war«, Boccaccio, zitiert *nach Dictionary of Proper Names etc. in the Works of Dante*, Paget Toynbee (Oxford 1968) S. 556
S. 142 »Ihr geht zu weit«, Maalouf S. 176
S. 143 »Wir brauchen nur«, Al-Fadil, zitiert nach Lyons & Jackson, S. 86
S. 143 »Seid vor diesem«, Maalouf, S. 181
S. 146 »Sagt ihm«, Imad ed-Din, zitiert nach Lyons & Jackson, S. 105
S. 147 »einer der hübschesten«, Ibn Abi Tayy, zitiert nach Lyons & Jackson, S. 159–160
S. 147 »das Auge Syriens«, Saladins Briefe, zitiert nach Lyons & Jackson, S. 199
S. 147 »Doppelte Angst«, William von Tyros II., S. 490

Der Fall Jerusalems

S. 148 »in einem Zustand«, ebd., S. 491
S. 148 »der Last«, ebd., S. 493
S. 149 »Einfache Menschen«, ebd., S. 497
S. 150 »Lady Constance«, ebd., S. 224
S. 151 »Er überrannte«, ebd., S. 254
S. 154 »warf er sich«, ebd., S. 277
S. 155 »der Feind«, Lyons & Jackson, S. 187
S. 155 »Große Mengen«, William von Tyros II., S. 500–501
S. 158 »sogar diejenigen«, ebd., S. 503–504
S. 158 »Ich, Sibylla«, Roger von Hoveden, *Gesta*, zitiert nach Kedar, et. al., S. 195–198
S. 159 »Er brach«, Baha' ad-Din, zitiert nach Gabrieli, S. 112
S. 159 »mit seinen eigenen«, ebd. S. 112
S. 160 »Wir haben sie«, Ibn al-Athir, zitiert nach Gabrieli, S. 123

Zu Hilfe

S. 169 »Wir und unsere«, Benedict von Peterborough, zitiert nach Hallam, S. 163
S. 169 »Ein fränkischer« Ibn al-Athir, zitiert nach Gabrieli, S. 183
S. 169 »außer vielleicht«, *Recueil des Actes de Phillip Augustus*, A. F. Delaborde (Hrsg.), zitiert nach Hallam, S. 167
S. 169 »Keiner in ganz«, Ansbert, zitiert in Setton II, S. 90
S. 171 »Und so ersparte«, Ibn al-Athir, zitiert in Maalouf, S. 207
S. 172 »Ich würde«, Gillingham S. 56
S. 174 »Denn der Pöbel«, Ambroise, *Crusade of Richard Lion-Heart*

Die Schlacht der Helden

S. 180 »Kein Stift kann«, Ambroise, *Third Crusade*, S. 59
S. 183 »Getönt und«, Baha' ad-Din, zitiert nach Gabrieli, S. 204
S. 186 »Jeder Fußsoldat«, Baha' ad-Din, zitiert nach Verbruggen, S. 215
S. 186 »die Leinenwäsche«, Verbruggen, S. 212–213
S. 186 »Überall waren«, Imad ed-Din, zitiert nach Gabrieli, S. 207
S. 187 »da sich dort«, Imad ed-Din, zitiert nach Verbruggen, S. 219
S. 187 »Die Moslems und«, Baha' ad-Din, zitiert nach Gabrieli, S. 226
S. 188 »da er sehr wohl«, Baha' ad-Din, zitiert nach Gabrieli, S. 227
S. 192 »Bei den Beinen«, Gillingham, S. 48
S. 192 »Der König war«, Ambroise, *Third Crusade*, S. 153
S. 194 »Der König soll«, Saladin, zitiert nach Lyons & Jackson, S. 75
S. 194 »Gott soll ihn«, ebd., S. 75
S. 194 »Er war arm«, Baha' ad-Din, zitiert nach Gabrieli, S. 96
S. 194 »Er war ein«, William von Tyros II., S. 405
S. 195 »die Hoffnungen«, Al-Qadi al-Fadil, zitiert nach Lyons & Jackson, S. 369
S. 195 »Ich wandte mich«, Imad ed-Din, zitiert nach Lyons & Jackson, S. 132

Der Vierte Kreuzzug

S. 200 »Mitleid mit«, Villehardouin, S. 32
S. 200 »Wir sind«, ebd., S. 34
S. 201 »Der König von«, ebd., S. 43

S. 201 »Ihr hohen Herren«, ebd., S. 44
S. 201 »Wir bitten Euch«, ebd., S. 44
S. 202 »Meine Herren«, ebd., S. 48
S. 202 »Ihr habt mir«, ebd., S. 48
S. 202 »Er wird sein«, ebd., S. 50
S. 203 »Ihr könnt«, ebd., S. 57
S. 204 »dieser Stadt«, ebd., S. 59
S. 204 »niemals gedacht«, ebd., S. 59
S. 204 »Hier ist euer«, ebd., S. 64
S. 206 »Ihr wißt«, ebd., S. 75
S. 206 »Ihr wollt bald«, ebd., S. 77
S. 207 »Die Griechen«, ebd., S. 82
S. 207 »Hat man je«, ebd., S. 84
S. 207 »in den Genuß«, ebd. S. 85
S. 210 »Geoffrey de«, ebd. S. 92
S. 210 »indem sie«, ebd., Gunther von Paris, zitiert nach Hallam

Eine neue Art des Kreuzzuges

S. 212 »das Reich von«, anon., *The Deeds of Innocent III*, zitiert nach Hallam, S. 228–229
S. 214 »Die tiefverwurzelte«, J. & L. Riley-Smith, S. 78–80
S. 214 »nicht nur ihre«, Innozenz III., zitiert nach Throop, S. 46
S. 216 »Unsere Armeen«, Brief vom Abt von Cîteaux an Innozenz III. in MPL Bd. CCVX, zitiert nach Hallam, S. 232
S. 216 »Rom, du hast«, Guillem Figueira, *D'um sirventes far*, geschrieben in Toulouse 1229, als die Stadt von den Kreuzfahrern belagert wurde, zitiert nach Throop, S. 38
S. 216 »Habt Ihr jemals«, ebd., S. 38
S. 216 »In welchem Buch«, ebd., S. 50
S. 221 »jeder zu«, Guillaume le Clerc, zitiert nach Throop, S. 32
S. 221 »Auf diese Weise«, Throop, S. 82
S. 221 »Denkt daran«, Setton, S. 698
S. 223 »Ich bin Euer Freund«, Maalouf, S. 228
S. 223 »Auch ich muß«, ebd. S. 228
S. 223 »Er sagte: ›O qadi‹«, Ibn Wasil, zitiert nach Gabrieli, S. 272
S. 225 »Heute sehe ich«, J. Riley-Smith, The Atlas of the Crusades, S. 81

Mongolen und Mamelucken

S. 228 »Sie zogen Söhne«, *Peregrinationes medii aevi quatuor*, zitiert nach Kedar, S. 293
S. 228 »trotz häufiger«, Matthew Paris, zitiert nach Hallam, S. 265
S. 229 »einen ordentlichen Stoß«, Armstrong
S. 230 »Ich bin der«, Marshall, S. 53–54
S. 240 »bereit sei«, Joinville, S. 197
S. 240 »Unsere Absicht«, Ibn Abdazzahir, zitiert nach Gabrieli, S. 310

Quellenverzeichnis

Sammelwerke

Bédier, J., und Aubry, P., (Hrsg.), *Chansons de Croisade*, Paris 1909.

Gabrieli, Francesco, *Arab Historians of the Crusades*, Übers. E. J. Costello, Routledge & Kegan Paul 1984.

Hagenmeyer, H., *Die Kreuzzugsbriefe aus den Jahren 1081–1100*, Innsbruck 1901.

Migne, J. P., *Patrologia Latina*, 221 Bde., Paris 1844–1855 (= MPL).

Pertz, G. H. , Mommsen, T., et. al. (Hrsg.), *Monumenta Germaniae historica*, Reichsinstitut für ältere deutsche Geschichtskunde, Hannover 1826 ff. (= MGH; SS = *scriptores*, usw.).‹

Monumenta Germaniae historica. Scriptores errum germanicarum, 10 Bde., Neuausgabe 1922 ff.

Murator, L. A., *Rerum Italicarum Scriptores*, 25 Bde., Mailand 1723–1751 (= RIS).

Re. G. Del., *Recueil des Historiens des Croisades*, Publ. Académie des Inscriptions et Belles Lettres, Paris 1841–1906. *Historiens Occidenteaux*, 5 Bde. (= RHC Occ.).

Einzelquellen

Albert von Aachen, *Historia Hierosolymitana*, in RHC Occ. Bd. 1.

Ambroise, *The Crusade of Richard Lion-Heart*, Übers. M. J. Hubert (Hrsg.) und J. L. La Monte, Records of Civilization, XXXIV, Columbia University Press 1941.

Ambroise, *The Third Crusade*, Kenneth Fenwick (Hrsg.), Folio Society 1958.

Anna Comnena, *The Alexiade*, Übers. E. R. A. Sewter, Penguin 1969.

Ansbert, *Historia de expeditione Frederici imperatoris*, Anton Chroust (Hrsg.), in MGH, SS, n. s. 1827, 1928.

Benedict of Peterborough, *Gesta Regis Henrici II*, W. Strubbs (Hrsg.), Rolls Series, Longman 1867.

Estoire d'Eracles, in RHC Occ., Bde. 1 und 2.

Eusebius of Caesarea, *The Life of the Blessed Emperor Constantine*, S. Bagster & Sons 1845.

Fulcher of Chartres, *A History of the Expedition to Jerusalem 1095–1127*, Übers. Frances Rita Ryan, University of Tennessee Press 1969.

Gesta Francorum et aliorum Hirosolimitanorum, R. Hill (Hrsg.), Oxford University Press 1962.

Guibert of Nogent, *Historía quae dicitur Gesta Dei per Francos*, in RHC Occ. Bd. 4.

Ibn al-Qalanisi, *The Damascus Chronicle of the Crusades*, Übers. H. A. R. Gibb, Lusack & Co. 1932.

Ibn al-Athir, *The Perfect History*, 1231, Tornberg (Hrsg.), Leiden 1853–1864.

Ibn Munqidh, Usamah, *Autobiography, ›An Arab-Syrian Gentleman and Warrior in the Period of the Crusades‹*, Hitti (Hrsg.), New York 1929.

Innozenz III. ›Epistilae‹, in MPL, Bd. 215.

Malaterra, Geoffrey, ›Historia Sicula‹, in MPL, Bd. 149 und RIS., Bd. 5.

Radulph of Cadomensis, *Gesta Tancredi Siciliae Regis in Expeditione Hierosolymitana.*

Raymond of Aguilers, *Historia Francorum qui*

ceperunt Jerusalem, XX, 300, in RHC Occ. Bd. 3.

Recueil des actes de Philippe Auguste, H. F. Delaborde, Paris 1916–1943.

Robert of Rheims, *Historia Iherosolimitana*, in RHC Occ. Bd. 3.

Roger of Hovedon, *Chronica*, W. Stubbs (Hrsg.), Rolls Series, London 1868–1871.

Somerville, R., *The Councils of Urban II.*, I. Decreta Claromontensia (Annuarium Historiae Conciliorum. Supplementum I. Amsterdam).

Thomas von Aquin, *Summa Theologica,* Methuen 1989.

Vegetius, *De Re Militari*, gekürzte Fassung aus dem Jahr 856, Rabanus Maurus as *Epitome of Military Science*, Liverpool University Press 1993.

Villehardouin, ›The Conquest of Constantiople‹, in Joinville & Villehardouin, *Chronicles of the Crusades*, Übers. M. R. B. Shaw, Penguin 1963.

Wiederhold, W., ›Papsturkunden in Florenz‹, *Nachrichten von der Gesellschaft der Wissenschaften zu Göttingen*, Phil.-hist. Klasse, Göttingen 1901.

William, Erzbischof von Tyre, *A History of Deeds Done Beyond the Sea*, Übers. Emily Atwater Babcock and A. C. Krey (© Columbia University Press 1943). Auszüge in diesem Buch sind mit freundlicher Genehmigung des Verlages wiedergegeben.

SEKUNDÄRQUELLEN

Armstrong, Karen, *Holy War: the Crusades and their Impact on Today's World*, Macmillan 1992.

Bachrach, Bernard S., ›Animals and Warfare in Early Medieval Europe‹, *Settimane*, XXXI, 1983.

Bahat, Dan, *The Illustrated Atlas of Jerusalem*, Macmillan Academic and Professional, 1990.

Billings, Michael, *The Cross an the Crescent; History of the Crusades*, BBC Books 1987.

Bull, Marcus, *Knightly Piety and the Lay Response to the First Crusade; the Limousin and Gascony 970–1130*, Clarendon Press 1993.

Cohn, Norman, *The Pursuit of the Millennium: Revolutionary Millenarians and Mystical Anarchists ot the Middle Age,* überarbeitete Ausgabe Pimlico 1993.

Davis, R. H. C., *The Medieval Warhorse: Origin, Development and Redevelopment*, Thames & Hudson 1989.

Ebersolt, J., *Les Sanctuaires de Byzance*, Paris 1921.

Gillingham, John, *The Life and Times of Richard I*, Weidenfeld & Nicolson 1973.

Hallam, Elizabeth (Hrsg.), *Chronicles of the Crusades*, Weidenfeld & Nicolson 1989.

Kedar, B. Z., Mayer, H. E., und Smail, R. C., *Outremer: Studies in the History of the Crusading Kingdom of Jerusalem*, Yad Izhak Ben-Zvi Institute, Jerusalem 1982.

Loomis, R. S. (Hrsg.), *Arthurian Literature in the Middle Ages*, Clarendon Press 1959.

Lyons, M. C. und Jackson, D. E. P., *Saladin: The Politics of the Holy War*, Cambridge University Press 1982.

Maalouf, Amin, *The Crusades Through Arab Eyes*, Al Saqi Books 1984.

Mayer, H. E., *The Crusades*, Übers. John Gillingham, Oxford University Press 1988.

Nicholson, Reynold A., *Studies in Islamic Poetry, Cambridge University Press 1921.*

Norwich, John Julius, *The Normans in Sicily*, Penguin 1992.

Payne, Robert, *The History of Islam*, Dorset Press 1987.

Riley-Smith, J., (Hrsg.), *The Atlas of the Crusades*, Times Books 1991.

Riley-Smith, J. und L., *The Crusades: Idea and Reality 1095–1274*, Edward Arnold 1981.

Riley-Smith, J., *The First Crusade and the Idea of Crusading*, Athlone Press 1986.

Riley-Smith, J., *The Crusades: A Short History*, Athlone Press 1987.

Rouche, M., ›Cannibalisme sacré chez les croisés populaires‹, *La religion populaire*, Y. M. Hilaire (Hrsg.), 1981.

Runciman, Sir Stephen, *A History of the Crusades*, 3. Bde., Penguin, überarbeitete Ausgaben 1990 und 1991.

Setton, Kenneth M., *The Papacy and the Levant (1204–1571)*, 4 Bde., American Philosophical Society 1976–1984.

Setton, Kenneth M. (Hrsg.), *A History of the Crusades*, 6 Bde., University of Wisconsin Press 1955–1986.

Sivan, Emmanuel, *Modern Arab Historiography of the Crusades*, Tel Aviv University Occasional Papers August 1973.

Sivan, Emmanuel, *L'Islam et la Croisade; Idéologie et Propagande dans les Réactions Musulmanes aux Croisades*, Librairie d'Amérique et d'Orient 1968.

Sivan, Emmanuel, ›Réfugiés Syro-Palestiniens au Temps des Croisades‹, *Revue des Études Islamiques 35* (1967).

Southern, R. W., *The Making of the Middle Ages*, Pimlico 1993.

Sumbereg, L. A. M. ›The Tafurs and the First Crusade‹, *Medieval Studies*, 21, 1959.

Throop, Palmer A., *Criticism of the Crusade: a Study of Public Opinion and Crusade Propaganda*, Amsterdam 1940 und Porcupine Press 1977.

Ullmann, Walter, *Principles of Government and Politics in the Middle Ages*, Methuen 1961 und 1974.

Verbruggen, J. F., *The Art of Warfare in Western Europe during the Middle Ages, from the Eight Century to 1340*, Sumner Willard und S. C. M. Southern (Hrsg.), Oxford, North Holland Publishing Co. 1977.

Bildnachweis

Der Verlag bedankt sich bei allen, die für dieses Buch Fotos zur Verfügung gestellt oder die Erlaubnis gegeben haben, urheberrechtlich geschützte Abbildungen zu verwenden. Wenngleich jede nur denkbare Anstrengung unternommen wurde, die Inhaber von Urheberrechten ausfindig zu machen und als solche auszuweisen, so bitten wir doch um Nachsehen für alle Irrtümer oder Unterlassungen, die uns unterlaufen sein mögen.

BNP = © Bibliothèque Nationale, Paris

S. 2–3 BNP Man. Fr. 5594, F. 19.
S. 7 BNP Man. Fr. 5594, F. 241.
S. 10 © 1994 Comstock, Inc.
S. 15 The Master and Fellows of Corpus Christi, Cambridge. CCC Man. 26, f. i. R.
S. 19 BNP/Bridgeman Art Library. Man. Fr. 22495, F. 9.
S. 23 The British Library. Man. Add. 28681, F. 9.
S. 26 The British Library./ Bridgeman Art Library. Man. Egerton 1500, F. 45v.
S. 30 BNP Nan. Fr. 5594, F. 19.
S. 34–35 © David South.
S. 39 BNP Man. Fr. 5594, F. 34v.
S. 42 Biblioteca Apostolica Vaticana. Man. Vat. gr. 666, F. 12v.
S. 47 BNP/Bridgeman Art Library. Man. Fr. 2630, F. 22v.
S. 50–51 BNP/Bridgeman Art Library. Man. Fr. 22495, F. 235v.
S. 54–55 BNP Man. Fr.5594, F. 59v.
S. 55 BNP Man. Fr. 5594, F. 50v.
S. 58 BNP Man. Fr. 5594, F. 67v.
S. 65 The British Library/ Bridgeman Art Library. Man. Egerton 1070, F. 5.
S. 69 BNP Man. Fr. 352, F. 62.
S. 72–73 © David South.
S. 76–77 BNP/Bridgeman Art Library. Man. Fr. 20124, F. 331.
S. 80 Telegraph Colour Library.
S. 84 BNP Man. Arabe 5847, F. 5v.
S. 85 BNP Man. Arabe 5847, F. 138.
S. 89 © David South.
S. 96 El Escorial, Monasteria Biblioteca, Madrid/ Arxiu Mas. Libro de los Juegos de A jedrez.
S. 105 The British Library. Man. Roy 16 G VI, F. 74.
S. 108–109 © David South.
S. 112–113 BNP Man. Fr. 5594, F. 138.
S. 116–117 Giraudon/Bridgeman Art Library.
S. 120 Bibliothèque Municipale de Lyon/Bridgeman Art Library. Man. 828, F. 189r.
S. 125 Frank Spooner Pictures.
S. 128 BNP Man. Fr. 5594, F. 153v.
S. 132–133 BNP Man. Fr. 22495, F. 229v.
S. 137 The British Library/Bridgeman Art Library. Add. 30359, Abb. 86.
S. 140 BNP Man. Arabe 5847, F. 79.
S. 144–145 © David South.
S. 152–153 © David South.
S. 156–157 BNP Man. Fr. 5549, F. 197.
S. 157 BNP Man. Res. M Y 2395.
S. 161 BNP Man. Fr. 5549, F. 202v.
S. 164–165 BNP/Bridgeman Art Library. Man. Fr. 4274, F. 6.
S. 168 Biblioteca Apostolica Vaticana. Man. Vat. Lat. 2001, F. 1r.
S. 173 The British Library/ Bridgeman Art Library. Man. Cotton Claud D VI, F. 9v.
S. 176–177 © David South.
S. 180–181 Bibliothèque Municipale de Lyon/Bridgeman Art Library. Man. 828, F. 33r.
S. 184–185 BNP Man. Fr. 5549, F. 213.
S. 188–189 The British Library/Bridgeman Art Library. Man. Add. 42130, F. 82.
S. 197 Sacro Speco. Subiaco/ Scala.
S. 205 BNP Man. Fr. 5549, F. 217.
S. 208–209 © Bodleian Library, Oxford. Man. Bodley 264, F. 218r (o.).
S. 213 The British Library/Bridgeman Art Library. Man. Cotton Nero E II, Pkt. 2, F. 20v.
S. 217 BNP Man Arabe 5847, F. 105.
S. 224 Biblioteca Apostolica Vaticana. Man. Pal. Lat. 1071, F. 1v.
S. 229 The British Library/Bridgeman Art Library. Man Roy 16. G VI, F. 409v.
S. 232 The British Library. Man. Add. 18866, F. 135.
S. 233 The British Library. Man. Or 2780, F. 49r.
S. 236–237 BNP/Sonia Halliday Photographs. Man. Fr. 2829, F. 41v (XXXIX).
S. 241 BNP/Sonia Halliday Photographs. Man. Fr. 2829, F. 41v (XXXIX).

Register